꿈과 영혼을 키우고 행복을 디자인하는 희망이야기

레슨타임 스토리

윤삼열 지음

★SNS미디어

프롤로그

마음의 생각이 언어의 옷을 입으면 말과 글이 됩니다.

그런데 말과 글은 말(마~알)은 '마음의 알갱이'에서, 글은 벽 같은 장소에 생각을 형상이나 그림으로 '그리다'에서 또는 나뭇가지를 엮어서 하나 둘 셈하는 결(契-애쓸 결, 맺을 계)이 자연스럽게 변하여 글이 되었다고 하지요. 즉, 서로의 마음이나 생각을 연결하기 위한 일종의 약속된 도구라는 것입니다. 그렇다면 제 말과 글은 내 생각을 고스란히 옮겨 놓은 나(我)임이 틀림없을 것입니다.

말과 글로는 '감사합니다' '사랑합니다' '죄송하고 미안합니다' '축복합니다'라고 합니다. 하지만 마음에는 아쉬움이 있습니다. 여전히 내가 옳고, 칭찬받고, 사랑받고, 축복받고 싶습니다. 내가 말한 내가 아닌 것입니다. 그래서 이중적 아니 다중인격자가 되곤 합니다. 그러므로 저의 글과 말은 내가 아닌 것도 분명합니다.

그런데도 또다시 부끄럽게 저의 글을 조심스럽게 세상 밖에 내놓습니다. 이 글들은 부모와 교사로, 학교의 교목으로, 목사로, 동료로 설교하거나 기고하거나 방송으로 나갔던 칼럼을 모은 글입니다.

글과 말은 상대가 있기는 하지만 우선은 자신을 염두에 두고 합니다. 글을 쓰면서 스스로 마음을 정리하거나, 또 평소에 내가 하고 싶은 것, 나에게 해주고 싶은 말, 어쩌면 내게 부족한 것이나 희망 사항을 설교하거나 글로 쓰게 됩니다. 그러기에 듣거나 읽는 사람의 입장에서는 위선처럼 보이는 게 당연합니다.

　제 말과 글이 곧 나는 아니지만 적어도 제 마음의 알갱이 그리고 다른 사람과의 약속이 포함되어 있습니다. 그래서 부탁드립니다. 부디 글로만 아니라 행간 사이에 숨어있는 마음을 읽어주시길 원합니다.

　독자들이 제 삶과 소망이 담긴 글을 읽으며 삶에 밑줄을 긋고, 그리스도가 읽어지면 좋겠습니다.

　말하는 대로, 쓰는 대로 이루어진다고 합니다.
말(씀)이 그대로 육신(몸)으로 하나가 되신 주님처럼(요 1:14)
말씀으로 세상을 창조하신(창 1:1) 하나님을 닮아
제 삶도 말과 글과 몸이 하나가 되길 소망합니다.
그런 의미에서 말과 글은 영혼입니다.

　아무쪼록 제 말과 글이 누군가의 꿈과 비전을 키우고, 영혼을 살찌우는 작은 씨앗이 되고, 스토리가 되어 독자의 귓전을 울리고 가슴에 새겨져 조금이라도 세상이 아름답고 행복하게 디자인되길 간절히 소원합니다.

2018년 부활절 아침
병상에서 2막 인생의 새순이 움트길 기다리며

차례

프롤로그

제1부

이른 비와
늦은 비의
축복

봄의 향연 – 10
이름 부르는 대로 – 16
이름을 불러주세요 – 22
그대는 봄비입니다 – 28
영혼의 보리밟기 – 33
우분투(Ubuntu) – 37
불행과 위기를 축복으로 – 41
문안하라 – 48
피카(Fika)할래요? – 53
안아주세요 – 56
사랑받고 싶습니다 – 59
듣고 싶습니다 – 62
강아지가 꼬리 치고 반기듯 – 65
눈을 감는 것은 – 69
감(感)나무를 심읍시다 – 74
그리고 그다음엔? – 78
커피와 주님 – 81
하늘을 멘토 삼아 – 85

제2부

한 번도
가보지
않은 길

광야체험 – 90
산을 옮기고 싶습니까? – 94
울어야 산다 – 97
내 편 네 편 – 103
위너지(Wenergy) – 109
네버 업(Never Up), 네버 인(Never In) – 113
호빙 효과 – 116
불만 붙으면 – 120
핫 스팟(Hot Spots) – 123
응원의 힘 – 128
격려의 힘 – 134
지혜롭게, 정직하게 – 139
중요한 시험 – 143
레슨타임 스토리(Lesson Time Story) – 146
풍선의 원리, 믿음의 법칙 – 152
믿음 알파라이징 – 156
담을 쌓는 사람, 단을 쌓는 사람 – 161
엎드림은 업드림(Up-Dream)입니다 – 166
제 집을 공개 처분합니다 – 171

제3부

희망의
노래를
부르며

페이지 터너 - 174
지랄 총량의 법칙 - 178
내비도 - 183
브리꼴레르(Bricoleur) - 188
천금매골(千金買骨) - 193
미소와 희망 메이커 - 196
공통분모를 가져야 - 200
근묵자흑의 원리 - 203
조약돌이 되기까지 - 206
겨울나무의 지혜 - 209
꽃들의 삶을 그리다 - 213
꿈을 파는 학교(Dreamketing School) - 216
일곱 번 넘어져도 - 219
축복 사역자 - 223
붕어빵에는 붕어가 없지만 - 227
칠면조를 찾아라 - 229
핵심자극 - 233
비비디바비디부 - 237

제4부

송축과
승리의
골짜기

골짜기의 은혜와 축복 — 242
영혼 무지개 — 247
카운트다운 — 251
진홍색 드레스 — 257
민들레 신앙 — 261
숨과 쉼 — 267
들리는 소리, 듣고 싶은 소리, 들어야 할 소리 — 271
독(獨)차지는 독(毒)차지 — 277
파워라인 — 282
상품, 명품, 작품, 걸작품 — 287
스타벅스 같은 일터 — 293
누림의 축복 — 296
더하기의 비밀 — 301
행복방정식 — 305
행복한 동행을 꿈꾸며 — 309
영혼의 유산 — 315
행복한 부부 — 322
행복한 가정 — 329
어른입니까? — 335

에필로그(독자후기)

행복이란?

두 가지 행복이 있습니다.
하나는 Happiness입니다.
이 행복은 Happening에서 나온
즉, 우연히 발생되는 행복입니다.
그래서 Happening이 일어날 때만 행복합니다.
또 하나는 Blessing입니다.
이 행복은 Blood에 기초한 행복으로
희생(피)이 행복의 근원입니다.
그래서 어떠한 환경 가운데서도 행복합니다.
그러므로 진정한 행복은
생기기를 기다리는 것이 아니라
희생과 수고와 눈물로 만들어가는 것입니다.

윤삼열 『묵상칼럼』 중에서

제1부

이른 비와
늦은 비의 축복

제1부 이른 비와 늦은 비의 축복

봄의 향연

　춘삼월 하나둘 피어나기 시작했던 매화를 시작으로 눈처럼 흐드러지게 피어나는 벚꽃, 가지가 휠 정도 늘어뜨린 노란 개나리, 산자락 가득 떡가루 뿌려 놓은 듯 뽀얀 배꽃, 들판 가득 보랏빛 자운영 등 어디든 눈길 닿는 곳이면 아름다운 꽃들이 가득합니다. 우리 학교 교정에도 가지가지 몽골몽골 겹 복사꽃, 자목련, 라일락, 팬지와 수선화를 필두로 앞으로 진달래 영산홍 철쭉 그리고 줄 장미와 천리향 등 줄줄이 봄꽃들이 피어오를 것입니다. 꽃을 보면 그냥 좋습니다. 가슴이 설렙니다. 그래서 마냥 봄은 좋기만 합니다.

　그래서 봄의 노래가 나도 모르게 흘러나옵니다. 봄이 오면 산에 들에 진달래 피네. 진달래 피는 곳에 네 마음도 피어 건넛마을 젊은 처자 꽃 따라 오거든 꽃만 말고 이 마음도 함께 따 가주. 봄이 왔네 봄이 와 숫처녀의 가슴에도, 나물 캐러 간다고 아장아장 들로 가네. 봄 처녀 제 오시네 새 풀 옷을 입으셨네. 하얀 구름 너울 쓰고 진주 이슬 신으셨네. 꽃다발 가슴에 안고 뉘를 찾아오시는고. 봄의 교향악이 울려 퍼지는 청라 언덕 위에 백합 필 적에 나는 흰 나리꽃 향내 맡으며 너를 위해 노래, 노래 부른다. 봄 봄 봄 봄 봄이 왔어요. 우리들 마음속에도. 목련꽃 그늘 아래서 베르테르의 편질 읽노라. 구름 꽃 피는 언덕에서 피리를 부노라 등 내 마음속 깊이 잠들어 있던 수많은 노래들이 흥얼거림으로 깨어납니다. 이렇듯 봄이 오는 소리가 들립니다. 라일락 꽃망울에 입 맞추는 햇살의 맑은 웃음소리가 들립니다.

'봄' 은 '보다' 의 명사형이라고 합니다. 뭔가 볼 것이 많은 계절이니 '봄' 이라는 이름이 붙여졌을 것입니다. 그렇습니다. 봄은 보는 것입니다. 볼거리가 많아 봄이기도 하지만, 좋은 것을 많이 보라고 봄입니다. 꽃만 보라는 것이 아닙니다. 동토를 뚫고 나오는 새싹을 보듯 희망을 보라는 것입니다. 메마른 가지에 새순 돋아나는 생명의 신비를 보라는 것입니다. 좋은 것을 보는 것은 아무나 하는 것 같지만 아무나 하는 것은 아닙니다. 하나님께서 천지를 만드시고 가장 처음 한 일과 처음 한 말씀이 바로 '보시기에 좋았더라' 입니다. 그러기에 봄에 좋은 것을 보는 것은 '하나님 따라 하기' 입니다. 봄을 계절 중 맨 앞에 두는 것은 한해를 봄(보는 것)으로 시작하라는 뜻입니다. 여름 가을 겨울 다 두 자인데 봄만 한 자인 것은 보는 데는 여러 말이 필요하지 않다는 것입니다. 봄, 보다, 보고 싶다, 그것은 사랑이고 생명이고 희망이고 마음까지 간질이는 따뜻한 말입니다.

봄은 바라보는 것입니다. 꽃들을 보면서 우리가 보아야 할 것은 그 속에 숨어있는 하나님의 숨결을 보는 것입니다. 공중 나는 새와 산의 백합화를 보며 그들을 키우시고 가꾸시는 보이지 않는 손길을 보라는 것입니다. 보이는 것을 통해 보이지 않는 것도 보라는 것입니다. 왜냐하면 보는 대로 이루어지기 때문입니다. 하나님을 바라보면 소망이 나옵니다. 그래서 히브리서 기자는 믿음의 주요 온전케 하시는 예수를 바라보라고 합니다. 사람의 마음은 땅과 같기에 빛이신 하나님을 온전히 바라보면 봄처럼 평안과 기쁨의 꽃이 피고 선한 열매를 맺게 됩니다. 이는 하나님을 바라보면 우리의 소망하는 것들도 이루어진다는 것입니다.

실제로 하나님을 잠잠히 바라보면 봄에 개나리나 벚꽃이 활짝 피는 것처럼 마음에 사랑의 꽃, 감사의 꽃, 찬양의 꽃, 기쁨의 꽃, 평안의 꽃이 활짝 피게 됨을 체험하게 됩니다. 누구나 하나님을 바라보면 마음이 꽃처럼 밝고 아름답고 향기롭게 된다는 사실입니다. 창조주께서는 봄을 통하여 하나님을 바라보아야 사람의 마음에 봄이 온다는 것을 가르쳐주고 있습니다. 나다나엘 호손의 「큰 바위 얼굴」에 나오는 주인공 어네스트가 매일 큰 바위 얼굴을 보고 자라 스스로가 큰 바위 얼굴이 된 것처럼 우리들도 꽃을 보며 그 뒤에 숨어 계시는 주님을 바라보아 주님을 닮아가길 소망합니다.

봄은 영어로 'Spring'이라고 합니다. 'Spring'의 뜻은 뛰다, 도약하다, 춤추다, 팔짝(껑충) 뛰다, 날아오르다, 싹트다, 분출하다, 샘솟다, 생기, 활기, 튀어 오르다 등이 있습니다. 얼음을 녹이고 맑은 물이 콸콸 솟아나게 하고, 어둠과 절망을 이기고 솟아나는 샘물처럼 샘솟는 기쁨을 노래하라는 것입니다. 생기도 솟아나고, 활기도 넘쳐나고, 무엇보다 가슴 깊은 곳에 숨어있는 샘에서 지혜를 길러내고 열정을 품어내라는 것입니다. 개구리가 겨울잠을 깨고 튀어나오듯 찬란한 봄을 맞이하여 창공으로 날아오르라는 것입니다. 조금만 움직이면 누구나 솟아오를 수 있습니다. 그런 의미에서 오늘은 모두가 공중 부양하듯 팔짝 뛰어보고 또 그런 모습을 사진으로 담아보면 어떨까요? 마치 하늘을 나는 것처럼, 아니 그렇게라도 봄을 활짝 맞이하고 싶습니다. 지금이 바로 그때입니다. 조금만 움직이면 솟아오를 수 있습니다. 봄이 오고 있기 때문입니다.

봄에 꽃을 피우는 것은 따뜻한 봄바람 덕입니다. 봄꽃을 피우는 데는 천둥과 벼락같은 것들이 필요하지 않습니다. 꽃을 피우는 것은 거친 소리나 괴성이 아니라 부드럽고 따뜻한 바람입니다. 부는 듯 마는 듯 살랑살랑 불어오는 바람이 생명을 살립니다. 세상의 아름다움은 그렇게 피어납니다. 사랑도 그러합니다. 진실한 사랑은 큰소리가 나거나 요란하지 않습니다. 사랑의 언어는 오히려 들릴 듯 말 듯 한 속삭임입니다. 소곤소곤하게 들려주는 속삭임이 사랑을 키우고, 마음을 움직이고, 사람을 설레게 하고, 심장을 뛰게 합니다. 괜찮다, 잘 될 거야, 힘내라 등의 희망과 격려의 부드러운 초록의 말이 누군가의 가슴속에 꽃을 피우게 하고, 잎새를 틔우는 것입니다.

그래서 우리 선조들은 말도 강하고 거칠고 억센 말은 하지 않으려고 했습니다. 개의 새끼를 강아지라 부르고, 소의 새끼를 송아지로 불렀습니다. 심지어 임진왜란 이전까지 격음이 들어간 '칼'은 '갈'로, 경음이 들어간 '싸우다'는 '사호다'로 사용했습니다. 봄 햇살처럼 따뜻하고 포용하는 말들이 굳게 닫힌 마음을 열고 사랑의 새싹을 움돋게 하는 사실을 그들은 알고 있었던 것입니다. 그런데 우리들은 잘 하겠다는 열정과 의욕 때문에 본의 아니게 여름 천둥처럼 소리를 높이고 괴성을 지릅니다.

봄꽃들은 우리에게 알려줍니다. 큰소리에 능력이 있는 것이 아니라는 것을…… 소곤대듯 부드럽고 잔잔하게 말해도 살랑대는 봄바람에 라일락 향기 피어나듯 신뢰와 희망의 파아란 싹이 돋고 꽃향기로 그윽할 수 있다는 것을…… 부드럽고 아름다운 꽃이 세상을 환하게 물들이듯 우리들도 선조들의 유연함을 본받아 부드러운 언어사용으로 아로새긴 은 쟁반에 금 사과(잠 25:11) 같은 열매가 많이 맺혔으면 좋겠습니다.

암은 피부에도 발생하고, 심지어 각막이나 혀에도 발생합니다. 암은 종류가 많습니다. 위암, 간암, 폐암, 식도암, 유방암, 대장암, 전립선암, 이렇게 암의 종류가 많은 것은 암세포가 우리 몸에 어느 곳에든지 번식하기 때문입니다. 그러나 우리 몸에 암세포가 붙지 못하는 곳이 한 곳 있습니다. 심장입니다. 심장에 암세포가 붙지 않는 두 가지 이유가 있습니다. 심장에 암이 발생하지 않는 첫 번째 이유는 심장이 따뜻한 피를 늘 뿜어대기 때문이라고 합니다. 따뜻한 곳에는 암세포가 붙지 못한다고 합니다. 얼마 전, TV 프로그램에서 산골 마을에 사는 가족들이 잠잘 때마다 달궈진 돌덩이를 배에 올리고 잤더니 전혀 병치레가 없다고 하더니 그것은 바로 따뜻함이 주는 선물이었던 것입니다. 심장에 암이 발생하지 못하는 두 번째 이유는 심장이 늘 일하기 때문입니다. 심장은 인간이 태어나서 죽을 때까지 잠시도 쉬지 않고 일을 합니다. 정상인의 심장은 1분에 60~100번 정도 그렇게 쉴 틈 없이 일을 하기 때문에 암세포가 붙지 않는다고 합니다. 따뜻함과 쉬지 않고 펌프질하는 것이 생명을 살립니다. 우리 주변에는 예쁜 꽃나무들이 많이 있습니다. 세상에 둘도 없는 소중한 사람들입니다. 소중한 사람 꽃은 부드러운 입술과 따뜻한 손길로만 꽃피게 할 수 있습니다.

우리는 모두 누군가에게 꿈을 갖게 하고 꽃을 피우게 할 수 있습니다. 그것은 때로 가만히 살짝 다가가 부드럽게 손을 잡아주거나, 어깨에 손을 올려놓고 친근감을 표현하든지, 환한 미소와 사랑이 가득한 시선을 통해서 우리는 많은 사람을 꽃피울 수 있습니다. 특히 우리 입술로 맺어지는 아름답고 부드러운 말은 화사한 봄빛 되어 우리들의 영혼을 화사하게 꽃피우고 형형색색 아름다운 삶의 열매를 맺게 할 것이 분명합니다. 살가운 봄바람이 지나가는 곳마다 꽃망울이 맺히듯 우리들의 작은 관심과 따뜻한 격려의 말이 아직 성숙하지 않은 우리들의 심장에 포근한 봄빛 되어 싹을 키우고, 눈을 틔우고, 마침내 꽃피게 할 것입니다. 그러기에 우리들의 말은 그냥 지식이나 정보로 끝나거나 흘러가는 소리가 아니라, 꽃을 피우는 봄바람입니다. 바라기는 하루에도 몇 번씩 말 없는 미소로 꽃과 맑은 하늘을 바라보며 '모든 이에게 골고루 사랑을 나누어주는 봄 햇살 엄마가 되고 싶다' 고 한 이해인 시인처럼 우리도 만나는 모두에게 웃음과 행복을 안겨주는 봄꽃으로 부드럽게 다가서길 소망합니다.

봄꽃들의 축제를 보며 좋은 것을 보고 감동하는 '하나님 따라 하기'도 하고, 솔로몬의 영광보다도 뛰어난 꽃들의 향연을 보며 하나님의 음성과 손길을 느끼길 원합니다. 더 이상 움츠리지 말고 어깨를 활짝 펴고 계절의 봄이 만물을 소생시키듯, 예수 안에서 얻은 새 생명의 환희를 매일 매일 되새기며 살아가야 합니다. 따스한 햇살이 밀려오며 기다리던 봄의 향연이 드디어 시작되었습니다. 온 땅을 뒤덮기 시작한 생명의 축제가 예수님의 부활을 기뻐하며 진리와 생명의 성령을 기다리는 우리 모두의 영혼과 가슴도 뒤덮기를 소망하며 기다립니다.

봄이 좋은 것은, 봄이 봄답게 아름다운 것은 단지 봄꽃들이 지니고 있는 빛깔의 화려함에만 있는 것은 아닙니다. 꽃 하나 피었다고 봄이 아니듯, 봄이 아름다운 것은 수많은 꽃들이 흐드러지게 피어날 뿐 아니라 그 여러 가지 색들이 조화를 이루기 때문입니다. 봄에 피는 꽃들이 눈부신 것은 봄꽃은 어느 것 하나 예외 없이 기나긴 겨울을 이겨낸 생명의 함성인 까닭입니다. 이제 겨울도 지나고 비도 그쳤고, 지면에는 꽃이 피고 새가 노래하니 나의 사랑 나의 어여쁜 자여 일어나서 함께 가자고(아가 2:11~13) 초대하는 아가서 기자처럼 우리가 모두 함께 손을 잡고 맘껏 봄꽃 축제의 향연 속에서 생명의 환희를 누려보시지 않을래요?

> 꽃을 보는 얼굴로
> 꽃을 보는 맘으로 삶을 살아가게 하소서.
> 꽃을 보는 기쁨으로
> 꽃을 보는 감사로 욕심 없이 살게 하소서.
> 꽃이 주는 향기로
> 꽃이 주는 노래로 맘 나누며 살게 하옵소서.

말씀 묵상

겨울은 지나고, 비도 그치고, 비구름도 걷혔소. 꽃 피고 새들 노래하는 계절이 이 땅에 돌아왔소. 비둘기 우는 소리, 우리 땅에 들리오. 무화과나무에는 푸른 무화과가 열려 있고, 포도나무에는 활짝 핀 꽃이 향기를 내뿜고 있소. 일어나 나오오. 사랑하는 임이여! 나의 귀여운 그대, 어서 나오오. (아가 2:11~13)

이름 부르는 대로

하나님은 인간을 창조하시고, 하나님이 모든 것의 시작이 되시는 것처럼, 사람은 그 이름을 붙이며 시작이 되도록 하셨습니다. 하나님은 세상의 모든 피조물을 창조하신 후, 그것들을 아담에게로 이끌고 오셨습니다. 하나님은 과연 저것들에 아담은 어떠한 이름을 붙일까 궁금하셨습니다. 아담은 보여지는 것들마다, 자기에게 오는 것들마다 이름을 붙여주었고, 아담이 붙인 모든 명칭은 그대로 그것들의 이름이 되었습니다. 이때부터 세상의 모든 것은 이름을 갖게 되었습니다. 사람은 물론이고 하늘과 구름, 땅과 바다, 하다못해 작은 들풀과 돌멩이 하나에도 이름이 있습니다. 물론 아담에 의해 지어진(창세기 2:19) 것이 대부분이지만 이름은 일반적으로 각자의 특성에 따라 지어집니다.

아담이 하나님께서 창조하신 모든 것들에 각자 이름을 붙여주었다는 것은 정말 놀라운 것입니다. 이름이 있다고 하는 것은 여러 가지 의미가 있습니다. 먼저 이름이 있다는 것은 존재한다는 실체를 말합니다. 그리고 그 실체는 이름에 의해 의미가 부여되고, 규정되어지거나 구분되어지며 어떤 틀을 갖게 하고, 서로 다른 이름과의 관계가 형성되어지며, 사람에게 있어서는 인격체로 존중받고 특별한 존재로 인정받는 일이 됩니다. 그러나 가장 큰 의미는 그렇게 불러진다는 것이고, 불려짐으로써 가치를 갖게 되는 것이 아닌가 싶습니다.

그런데 아담만 이름을 붙인 것은 아닙니다. 오늘을 사는 우리도 세상 모든 것들을 향하여 이름을 붙이고 삽니다. 부모는 자식의 이름을 짓고,

회사에서는 상품의 이름을 짓고, 연구소에서는 새로운 물질의 이름을 짓고, 탐험가들은 새로 발견한 지역의 이름을 짓습니다. 사람이 이름을 지을 수 있다는 것은 하나님이 주신 특별한 축복이요 선물입니다. 게다가 중요한 것은 그것이 무엇이든 불려지는 대로, 이름대로 된다는 사실입니다.

특히 사람은 보통명사의 이름이 아니라 개체 하나하나 즉 모두에게 고유한 각자의 이름이 있습니다. 금순이라는 이름을 지으면 굳세게 되고, 예쁜이라 지으면 예쁘게 됩니다. 날마다의 '날'에도 이름을 붙여줄 수 있습니다. 오늘을 0000년 모월 모일이라고 부르지만 어떤 사람에게는 생일로, 누군가에게는 결혼기념일로, 어떤 이에게는 추도일로 불리거나 기억됩니다. 그리고 그날이 추도일이면 슬퍼하며 고인을 생각하고, 입학식이면 새로운 일에 대하여 소망을 갖고, 밸런타인데이라고 하면 초콜릿을 선물하며 사랑을 고백합니다.

또 특정한 사물에도 이름을 붙일 수 있습니다. 예를 들어 아끼는 옷에 사랑하는 사람의 이름을 붙인다면 그 옷을 입을 때마다 사랑을 떠올릴 것이고, 아끼던 책에 친구의 이름을 붙이면 그 책을 읽을 때마다 우정을 떠올릴 것이고, 또는 항상 지니고 다니는 물건에 '사랑해'란 이름을 붙인다면 항상 '사랑해'라고 말하고 싶어질 것입니다. 그것은 이름을 붙여주는 그때부터 그것들은 단지 사물로 존재하는 것이 아니라, 내게 의미를 부여받은 나만의 소중한 것이 되어, 내가 그것들을 보고 만지고 들을 때마다 그것들에 붙여준 이름들을 기억해내고 행복해할 것이기 때문입니다. 그건 내가 그렇게 하고 싶어서 그런 것도 있지만 그 이름이 주는 힘 때문에 생겨납니다. 이렇게 붙여지는 이름에 따라 반응이 달라지는 것은 사람은 말할 것도 없습니다만, 우리 주변의 많은 것들이 숨 쉬고, 말하고, 생각할 수는 없을지라도 우리가 이름을 붙여주고 의미를 부여해 줌으로써 생명을 불어넣어 줄 수는 있습니다. 그래서 어떻게 이름을 부르고, 붙이느냐는 매우 중요합니다.

사람들은 대개 어떠한 상황을 만나게 되면 그것에 따라서 이름을 붙이려고 합니다. 그래서 화가 나거나 열 받는 일이 생기면 누군가를 향해 도둑놈이라고도 하고, 강아지라고도 하며, 사기꾼이라고도 합니다. 반대로 자신을 어려움에서 도와주거나 칭찬하고 배려해주면 착한 사람이라고 부릅니다. 모두 자기편에서 생각하고 판단하여 이름을 붙이는 경향이 있습니다. 그리고 한번 이름을 붙이면 그 이름으로부터 절대로 자유로울 수가 없습니다. 그래서 도둑놈은 영원한 도둑놈이고, 착한 사람은 늘 착한 사람으로 보입니다. 긍정이든 부정이든 이름 붙이는 대로 되는 말과 이름의 속성 그리고 그 이름이 갖는 힘 때문입니다.

사람은 하나님으로부터 이름을 붙일 수 있는 권리와 능력을 받았습니다. 그 말은 우리가 이름 붙이고 또 그것을 잘 활용할 수 있는 능력도 주셨다는 뜻입니다. 남편이라는 이름을 붙이면 보호함과 강인함을, 아내라는 이름을 붙이면 사랑스러움과 따뜻함을 느낍니다. 교사란 이름을 붙이면 아이들을 가르치고 지도하려 하고, 학생이라 붙여지면 배우려고 하고, 자녀라는 이름을 통해서는 귀여움, 사랑, 소망 등 온갖 좋은 것을 붙여주고 세상의 주인공으로 키우고 싶습니다.

그런데 우리는 살면서 이렇게 이름 붙이며 살기도 하지만 이름 붙여진 대로 살아야 할 의무도 있고, 이름 붙여진 대로 대우도 해야 합니다. 처음 이름은 다른 무엇과 구분하여 특정 지어주는 표지일 뿐이었습니다. 하지만 언제부턴가 이름에 붙어 있는 수식어들이 우리를 지배하고 있음을 알게 됩니다. 교회에서는 집사와 장로로, 회사에서는 사장과 사원으로, 또 학교에서는 선생님으로 불리고 있습니다. 이렇게 붙여진 이름들은 우리를 영광스럽게 만들어 주기도 하고, 때로는 창피해서 얼굴을 들지 못하게도 합니다. 대통령, 장관 등의 이름은 우리를 한없이 영광스럽게 높여 주기도 하지만, 피의자, 패배자와 같은 이름은 우리를 한없이 초라하게 만듭니다.

같은 이름인데도 다른 가치가 부여되는 것, 같은 이름에 대하여도 다른 평가가 내려지는 것, 우리는 이 점을 간과해서는 안 됩니다. 그것은 그 사람의 행동이나 성품 그리고 사물의 질에 따라 달라지기도 하지만 또 어떻게 대우하느냐에 따라서도 달라집니다. 교사는 교사로서의 대우를 받아야 하고, 교사로서의 책임과 의무도 다해야 합니다. 사장 대우는 하지 않으면서 무슨 사장이 저래라고 한다면 그것은 잘못된 처사입니다.

그렇지만 다행스러운 것은 우리는 언제든지 좋지 않은 평가나 이름을 바꿀 수 있습니다. 새로운 이름을 붙이거나 얻으면 이름이 바뀌기 전과 후는 어떤 식으로든 달라지기 때문입니다. 시몬은 베드로가 되었고, 사울은 바울이 되었으며, 야곱은 이스라엘이 되면서 완전히 다른 사람이 되었습니다. 캐시어스 클레이는 무하마드 알리가 되었고, 루엘 신도는 카림 압둘 자바가 되었습니다.

아메리카 인디언들은 역할이나 지위나 지혜가 자랐음을 나타내기 위해서, 혹은 새로운 사람으로 거듭났음을 나타내기 위해서 새로운 이름을 부여한다고 합니다. 무엇엔가 이름을 붙여주면 더 실재하고 더 가까이 다가설 수 있는 까닭입니다. 박노해 시인(본명 박기평)의 필명은 '노동해방'의 약자이고, 유한양행 창업주인 유일한 박사(본명 유일형)의 경우 미국에서 자랄 때 한국인임을 잊지 말자는 마음에서 이름을 '일한(一韓)'으로 개명하였습니다.

이름은 고정되어 있지 않습니다. 삶이 변하듯 이름 또한 변할 수도 있고 덧붙일 수도 있습니다. 특히, 과거와 결별하고 새로운 미래를 만들어 가고자 한다면 우리는 보다 새로운 이름으로 자신을 드러낼 필요가 있습니다. 불려지는 이름이 특별하면 특별해집니다. 꼭 개명이 아니라도 호나 별칭 등 다양한 방식을 통해서 말입니다. 나는 노래를 잘 하는 사람! 나는 정직한 사람! 나는 착하고 좋은 사람이라고 이름을 붙여주세요. 이름 붙이는 그대로 됩니다. 누군가 우리의 빛깔과 향기에 맞는 이름을 불러주길 기다리기 전에 스스로 자신에게 맞는 빛깔과 향기를 담은 이름을 불러주는 것이 좋습니다.

'백스터 효과' 란 말이 있습니다. 나무를 심어놓고 12제자의 이름을 붙여 놓았습니다. 그런데 놀랍게도 다른 나무들은 잘 성장하는데 가룟유다의 이름이 붙은 나무는 시름시름 죽어갔습니다. 그것은 지나가는 사람마다 저주한 때문이라고 합니다. 클리브 백스터라는 식물학자는 이에 대해 연구를 합니다. 한 사람은 장미를 사랑하여 아끼고 보살핍니다. 다른 한 사람은 장미를 학대하여 담배 연기를 쐬게 하고 때로는 뜨거운 커피도 붓기도 하는데, 어느 날 우연히 보니까 누가 들어오느냐에 따라 장미의 잎사귀가 미세한 반응을 하는 것을 발견합니다. 그래서 검류계를 연결하여 그래프를 그리게 해 보았더니 누가 들어오느냐에 따라 잎의 반응이 다른 것입니다. 요컨대 식물도 감정이 있더라는 것입니다. 그것을 연구자의 이름을 따서 백스터 연구라고 부릅니다.

식물이 그러할진대 하물며 하나님의 형상을 가진 사람이겠습니까? 그러기에 우리 가르치는 교사나 부모는 우리에게 맡겨진 아이들에게 좋은 이름을 붙여주고 또 불러주어야 하고 나아가 그렇게 대우해야 합니다. 바라건대, 우리는 모두 특별한 관심을 가지고 주님의 이름을 부르듯 우리 서로의 이름을 부르며 기도하며 사랑하는 아름다운 공동체가 되길 소원합니다. 그것은 우리가 기도하는 대로 우리가 불러주는 대로 되어지기 때문입니다.

이름 부르는 대로

말씀 묵상

주 하나님이 들의 모든 짐승과 공중의 모든 새를 흙으로 빚어서 만드시고, 그 사람에게로 이끌고 오셔서, 그 사람이 그것들을 무엇이라고 하는지를 보셨다. 그 사람이 살아 있는 동물 하나하나를 이르는 것이 그대로 동물들의 이름이 되었다. (창세기 2:19)

행복이란?

행복은 가슴의 소리를 듣고,
그것을 얼마나 따르느냐에 달려있습니다.
영혼은 뜨겁게 뛰고 있는 심장 속에 있기 때문입니다.
그러므로 가슴으로 말하고 가슴으로 듣고,
머리에 있는 지식은 가슴으로 끌어내야 하는데,
그것은 바로 묵상훈련입니다.
영혼의 묵상은
가슴이 말하는 소리를 듣는 가장 좋은 방법입니다.

윤삼열 『가슴으로 말하는 사람』 중에서

이름을 불러주세요

 부른다는 것, 이름을 부른다는 것, 그것은 잠든 것을 일깨운다는 것이며 멀리 있는 것을 가까이에 다가서도록 하는 것이며 침묵하는 것을 말하게 하는 것입니다. 어느새 새로 한 주를 다시 시작하는 날입니다. 오늘은 아이들의 이름은 물론 사랑하는 가족들의 이름을 불러보며 시작하는 것은 어떨까요? 일상에 잠들어 있던 정감과 살가움이 오롯하게 되살아나도록 말입니다.

 김춘수 시인은 내가 있다는 것은 누군가가 나의 이름을 불러주었기 때문이라고 합니다. 아무도 나의 이름을 불러주지 않는다면 나는 아무런 의미가 없다는 것이지요. 즉, 하나의 몸짓에 지나지 않았던 꽃이 내가 이름을 불러주었기에 꽃이 되었다는 것입니다. 누군가가 나의 이름을 불러주기에 내가 있는 것입니다. 우리는 모두 태어나면서 부모님으로부터 그리고 자라면서 가족, 친척 및 친구들로부터 불리움을 받습니다. '이름을 부른다' 는 것은 다만 입으로만 소리를 내어 부르는 것이 아닙니다. 입으로 부르면, 마음에 그 사람을 생각하게 되고, 마음에 그 사람을 생각하면 마음이 그 사람에게 접근해집니다. 그러므로 이름을 부른다는 것은, 입으로 말하기만 하는 것이 아닙니다. 〈동감〉이란 영화에서 김하늘이 하는 대사 중에 "그가 부르는 내 이름이 왜 그렇게 예쁘니?"하며 병원 침대에 누워서 친구에게 하는 말이 생각납니다.

 누군가가 내 이름을 불러주어 뒤돌아보았을 때 반길 수 있는 정겨운 얼굴이 있다면 얼마나 큰 축복이고 행복입니까? 또 내가 누군가의 이름을 부를 때 그들과의 추억이 되살아나 굳었던 얼굴에 피식 웃음이 새 나오고 쓸쓸하고 외로운 마음이 따스해 지면 얼마나 좋습니까? 저는 그럴 때가 많습니다. 이상하게도 누군가의 이름을 한번 되뇌어 본다는 것은 아리아리한 첫 사랑의 추억을 되새기는 것처럼 가슴 설레고, 보고 싶고, 그리워지니 말입니다. 특히 어머니를 부를 때는 더욱 그렇습니다. 이미 하나님 나라에 계시기에 더 그런지 모릅니다만 어머니란 이름은 부를수록 들을수록 마음이 아리도록 엄마가 그리워집니다. 그래서 가수 혜은이와 머라이어 캐리는 '마음이 서글플 때나 초라해 보일 때는 이름을 불러주세요 나 거기 서 있을 게요' 라고 노래했나 봅니다.

사람의 이름을 부르는 소리만큼 아름다운 음악은 없을 거라 생각합니다. 어떤 직업이나 사회적 위치나 막연한 타인으로 불리는 이름 가운데 내가 존재하는 것보다, 누군가 소중한 사람이 나의 이름을 불러주고 기억해 준다면 그보다 더 행복한 일은 없을 것입니다. 감옥에 있는 죄수들에게도 이름이 있지만 그들을 부를 때는 그들의 이름을 부르지 않고 그들의 번호를 부릅니다. 사람을 부를 때 이름을 부르지 않고 번호를 부른다는 것은 그 사람의 인격을 격하시키는 행위입니다. 그만큼 이름을 불러주는 것은 상대에 대한 배려이며 관심이며 사랑이 되는 것입니다.

그런데 누구보다도 실은 하나님께서 우리들의 이름을 부르시면서 우리와 인격적인 관계를 맺기 원하십니다. 유진 피터슨이 "이름을 부른다는 것은 존중한다는 것이다. 이름을 부른다는 것은 선택한다는 것이다"고 했듯이 하나님께서는 우리를 따뜻하고 부드러운 목소리로 지금도 우리를 지명하여 부르시고 계십니다. 사랑하는 여러분! 지금 조용히 속삭이듯 주님의 이름을 불러보세요. 부르는 그 순간 주님은 거기 계실 것입니다.

작은 것들 모두에게 이름을 불러주고 싶다
살아 있는 모든 것들에게

제1부 이른 비와 늦은 비의 축복

이름을 지어주고 싶다

꽃에게도 풀잎에게도 물방울에게도
내 기쁨을 두 배로 해주고

내 슬픔을 반으로 줄여주는
친구에게도

세상에 나밖에 없다는 너에게도
가만히 불러보는 이름만으로도

왜 이렇게 가슴이 뜨겁고 아픈 것일까
이름 부르는 일이 그립다는 말보다

왜 이렇게 더 간절한 것일까

시인 천양희의 시 「이름을 불러주고 싶다」

 칭기즈칸이 세계를 지배할 수 있었던 리더십의 비결 가운데 하나가 그가 거느린 장졸들을 계급이나 직책으로 부르질 않고 반드시 이름을 알아 불렀다고 합니다. 어느 단체나 마찬가지겠지만 계급사회로 구성된 특정 집단인 군대에서 이름을 불러준다는 것은 명령체계에 의한 타율적 통솔이 아니라 자율적인 그리고 객관화된 개체로서가 아니라 일대일(1:1)의 인격적인 관계로 만난다는 것입니다.

 제가 아는 어느 목사님은 산행을 하다가 무심코 지나쳤던 나무들에게 이름을 불러주며 "아, 네가 상수리나무구나! 너는 키가 크구나. 넌 아주 오랫동안 이 산을 지키고 있었을 것 같구나. 글구 꿀밤나무, 참나무라고도 불리지? 그러고 보니, 이런 노래가 생각난다. '커다란 꿀밤 나무 밑에서 그대하고 나하고 정다웁게 얘기합시다. 커다란 꿀밤 나무 밑에서'"라고 말을 걸었더니 마치 산이 살아서 움직이는 것 같다고 합니다. 나무도 그러할진대 만물의 영장인 사람은 어떻겠습니까? 지금 어느 직장에서는 여사원들이 미스 박, 미스 김 하는 미스 호칭 거부 풍조가 일고 있다고 합니다. 미스 호칭의 거부는 바로 이름으로 불려 인격적 대우를 받고 싶다는 인간선언이요, 이유 있는 반항이라고 할 것입니다.

그럼 과연 이름을 불러주면 어떤 효과가 있을까요?
이름을 불러주면 우선 친근감이 듭니다. 그래서인지 제비족들이 이름을 자주 부른다고 합니다만 일리 있는 말입니다. 이름을 부르는 것만으로 친근감을 느끼는 것은, 자기가 어떤 식으로 불리는가에 따라 상대방에게 대한 인상도 바뀌게 되는데, 이름을 불러주면 그 잠재 심리가 자극되어 기분이 좋아지고, 상대에게는 호감을 갖게 되고, 서로에게 친밀감이 생기기 때문이라고 합니다. 그리고 이름을 부르면 그 사람이 가진 모든 느낌도 함께 불러오게 됩니다. 예수님께서 뽕나무 위에서 지켜보던 삭개오에게 이름을 부르실 때, 그는 곧바로 주님을 집에 모시고 신앙고백을 하며(누가복음 19:1~10) 살아있는 한 송이 의미 있는 꽃으로 주님 곁에 다가갈 수 있었듯이, 이름을 부르는 것은 관심과 사랑의 표현이 되고, 자신이 중요한 존재라는 자부심을 갖게 하는 가장 좋은 칭찬이 되는 것입니다.

시집가는 딸에게 가르치는 내훈(內訓) 가운데, 시집가서 시어머니에게 말씀드릴 때는 반드시 어머님이란 말을 말머리나 말끝에 꼭 붙이라는 대목이 있습니다. 이를테면 '장에 다녀오겠습니다' 가 아니라 '어머님 장에 다녀오겠습니다' 하고, '제가 하겠습니다' 할 때도 '제가 하겠습니다. 어머님' 하라는 것입니다. 그래야 서로 가깝게 느껴져 불화를 막을 수 있다는 것을 우리 선조들은 간파하고 있었던 것입니다. 즉 이름을 불러주는 것은 상대의 마음을 열게하는 지름길이 되는 것입니다.

사랑하는 여러분! 어색하면 이불을 뒤집어쓰고라도 우리 이름을 불러봅시다. 주님! 엄마! 아빠! 그리고 사랑하는 사람의 이름도, 한번 크게 불러보세요. 오래된 서양 마법에 의하면 누군가의 이름을 부르면 그 이름이 불려진 사람은 신비한 힘에 이끌려 이름을 불러준 사람에게 끌리거나 따라간다고 합니다. 그래서 동물의 이름을 불러주면 동물도 따르게 된다고 합니다. 어쩌면 우리는 서로의 이름을 불러줄 때마다 마법을 걸고 또 마법에 걸리는 중일지도 모릅니다. 여러분의 이름을 불러주는 사람이 있습니까? 하지만 먼저 사랑하는 사람들과 친구들의 이름을 불러 보시길 원합니다. 사랑하는 여러분! 우리는 모두 한 사람, 한 사람을 소중히 여겨 이름을 불러주는 그런 사랑 많은 자가 되시길 소망합니다. 새 아침을 맞이하며 그리고 잠자리에 들기 전 가족과 친구들의 이름을 부르며 기도할 수 있기 원합니다. 그리고 주님의 이름을 나직이 불러보십시오. 주님은 여러분 곁에서 활~짝 웃고 계실 것입니다.

> 사랑하는 사람의 이름을 불러 주십시오.
> 잃어버렸던 젊은 날의 열정이 살아날 것입니다.
> 사랑하는 사람의 이름을 불러 주십시오.
> 잃어버렸던 정체성을 되찾을 것입니다.
> 사랑하는 사람의 이름을 불러 주십시오.
> 잃어버렸던 꿈을 되찾을 것입니다.
> 사랑하는 사람의 이름을 불러주십시오.
> 그들은 꽃이 되어 다가올 것입니다.
> 그리고 삶의 의미를 발견할 것입니다.

말씀 묵상

그러나 이제 야곱아, 너를 창조하신 주님께서 말씀하신다. 이스라엘아, 너를 지으신 주님께서 말씀하신다. "내가 너를 속량하였으니, 두려워하지 말아라. 내가 너를 지명하여 불렀으니, 너는 나의 것이다. 네가 물 가운데로 건너갈 때에, 내가 너와 함께 하고, 네가 강을 건널 때에도 물이 너를 침몰시키지 못할 것이다. 네가 불 속을 걸어가도, 그을리지 않을 것이며, 불꽃이 너를 태우지 못할 것이다."
(이사야 43:1~2)

살맛 나는 세상은

살맛 나는 세상은 맛을 아는 사회입니다.
진정 맛을 느낄 수 있는 사람은
건강한 사람이요, 멋진 사람입니다.
그래서 맛과 멋은 어원이 같은가 봅니다.
음식을 먹는 것은 배를 채우는 기쁨만이 아닌
맛을 즐기고 삶을 즐기는 것에 있습니다.
그러므로 함께 먹고 마시는 즐거움 속에
향긋한 인생의 맛을 누리며
축복의 대화를 하며 사는 건강한 사람은
멋있고 행복한 사람입니다.

윤삼열 『묵상칼럼』 중에서

제1부 이른 비와 늦은 비의 축복

그대는 봄비입니다

　며칠 동안 봄비가 내렸습니다. 하지만 큰 빗줄기도 아니고 차가운 날씨도 아니었기에 금방 그치려나 싶어서 창 너머를 하릴없이 자주 내다보았습니다. 마치 누군가가 밖에서 서성이는 듯 사람의 기척이 느껴지는 그리움 때문이었습니다. 아이 손 같은 싹이 행여 다칠세라 비는 조용조용히 곱게 내려주었지만, 한 번의 비로 온 세상은 푸르게 바뀌고, 메마른 제 마음의 사랑도 회복시켜 주었습니다. 자연은 그렇게 하나님의 신비를 노래했고 제 가슴도 덩달아 황홀하게 뛰었습니다. 이처럼 자연이 우리에게 주는 축복으로 오늘도 행복한 날입니다.

　누가 뭐래도 봄은 꽃의 계절입니다. 죽은 것만 같은 나뭇가지에서 움이 돋고 꽃이 피는 것을 보면, 그저 신기하기만 합니다. 마른 땅을 뚫고 올라오는 작은 풀꽃들 또한 경이롭기 짝이 없습니다. 분홍빛 철쭉, 하얀 배꽃, 연분홍빛 복사꽃, 노란 유채꽃, 늦게 핀 벚꽃 바람결에 휘날리는 모습 형형색색 이루 말할 수 없는 봄날의 연속입니다. 그런데 봄꽃 중에는 유난히 흰색이 많습니다. 백목련, 벚꽃, 배꽃, 사과꽃, 앵두꽃, 살구꽃, 복사꽃, 조팝나무, 은방울꽃, 솜다리(에델바이스), 하얀 팬지, 라일락, 난초, 아네모네, 오렌지 등……. 마치 외모의 화려함 대신 내면의 향기로 아름다움을 노래하는 것 같습니다.

　그래서일까요? 자꾸만 흰색 꽃들에게 눈이 가고 마음이 갑니다. 사람도 화려한 외모보다는 내면의 향기를 머금은 사람에게 더 끌리듯이 말입니다. 흰 꽃은 눈부시지 않아서 좋습니다. 은은함과 소박한 아름다움이 선남선녀 같아 더 친근감을 불러일으킵니다. 화려한 색깔의 꽃들이 눈부신 햇빛이라면 흰옷을 입은 봄꽃들은 어둠 속에서 빛나는 별빛이요, 달빛입니다. 그 수줍은 웃음과 부끄러움의 미학이 우리네 백의민족과 닮았습니다. 하지만 무엇보다도 흰 꽃이 아름다운 것은 추운 겨울을 이겨내고 피어나는 부활의 꽃이기 때문일 것입니다. 봄꽃에는 아름답고 따뜻한 향기와 함께 그리스도의 향기가 묻어있기 때문입니다. 부활절 아침 하얀 소복 입은 여인들의 희망 때문입니다.

살아간다는 것은 행복입니다. 살아간다는 것은 축복입니다. 사랑하는 사람과 함께 주님이 주신 이 아름다운 땅에서 주님의 사랑을 만끽하며 이웃에 사랑을 전하는 행함이 따르는 믿음은 하나님이 우리에게 주신 아름다운 사랑입니다. 방긋 웃는 미소로 만나는 사람들에게 주의 향기를 전하는 행복의 하루였으면. 칭찬과 격려의 말로 만나는 사람들에게 주의 부활을 전하는 축복의 하루였으면 합니다. 또한 우리의 행복과 축복이 우리 아이들에게도 전해지길 소망합니다.

바이러스는 종류에 따라 전파경로가 다양하다고 합니다. 혈액이나 체액처럼 직접적인 신체접촉을 통해서만 전파되는 것이 있는가 하면, 공기를 통해서 쉽게 전파되는 것도 있습니다. 행복과 축복바이러스도 마찬가지라고 생각합니다. 우리가 행복을 느끼는 대상이나 경로가 저마다 다르듯이 다양하게 전파될 수 있습니다. 전화 한 통화로, 문자 몇 마디로도 행복해지는가 하면, 때론 얼굴을 보고, 손을 잡아야만 하는 경우도 있습니다. 아무튼 작게만 여겨지는 여러분들의 관심과 사랑으로 주님의 향기와 축복의 바이러스는 지금도 번지고 있다는 사실입니다.

유명한 동화 작가 안데르센은 어린 시절 글쓰기를 좋아하긴 했지만 정작 글을 잘 쓰지는 못했습니다. 열한 살 때, 안데르센은 나름대로 힘들여 쓴 작문을 들고 아는 사람들을 찾아다니며 그것을 보여주었습니다. 그러나 글을 읽은 사람들의 반응은 시큰둥했습니다. 무안함과 실망에 빠진 안데르센은 집에 돌아와 서럽게 울기 시작했습니다. 울고 있는 아들을 본 안데르센의 어머니는 그의 작은 손을 잡더니 화단에 데리고 갔습니다. "한스야, 여기 이 꽃이 참 예쁘게도 피었구나. 하지만 이 꽃 옆엔 싹이 난 지 얼마 안 된 아주 작고 어린 잎사귀도 있잖니? 이 잎사귀는 자라려면 아직 멀었다. 이 작은 잎사귀도 자라면 예쁜 꽃을 피울 게다. 넌 아직 이 어린 잎사귀와 똑같다. 그러니 언젠가는 환하고 예쁜 꽃을 피울 수 있을 거야." 어머니는 훌쩍이는 아들의 어깨를 토닥여 주었습니다. 하지만 그 뒤로도 여전히 안데르센의 글솜씨는 사람들에게 좀처럼 칭찬받지 못했습니다. 그러나 안데르센은 절망에 빠져 울고 싶을 때마다 그 말을 기억하고 마침내 위대한 동화작가가 되었습니다. 우리가 할 수 있는 것은 지극히 작습니다. 그렇지만 세월이 지나면 그것은 예쁘고 아름다운 꽃으로 피어나게 될 것입니다.

미국의 샤갈로 불리는 리버만이라는 화가가 있습니다. 그는 74세에 은퇴한 후 바둑을 두며 소일했습니다. 그런데 하루는 바둑 파트너가 약속을 어겨 혼자서 무료한 시간을 보내고 있었습니다. 그때 한 젊은 봉사 요원이 "그림을 한번 그려보시지요"라고 권했고 리버만은 곧 바로 화실을 찾아가 10주간의 교육을 받았습니다. 그런데 그는 놀라운 재능을 발휘했습니다. 그가 81세 때의 일입니다. 리버만은 일약 원시의 눈을 가진 미국의 샤갈로 불렸고 그림은 불티나게 팔렸습니다. 그는 101살에 스물두 번 째 개인전을 열어 세상을 놀라게 했습니다. 심장의 고동이 멈추기 전까지는 그 어떤 것도 헛되지 않고, 너무 늦지 않음을 보여줍니다. 다만 우리가 시도하지 않고 있을 뿐입니다.

우리 아이들의 꿈과 비전도, 그리고 우리들 각자의 꿈도 이루어지지 않은 게 아니라 어쩌면 아직도 시도하지 않았기 때문인지 모릅니다. 이제 주님의 부활과 함께 힘찬 발걸음을 시작합니다. 무엇보다 거룩과 경건을 회복하는 것이 부흥이고 비전입니다. 그리고 거룩과 경건의 시작은 예배입니다. 홀리키퍼(Holy Keeper)운동으로 우리 자신을 온전히 드리며, 우리 함께 힘을 모아 희망나무를 심고 키워가길 소망합니다.

　우리들에게 맡겨진 귀한 직임이 봄비가 되어 아이들의 희망 꽃을 피웁니다. 봄꽃들의 축제가 보여주는 것처럼. 비록 더디 올지라도 우리들의 수고와 사랑은 분명 봄꽃으로 활짝 피어날 것입니다. 보잘것없어 보이지만 우리들의 귀한 사역은 소리 없이 기적을 일구어 가고 있습니다. 여러분은 생명을 불러오는 봄비입니다. 힘내십시오. 오늘도 주님의 모습을 닮아가려고 애쓰고 수고하시는 여러분들의 삶에 힘찬 격려의 박수를 보냅니다.

말씀 묵상

주님께서 당신들 땅에 가을비와 봄비를 철 따라 내려 주셔서, 당신들이 곡식과 포도주와 기름을 거두게 하실 것이며 (신명기 11:14)

배움의 세 가지 방법은

1) 사색에 의한 방법 - 묵상이나 기도를 통해
2) 모방에 의한 방법 - 책이나 선생님을 통해
3) 경험에 의한 방법 - 여행이나 실수를 통해

제1부 이른 비와 늦은 비의 축복

꿈을 이루려면(1)

꿈을 이루려면
낯설고, 귀찮고, 불편하고, 하기 싫고,
익숙하지 않은 것에 익숙해져야 합니다.
그러려면 반복되는 연습이 필요합니다.
그래야 수월해지고
괴롭고 힘든 생활을 통해 꿈을 이룰 수 있기 때문입니다.

윤삼열 『묵상칼럼』 중에서

꿈을 이루려면(2)

호기심을 가져야 합니다.
호기심은 관심을 불러오고,
관심이 모이면 열정이 생기고,
열정이 모이면 에너지가 되고,
에너지가 모이면 꿈은 이루어집니다.

윤삼열 『묵상칼럼』 중에서

영혼의 보리밟기

사순절 마지막 기간인 고난주간입니다. 고난주간은 잘 아는 대로 주님의 십자가를 묵상하며 주님의 고난과 이웃의 아픔에 동참하기 위해 광야 길을 걷는 영혼의 보리밟기입니다. 보리를 심으면 겨울에 보리밟기를 합니다. 난지(暖地)에서의 보리밟기는 웃자람 방지에 효과가 있으며, 한지(寒地)에서는 주로 서릿발 피해 등의 내한성(耐寒性)을 높이는 것을 목적으로 합니다. 그것은 갓 난 보리 싹을 그대로 두면 보리가 평균 100알쯤 열리지만 그 싹을 밟으면 나중에는 더 강한 싹이 나와 평균 400알 정도의 풍성한 수확을 얻을 수 있기 때문입니다. 그러므로 영혼의 보리밟기는 보리처럼 밟히고 또 밟히어, 으깬 감자처럼 내가 없어지고 죽어지는 체험입니다. 또한 망치에 맞으면서 깊게 깊게 박혀 어둠 속에 자신을 숨기는 못처럼 순종과 겸손을 배우는 것입니다. 마치 주님이 보리의 연한 순 같이 밟히고, 털 깎는 자 앞에서 잠잠하였던 것처럼 말입니다.

예전 비료가 흔하지 않던 시절에는 무, 채소, 가지, 오이, 고추며 고구마를 캐던 밭에 냄새나고 더러운 분뇨를 뿌렸습니다. 그래서 한동안 냄새 때문에 코를 틀어막고 다녀야 했습니다. 그리고 그 밭은 더 이상 사용할 수 없는 더러운 밭이 되어버린 줄 알았습니다. 그런데 더럽다고 생각했던 그 똥 밭은 비옥한 땅이 되어서 더 많은 결실을 거두는 것을 보았습니다. 나중에 땅은 불순물을 스스로 정화하고 분해하여 오히려 유용한 성분을 흡수하는 자정 능력이 있다는 것을 알았습니다. 밟히고, 으깨지고, 두들겨 맞고, 사방으로 우겨 쌈을 당하고, 오물로 더렵혀지고,

거꾸러뜨림을 당해도, 답답한 일을 당해도 그러한 것들은 오히려 우리의 마음 밭을 갈아 인격의 싹을 피게 하는 쟁기와 같고, 또한 모나고 다듬어지지 못한 우리의 못된 근성을 두드려 펴는 대장장이의 망치와 같습니다.

다이아몬드와 연필심을 만드는 데 쓰이는 흑연은 원소가 같은 카본이라고 합니다. 그런데 어떤 것은 흑연이 되고, 어떤 것은 사람들로부터 가장 사랑받는 보석이 됩니다. 그 이유는 다이아몬드가 투명하고 아름다운 금강이 되기까지 많은 고통을 통과했기 때문입니다. 깊은 곳에서 높은 온도와 압력을 받은 카본은 다이아몬드가 되고, 그렇지 않은 카본은 흑연이 됩니다. 또한 다이아몬드의 아름다움은 총 58면으로 이뤄진 다양한 면에서 광채를 발할 때 절정을 이룹니다. 그런데 다이아몬드가 이토록 다양한 면을 갖기까지는 투박하고 거친 원석이 잘리고, 깎이고, 갈려야 비로소 빛을 발하는, 정확히 말해 반사하는 아름다움을 뿜어 낼 수 있습니다.

아놀드 토인비의 「도전과 응전」에 나오는 이야기입니다. 북해 청어잡이들은 아무리 노력을 해도 북해에서 청어를 잡아 런던까지 가지고 오면 청어들은 대부분이 다 죽어버려 제값을 받지 못했습니다. 그런데 한 어부만이 청어를 싱싱하게 산 채로 운반해서 많은 돈을 버는 것입니다. 그런데 그 비결은 너무나 간단했습니다. 그는 청어를 넣은 통에 천적인 메기를 한 마리씩 집어넣었습니다. 메기는 청어를 잡아먹는데 런던까지 오는 동안 기껏해야 몇 마리 잡아먹을 뿐 어느 정도 이상은 배가 불러서 먹지 못합니다. 그러나 청어들은 메기에게 잡히지 않으려고 죽을힘을 다해 도망쳐다니기 때문에 싱싱한 채로 런던까지 오게 된다는 것입니다.

그러기에 사는 게 힘들고 고달파도 불편할 뿐이지, 그게 불행은 아닙니다. 편안함이 곧 평안은 아니듯 말입니다. 그러므로 진실한 크리스천

그리고 보배로운 영성을 원한다면 쉬운 길을 택하기보다 힘들고 고통스러운 영성 훈련의 과정을 통과해야 합니다. 참된 영성은 고통과 아픔과 갈등을 통과함으로 만들어지고, 인생은 짓밟힐수록 강해지는 까닭입니다. 그런 의미에서 고난주간은 영혼의 보리밟기가 되어야 할 것입니다. 풍요로움 속에서 지식과 물질의 비료만 너무 많이 주어서 웃자라고만 있는 우리의 몸과 마음을 농부의 지혜를 본받아 금식과 절제의 생활로 우리의 영혼도 보리밟기에 들어가길 원합니다.

영혼의 보리밟기는 우리의 필요와 욕구는 잠시 멈추고, 십자가 앞으로 더욱 가까이 나아가는 것입니다. 고난이 없으면 영광도 없습니다. 십자가의 고난이 없으면 부활의 영광도 없기에 더욱 그러합니다. 그런데 실상은 십자가 지신 예수를 생각하며 감격해 하고 그 사실을 믿을 뿐, 우리 자신이 십자가를 지고 갈 생각은 하지 않습니다. 다시 말하면 '고난에의 동참'이 없는 '고난에의 믿음'만이 있다는 말입니다. '고난에의 동참'이란 광야 길을 걷는 것과 같습니다. 광야는 먹을 것과 마실 것이 풍족하지 않을 뿐 아니라, 추위와 더위와 사나운 맹수의 위험이 있는 곳입니다. 그래서 광야에서 주리게 하시다가 알지도 못하는 만나를 주신 것은 떡이 아니라 말씀으로 사는 줄 알게 하려는 것(신명기 8:3)입니다.

그러므로 영혼의 보리밟기는 자연스레 경건과 절제의 생활이 될 수밖에 없습니다. 경건은 외형적 거룩함이 아니라 하나님의 도우심이 없이는 살 수 없음을 고백하는 것이고, 절제는 소비문화 속에서 우리의 욕망을 제어하는 훈련입니다. 그러기에 일부러 가끔은 금식을 통해 인간의 본능을 억제하고 자신을 괴롭히는 것이 필요합니다. 때로 애매하게 환난과 핍박을 받아도 변명하기보다 오히려 그들을 위해 기도해줄 수 있는 너그러운 마음과 여유를 가져야 합니다. 또한 우리의 연약함으로 견디기 힘든 아픔이 있을지라도 '아~ 보리밟기하는구나' 하며 울면서라도 감사해야 합니다.

보리는 밟아주면 바로 쓰러져 짓밟혀 죽는 것처럼 보이지만 잎 텄던 곳에 상처가 생겨서 상처에 수분 함유가 많아지고, 생리적으로 내한성이 높아지고, 뿌리도 더 깊게 내리게 되어 잘 밟힌 보리는 봄에 풍성한 이삭을 맺게 됩니다. 영국 속담에 '잔잔한 바다에서는 좋은 뱃사공이 만들어지지 않는다'고 했습니다. 험한 파도가 훌륭한 뱃사공을 만들고, 영혼의 보리밟기가 참 그리스도인을 만듭니다. 그처럼 우리도 짓밟혀 죽을 것 같지만 보리밟기가 끝나면 영혼의 이삭은 더욱 알차게 영글어 30배, 60배, 100배의 열매 맺는 삶이 될 것이 분명합니다. 보리 뿌리가 흙에 밀착되도록 보리밟기하듯, 내 영혼과 믿음의 뿌리도 주님께 밀착되도록 느슨해진 나의 아랫배를 꼭꼭 밟아 남은 고난주간 고랑고랑을 착실히 다져나가 비로소 알찬 부활의 열매를 거두고 싶습니다.

> "주리게 하시다가 알지 못하는 만나를 주신 것은
> 낮추시고 시험하사 마침내 복을 주려 하심이라" (신 8:16)

말씀 묵상

자녀이면 상속자이기도 합니다. 우리가 그리스도와 함께 영광을 받으려고 그와 함께 고난을 받으면, 우리는 하나님이 정하신 상속자요, 그리스도와 더불어 공동 상속자입니다. 현재 우리가 겪는 고난은, 장차 우리에게 나타날 영광에 견주면, 아무것도 아니라고 나는 생각합니다. (로마서 8:17~18)

우분투(Ubuntu)

봄이 아름다운 것은 겨울을 이겨내고 피어나는 생명의 함성이 있기 때문입니다. 어둠을 뚫고 올라오는 새싹이 있기 때문입니다. 절망 속에서 피어나는 희망이 있기 때문입니다. 하지만 꽃 하나 피었다고 봄은 아닙니다. 그렇다고 "나 하나 꽃피어 풀밭이 달라지겠느냐고 말하지 말라/ 네가 꽃피고, 나도 꽃피면/ 결국 풀밭이 온통 꽃밭이 되는 것 아니겠느냐"는 조동화의 시(詩)처럼 너도나도 꽃 되어 피어나면 온 산이 활활 불타오를 것입니다. 봄이 아름다운 것은 울긋불긋 희고 푸른 노란 꽃이 어우러져 조화를 이루기 때문입니다. 함께 희망을 노래하고 생명의 환희로 피어나기 때문에 봄이 아름다운 것처럼 우리 모두 함께 손을 잡고 노래하며 같은 마음, 같은 생각, 같은 뜻을 품고 살아간다면 그것이 아름다운 공동체요 행복일 것입니다.

작가 안도현은 '연어가 아름다운 것은 떼를 지어 강을 거슬러 올라가기 때문'이라고 하였습니다. 흐르는 물줄기를 무리 지어 거슬러 올라가는 연어 떼를 상상해보십시오. 얼마나 생명력이 넘치고 생동감이 있습니까? 우리는 그 모습 속에서 영적인 풍성함을 상상해봅니다. 들쑥날쑥한 돌멩이가 있기 때문에 시냇물이 아름다운 소리를 내고, 우거진 숲이 아름다운 것은 그 숲속에 각기 다른 꽃과 새와 동물들이 있기 때문입니다. 우리가 사는 이 세상도 이처럼 다양한 사람들이 살고 있기 때문이고, 각자 개인의 삶이 아름다운 것도 어쩌면 숨겨진 크고 작은 고난이라는 돌멩이 때문이 아닐까 싶습니다.

아프리카 부족에 대해 연구 중이던 어느 인류학자가 한 부족의 아이들을 모아놓고 게임 하나를 제안했습니다. 싱싱하고 달콤한 딸기가 가득 찬 바구니를 놓고 가장 먼저 바구니까지 뛰어간 아이에게 과일을 모두 주겠노라 한 것이지요. 앞다투어 뛰어가리라 생각했던 예상과 달리 아이들은 미리 약속이라도 한 듯 서로의 손을 잡았습니다. 그리고 손에 손을 잡은 채 함께 달리기 시작했습니다. 바구니에 다다르자 모두 함께 둘러앉아 입안 가득 과일을 베어 물고 키득거리며 재미나게 나누어 먹었습니다. 인류학자가 "누구든 일등으로 간 사람에게 모든 과일을 주려 했는데 왜 손을 잡고 같이 달렸느냐"라고 묻자 아이들은 "UBUNTU"라며 합창했습니다. "다른 아이들이 다 슬픈데 어떻게 나만 기분 좋을 수가 있어요?" 'UBUNTU'는 아프리카어로 '우리가 함께 있기에 내가 있다'라는 뜻이라고 합니다.

> 그대가 있기 때문에 내가 있습니다.
> 그대가 있기 때문에 가족이 있습니다.
> 그대가 있기 때문에 학교가 있습니다.
> 그대가 있기 때문에 이 사회가 있습니다.
> 그대가 있기 때문에 우리 대한민국이 있습니다.

우리는 고난주간 한 주간 십자가와 이웃의 아픔을 생각하며 한 끼 금식을 하고 금식헌금을 모읍니다. 우분투~~~~~~ 함께하고 싶어서입니다. 사람이 따뜻한 것은 가슴이 따뜻하기 때문입니다. 가슴이 먼저 따뜻해야 바라보는 눈길도 따뜻하고, 건네는 손길도 따뜻해집니다.

두 사람이 할 수 있는 가장 아름다운 것은 무엇일까요?
가위바위보, 듀엣곡 부르기, 푸른 하늘 은하수 서로 손뼉 치며 부르기, 공 던지고 받기, 받아쓰기, 천장 도배하기, 실뜨기, 수없이 많을 것입니다.
두 사람이 할 수 있는 가장 아름다운 것은?

사랑 아닐까요?
그럼 여러 사람이 같이할 수 있는
가장 아름다운 일은 무엇일까요? 우분투
서로 손을 잡고 함께 가는 것
서로 부둥켜안고 울어주는 것
특히 힘들고 아프고 고통스러울 때 손잡아주는 것
우리가 그랬으면 좋겠습니다.
학생과 학생이, 학생과 교사가
부모와 자녀가, 이웃과 이웃이
함께 꽃피워 가는 행복공동체!!!

   회사를 영어로 말하면 컴퍼니(Company)입니다. 이 컴퍼니라는 것은 함께(Com), 퍼니(빵), 즉 함께 빵을 먹는 동료들이라는 뜻입니다. 그러나 컴퍼니로서 더욱 중요한 것은 먹는 빵 이상으로 뜻을 함께 먹는, 뜻을 공유하는 것입니다. 동료가 되기 위해서 그 이상으로 중요한 것은 없을 것입니다. 우리 가정과 학교가 떡과 뜻을 함께하는 따뜻한 신앙공동체로서 서로에게 희망이 되고 꽃이 되는 아름다운 공동체가 되어지길 소망합니다. 어려움도 이겨내고, 실망도 낙심도 이겨내고 종국에는 죽음도 이겨내고 활짝 핀 봄꽃처럼 우리 함께 손을 잡고 일어나 꽃 피고 새 우는(아가 2:11~14) 아름다운 꽃동산 평화의 동산, 부활 동산으로 함께 희망의 노래 부르며 나아가길 원합니다.

제1부 이른 비와 늦은 비의 축복

말씀 묵상

그러므로 그리스도 안에서 여러분에게 무슨 격려나, 사랑의 무슨 위로나, 성령의 무슨 교제나, 무슨 동정심과 자비가 있거든, 여러분은 같은 생각을 품고, 같은 사랑을 가지고, 뜻을 합하여 한 마음이 되어서, 내 기쁨이 넘치게 해 주십시오. 무슨 일을 하든지, 경쟁심이나 허영으로 하지 말고, 겸손한 마음으로 하고, 자기보다 서로 남을 낫게 여기십시오. 또한 여러분은 자기 일만 돌보지 말고, 서로 다른 사람들의 일도 돌보아 주십시오. (빌립보서 2:1~4)

누군가의 손을 잡아주는 것은

누군가의 손을 잡아주는 것은
내 심장을 내놓을 만큼
상대를 사랑하고 배려한다는 의미이며, 관심입니다.
왜냐하면 손은 제2의 심장이기 때문입니다.
할머니의 손만 약손이 아니라,
우리가 사랑으로 내미는 모든 손이
때론 상처를 치유하고, 때론 용기를 주는 약손입니다.

윤삼열 『가슴으로 말하는 사람』 중에서

불행과 위기를 축복으로

요즈음 가정들을 보면 겉으로는 부러울 것 없는 것처럼 보이는데 위기를 맞은 가정들이 상당히 있습니다. 가정 위기의 3대 질병은 외도, 중독, 가정폭력이라고 합니다. 이것은 과거에는 남자의 전용물이었는데 이제는 남녀 구분이 없다고 합니다. 주부의 외도, 중독, 가정폭력도 무시할 수 없게 되었다는 것입니다. 지금도 여전히 가정폭력의 피해자 70% 이상은 여성이지만 매 맞는 남편도 점점 많아지고 있다고 합니다. 아내 학대는 점점 줄어들고 있는데 남편 학대는 꾸준히 증가하고 있다고 합니다.

이런 이야기가 있습니다. 아내에게 맞아 중경상을 입고 입원한 남편들이 서로 하소연하였답니다. 서로 맞은 이유를 말하는 것입니다. 30대는 아침밥 달라고 하다가, 40대는 어디 전화했냐고 묻다가, 50대는 누구 만나러 가냐고 묻다가, 60대는 반찬 투정하다가, 70대는 집에만 붙어 있다고, 80대는 밤에 잠자고 안 죽고 눈 떴다고 얻어맞았다는 것입니다. 누가 웃자고 지어낸 이야기일 것입니다.

뿔뿔이 헤어져서 하루의 모든 일을 마치고 돌아온 가족들이 마음과 마음을 터놓고 하루의 일을 이야기하며 서로 위로하고 격려하는 용서와 사랑의 보금자리가 바로 가정입니다. 가정은 우리의 삶의 안식처입니다. 그러나 가족이 함께 살아가는 데는 좋은 일만 계속 있는 것이 아닙니다. 어느 날 위기가 찾아옵니다. 그런데 이 위기를 무난히 잘 극복하면 이전보다 더 건강하고 성숙한 가정생활을 할 수 있지만 가족이 위기에 휘말리면 가족들은 불행해지고 가정은 파탄이 나는 경우를 보게 됩니다.

위기라는 말 자체에 위기는 위험한 시기이지만 잘만 대처하면 기회가 된다는 의미가 들어있습니다. 히브리말로는 '마스베르' 입니다. 산모가 아이를 낳을 때 쓰는 출산용 의자를 말합니다. 위기는 고통이 있지만 조금 지나면 새 생명의 탄생에 대한 환희와 영광이 있는 것이라는 말입니다. 상담학에서 '위기란 어떤 외적인 위험에 대한 개인의 내적인 반응' 이라고 정의합니다. 우리에게 불청객으로 찾아오는 위기를 기회로 활용하여 더 행복하고 더 건강한 가정을 만들어야 하겠습니다. 우리 신앙인은 위기가 거침돌이 되는 것이 아니라 위기가 디딤돌이 되어야 합니다.

시사주간지 〈US뉴스&월드리포트〉가 '자녀들에게 가장 롤 모델이 될 만한 인물은 누구일까'를 조사했습니다. 미국의 성인 1,000명을 상대로 시행한 설문조사결과에 따르면 미국 부모 10명 중 4명꼴인 38%가 콜린 파월 전 합참의장을 아이들이 가장 본받을만한 인물로 꼽았습니다. 그 다음은 TV토크쇼 사회자로 오프라 윈프리가 21%, 3위는 프로농구계의 최고 마이클 조던이 12%, 4위는 영화배우 톰 행크스가 10%, 그리고 5위는 컴퓨터 황제 빌 게이츠가 8%이었습니다. 대부분 부유한 환경이 아닌 오히려 어려움과 역경을 이겨낸 사람들입니다. 콜린 파월은 자메이카 출신이었고 가정은 가난했습니다. 그리고 그의 학교성적도 하위권이 었습니다. 고등학교 때는 코카콜라회사에서 바닥에 흘러내린 콜라를 닦아내는 험한 일을 하기도 했습니다. 그러나 소년에게는 남들이 갖지 못한 장점을 갖고 있었습니다. 정직하고 성실했으며 시련 앞에서도 굴하지 않는 정신이었습니다. 그는 '정직'과 '성실'과 '투지'를 자산 삼아 미국의 합참의장이 되었고 국무장관이 되었습니다.

제네바의 피에르 렌취니크 박사는 〈의학과 위생학〉지에 「고아가 세계를 주도한다」라는 논문을 발표했습니다. 그는 세계사의 흐름에 지대한 영향을 끼친 정치가들의 전기를 읽기 시작했고, 얼마 지나지 않아 그들 모두가 고아였다는 놀라운 사실을 발견하였답니다. 헬라제국의 알렉산더 대왕, 로마의 줄리어스 시저 황제, 프랑스의 루이 14세 왕, 미국에서 건국의 아버지라고 불리는 조지 워싱턴, 세계 정복을 꿈꾸던 프랑스의 나폴레옹, 해상을 장악함으로 해가 지지 않는 나라가 되는 기초를 놓았던 영국의 빅토리아 여왕, 이스라엘 최초의 여성 총리가 되었던 골다 메이어, 2차 세계 대전을 일으켰던 독일의 히틀러, 공산주의를 태동케 하는데 결정적인 계기를 만들었던 소련의 레닌과 스탈린, 프랑스의 유명한 정치가 비스마르크 수상과 드골 장군 등, 300여 명의 인물이 고아 출신이었다고 합니다.

공자는 한 살 때 아버지를 잃었고 루소는 태어난 지 얼마 안 되어, 데카르트는 한 살 때, 파스칼은 세 살 때 각기 어머니를 잃었다고 합니다. 창조적인 예술가들 가운데 고아의 비율이 높다고 합니다. 레오나르도 다빈치는 사생아였고 바흐는 고아였습니다. 루소, 사르트르, 몰리에르, 라신, 스탕달, 보들레르, 카뮈, 조르주 상드, 키플링, 에드거 앨런 포, 단테, 알렉상드르 뒤마, 톨스토이, 볼테르, 바이런, 도스토옙스키, 발자크 등도 모두 고아였답니다.

폴 투르니에는 "고통은 그 자체로는 결코 이로운 것이 아니다. 중요한 것은 시련 앞에서 어떻게 반응하는가이다"라고 말하고 있습니다. "슬픔이 크면 클수록 슬픔이 생산하는 창조적 에너지도 커진다"는 그의 말처럼 상실과 고통을 창조적 에너지로 바꾸면, 상실과 고통이 크면 클수록 더욱 위대한 창조물은 산출될 것입니다. 아이작 뉴턴은 유복자로 태어났습니다. 그가 겨우 말을 배우려고 할 때 어머니는 다른 남자와 재혼했습니다. 그는 상실의 아픔이 있었지만 사과나무 아래 혼자 앉아 박사를 꿈꾸었습니다. 천신만고 끝에 열망하던 대학에 들어가 학업을 마치고 박사학위 과정에 들어가려고 할 때 흑사병이 창궐하여 지역의 모든 대학이 문을 닫았습니다. 그는 낙담한 채 고향에 내려가 사과나무 아래 앉았습니다. 그때 사과 한 개가 '툭' 떨어졌고 그 사건이 인류 과학사의 흐름을 바꿔 놓았습니다. 상실과 위기는 새로운 기회입니다.

　잃어버리지 않으면 소중함도 모르며, 화려한 꽃은 바람에 흔들리고 빗물에 젖으며 만개합니다. 존 메이저 전 영국 총리는 아주 가난한 가정에서 태어났습니다. 열여섯 살 때 학교를 중퇴한 그는 가족을 부양하기 위해 노동 현장에 뛰어들었습니다. 그는 총리가 된 후 기자들로부터 고난의 세월을 어떻게 극복했느냐는 질문을 받고 이렇게 대답했습니다. "그 어떤 상황에서도 비관적인 생각을 갖지 않는다. 항상 희망을 갖고 일하면 부정적인 생각이 사라진다. 하늘은 표정이 밝고 긍정적인 사고를 가진 사람에게 복을 내려준다."

　알코올 중독자인 아버지를 모신 두 아들이 있었습니다. 큰아들은 아버지를 따라 알코올 중독자가 됩니다. 알코올 중독자인 아버지에 대하여 불평하고 원망하며 아버지가 걸어간 알코올 중독자의 길을 그대로 걸어갑니다. 큰아들은 조직폭력배에 가담하게 되고 술과 함께 사는 알코올 중독자가 되어버리고 맙니다. 결국 큰아들은 음주운전을 하다가 교통사고로 죽게 됩니다. 그러나 둘째 아들은 나는 절대로 아버지처럼 살지 않겠다고 다짐하며 20살이 되기 전에 바지 뒷주머니에 있던 20달러를 들고 미국으로 가게 됩니다. 그러면서 무엇을 할 수 있나를 생각하였습니다. 하루에 8시간을 아르바이트로 일을 하고 7시간은 보디빌딩을 통하여 운동을 하였습니다. 그리하여 전세계 보디빌딩 대회에서 챔피언을 7번을 하게 됩니다. 이것은 바디빌딩 대회에서 세계 기록에 해당됩니다. 이를 계기로 해서 둘째 아들은 영화배우가 되고 할리우드에서 잘 나가는 배우가 됩니다. 이 사람은 누구이겠습니까? 몸짱이였던 아놀드 슈워제네거입니다. 그는 캘리포니아 주지사에도 당선되었습니다. 특별히 아놀드 슈워제네거는 감옥에 운동 시설을 세워주는 캠페인을 벌여 재소자들에게 운동을 독려하고 있습니다. 왜냐하면 운동을 하는 사람은 자신의 감정을 콘트롤할 수 있는 힘이 생겨나기 때문이었습니다. 무엇이 이런 차이를 만들었습니까? 같은 혈통, 같은 가문, 같은 배경 속에 있었지만 무엇이 두 형제를 이토록 다른 사람으로 만들어 놓게 되었습니까?

마틴 루터 킹 목사님이 1963년에 워싱턴 D.C. 링컨 기념관 앞에 모였던 25만 명의 청중에게 했던 유명한 '나에게는 꿈이 있습니다' 라는 한 편의 연설은 당시 미국 사회를 새롭게 변화시키는데 큰 역할을 감당했습니다. 사랑하는 여러분, 개인이나, 가정이나, 교회나 학교 그리고 국가에 지금 필요한 것이 있다면 꿈입니다. 성경에는 자녀에 대한 원대한 꿈을 가진 부모들로 가득합니다. 모세의 어머니 요게벳은 남자아이를 낳으면 모두 죽여야 하는 이집트의 법 앞에서도 목숨을 걸고 하나님이 주신 자녀에 대한 꿈을 잃지 않았습니다.

부모는 자녀에 대해 하나님이 주신 비전을 가져야 합니다. 사명을 발견한 자녀는 절대로 인생을 허비하는 일이 없기 때문입니다. 그런데 자녀에게 꿈을 묻는 부모는 많지만 하나님이 자녀의 삶을 통해 이루실 놀라운 계획과 비전을 알고자 간절히 기도하는 부모는 많지 않습니다. 히틀러 때에 유대계 프랑스 지성인인 시몬느 베이유는 이런 말을 했습니다. "우주에는 커다란 두 개의 힘이 존재한다. 하나는 중력이고, 또 하나는 은혜이다." 사람에게 무엇보다 필요한 것은 하나님의 은혜입니다. 은혜는 삶을 바꾸고, 가정을 바꾸고, 자녀를 바꿉니다. 그런 놀라운 은혜가 임하는 통로가 바로 기도입니다. 인생의 축복 유무는 팔자소관이나 환경이 아니라 기도소관입니다. 위기를 축복으로 바꾸는 가장 확실한 방법은 하나님의 은혜를 사모하고 하나님의 도움을 구하는 것입니다.

성경은(창세기 34:30~35:1)은 그것을 극명하게 보여줍니다. 야곱이 삼촌 집에서 거부가 되어 소원을 성취했습니다. 그런데 가정에 날벼락이 닥친 것입니다. 딸 디나가 강간당하고, 그것을 복수하려고 한 행동이 오히려 그것은 또 다른 위기를 불러와 가족이 몰살당할 위기에 처했습니다. 사람은 위기를 당하면 외면하시지만 우리 하나님은 우리가 어떤 위기를 당한다 하여도 우리와 함께 계시며 말씀으로 우리에게 위기를 기회로 사용하여 일어날 수 있는 방법을 알려 주십니다. 첫째 "일어나라" 둘째는 "벧엘로 올라가라" 셋째는 "벧엘에서 거주하라" 넷째는 "하나님께 제단을 쌓으라"는 것입니다. 아주 명료한 처방전입니다.

사람이 큰 위기를 당하면 가장 먼저 없어지는 것이 이성적 판단력입니다. 멍해지는 것입니다. 그래서 위기를 당하면 이런저런 사람들의 말을 듣습니다. 그런데 그때 항상 내 편의 말을 듣습니다. 식구들, 친구들 내 편 이야기를 듣습니다. 그래서 바르게 판단하지 못합니다. 위기가 디딤돌이 되는 것이 아니라 거침돌이 되어 버립니다. 위기가 좋아지는 기회가 아니라 더 나빠지는 계기가 되는 것입니다. 그러므로 위기의 순간 우리는 무엇보다 우리의 문제를 가장 잘 알고 계시는 하나님의 음성을 들어야 합니다.

야곱은 즉시로 그 말씀에 순종합니다. 처음 은혜를 체험한 벧엘로 올라가 제단을 쌓습니다. 예배를 회복합니다. 벧엘은 하나님을 만난 하나님의 집으로 야곱의 인생 중에서 가장 괴로울 때 가장 뜨겁게 하나님의 손길을 체험한 장소입니다. 야곱이 가장 가난한 마음을 가진 곳입니다. 가장 진지했던 곳입니다. 첫 약속을 받은 장소입니다. 첫 은혜를 받은 장소입니다. 첫 만남을 가진 장소입니다. 목숨을 건지기 위해 형을 피해 도망할 때 하나님을 만난 장소입니다. 가장 순수한 심정으로 가장 진실되게 신앙을 고백하였던 서원의 장소입니다. 그러므로 벧엘로 올라갔다는 것은 예배가 제자리에 온 것입니다. 벧엘에서 예배를 드렸습니다. 예배가 고문이 아니었습니다. 어떤 사람은 인간의 삼대 고문을 물고문, 예배 고문, 헌금 고문이라고 말하는 사람들이 있습니다. 위기 속에서 하나님을 만난 야곱의 가정예배는 고문이 아니었습니다. 부담이 아니었습니다. 형식적인 의식이 아니었습니다. 예배가 지루함이 아닙니다.

불행과 위기를 축복으로

우리에게 어려움이 있습니까? 말할 수 없는 고통과 위기의 순간이 있습니까? 그것은 위기를 축복으로 바꾸시려는 기회입니다. 바라기는 예배의 회복을 통해 우리 가정은 물론 우리 학교와 민족과 나라가 축복받는 행복한 가정과 공동체가 되어지길 소망합니다.

말씀 묵상

일이 이쯤 되니, 야곱이 시므온과 레위를 나무랐다. "너희는 나를 오히려 더 어렵게 만들었다. 이제 가나안 사람이나, 브리스 사람이나, 이 땅에 사는 모든 사람이, 나를 사귀지도 못할 추한 인간이라고 여길 게 아니냐? 우리는 수가 적은데, 그들이 합세해서, 나를 치고, 나를 죽이면, 나와 나의 집안이 다 몰살당할 수밖에 없지 않느냐?" 그들이 대답하였다. "그가 우리 누이를 창녀 다루듯이 하는 데도, 그대로 두라는 말입니까?" 하나님이 야곱에게 말씀하셨다. "어서 베델로 올라가, 거기에서 살아라. 네가 너의 형 에서 앞에서 피해 도망칠 때에, 너에게 나타난 그 하나님께 제단을 쌓아서 바쳐라." (창세기 34:30~35:1)

행복해지고 싶습니까?

그럼 소리 내어 기도하세요.
처음엔 기도가 '소리'이지만
점점 '향기'가 되고,
'의미'가 되고 '느낌'이 되어 통하기 시작하면,
점차 '사랑'이 되고 드디어 '행복'이 됩니다.

윤삼열 『묵상칼럼』 중에서

제1부 이른 비와 늦은 비의 축복

문안하라

바울은 그가 기록한 대부분의 서신 말미에 공통적으로 성도들에 대한 문안과 축복으로 끝을 맺습니다. 지난 사역을 회고하면서 결코 잊을 수 없는 믿음의 동역자들을 소개합니다. 그는 많은 동역자들의 이름을 일일이 열거하며 그들이 어떻게 자신의 복음 사역에 큰 힘이 되었는지를 밝힌 후 그들을 기억하고 문안 인사를 부탁합니다. 여기에는 사랑하는 사람들, 인정받는 사람들이 나옵니다.

사람들 가운데 생각하면 사랑하는 마음이 떠오르는 사람이 있습니다. 그런데 어떤 분들은 생각하면 마음에 부담이 되는 사람이 있습니다. 바울도 마찬가지였을 것입니다. 그들이라고 모두가 바울의 마음을 속속들이 이해하고 순응하지만은 않았을 것입니다. 마가와 갈라진 것만(사도행전 15:38~39) 보아도 금방 알 수 있습니다. 성격이 급하고 불같은 바울 곁에서 이들이 왜 어려움이 없었겠습니까? 그럼에도 곁에 있는 사람들의 이름을 하나하나 불러 챙기는 모습을 보면서 다음 몇 가지 이유로 가슴이 뭉클해지는 감동과 도전을 받게 됩니다.

첫째, 문안 인사가 나오는 말씀을 통해 알 수 있는 것은 바울에게는 인사할 사람이 많았음을 봅니다. 즉, 그 말은 함께 일하는 동역자가 많았다는 것입니다. 하나님은 그에게 필요한 사람을 붙여주신 것입니다. 사도 바울이 활동력이 뛰어나고 두뇌 회전이 빠르고 아무리 유능하다 할지라도 혼자 일을 한 것이 아닙니다. 또한 한 사람, 한 사람 이름을 거론한다는 것은 사무적인 관계가 아니라 구체적으로 알고 있다는 말입니다. 개별적으로 이름을 부른다는 것은 그 사람과 더불어 인격적인 교제를 하고 있다는 것이고, 깊은 관계가 있음을 보여줍니다. 일이란 것은 도와줄 마음만 품으면 어떻게든 가능케 하지만, 도와주지 않고자 하면 되는 일도 트집을 잡아 꼬이게 할 수 있습니다. 그러기에 우리의 관계는 따뜻함이 흐르고 정이 흐르고 사랑과 마음이 통하는 인격적인 관계가 되어야 아름다운 공동체로서 우리에게 맡겨진 귀한 사명을 감당할 수 있게 될 것입니다.

둘째, 바울은 그런 동역자들의 이름을 일일이 기억하며 부릅니다. 그것도 한 사람 한 사람 이름을 부르며 수식어도 아름답게 붙였습니다. 그들이 행한 일을 진심으로 칭찬하며 소중하게 생각하고 있다는 존경이랄까 마음에서 우러나오는 표현일 것입니다. 나의 보호자(로마서 16:2), 나의 동역자(3, 9), 나의 사랑하는(5, 8, 9) 많이 수고한(6, 12), 인정함을 받은(10), 주 안에서 많이 수고하고 사랑하는(12) 등 훈장과 같은 수식어를 사용하여 한 사람 한 사람을 소개하고 있고, 또한 동역자를 그리스도 안에서, 주 안에서라고 계속해서 표현하고 있습니다. 그것은 우리는 모두 예수그리스도 안에서의 동역자요 공동체임을 강하게 표현하고 싶었을 것입니다. 하나님의 사역은 혼자 하는 것이 아니고, 각각 자기의 역할이 있고 맡은 바 책임이 있기 때문일 것입니다. 서로 인정하고 격려하고 칭찬하고 세워주며 바울이 그랬던 것처럼 동역자로 세워주면 관계가 좋아지고, 협력하여 아름다운 선을 이루어 갈 수 있습니다. 누군가 사역은 지나가지만 사람은 남는다고 말했듯이 사역보다 더 중요한 것은 사람입니다. 하나님은 일이 아니라 사람에 관심을 두시기 때문입니다. 특히 누군가의 이름을 기억해주고 불러 준다는 것은 참 기분 좋은 일입니다.

셋째, 바울은 이렇게 자신의 가슴에 새겨진 잊을 수 없는 동역자들을 하나하나 떠올리면서 이름만을 기억하고 부르는 게 아니라 그들에게 문안해 줄 것을 부탁합니다. '문안하라'는 말은 로마서 16장에서만 번역마다 조금씩 다르지만 최소 15번 이상 반복됩니다. 여기서 문안하라는 것은 인사하라는 것입니다. 인사는 사랑의 관계성을 맺는 것입니다. 우리는 인사를 잘 해야 합니다. 인사를 잘하는 사람이 좋은 인상을 주고, 사람들과 사랑의 관계를 잘 맺을 수 있습니다. 우리는 매일 보는 사람이라도 처음 보면 인사를 해야 합니다.

'문안하라'는 말은 안부를 전하라는 것이지만, 더 깊은 뜻은 그들의 노고를 알아주고 진심으로 존경하라는 것입니다. 서로 위로하고 위로받고, 서로 용서하고 용서받고, 서로 이해하고 용납받고, 서로 사랑하고 격려함으로써 서로 알아주라는 말씀입니다. 여기에 나오는 사람들은 헌신 된 분도 있지만, 노예 출신도 있고, 이방인 출신도 있고, 왕족 출신의 귀족도 있습니다. 남자도 있고, 여자도 있고, 부부도 있지만 서로 문안하고 거룩하게 입맞춤으로 인사할 것을 권면합니다. 우리도 모든 지체가 주님 안에서, 주님을 위해 수고하기에 서로 알아주고 문안하면서 살아가는 멋진 공동체가 되길 기도합니다.

어느 시대든 사람이 중요합니다. 왜냐하면, 사람이 역사를 이끌어가기 때문입니다. 그러기에 하나님은 언제나 사람을 찾고 있습니다. 하나님께서 하나님의 일을 하시는데 사람을 만나야 하고, 또 사람도 하나님의 일을 하기 위해서 사람을 만나야 합니다. 사람을 만나는 것은 그만큼 중요한 일입니다. 바라기는 문안할 수 있는 사람이 많았으면 좋겠습니다. 이메일을 보내고, 편지를 보내고, 전화를 해야 할 사람이 많아지길 원합니다.

바울은 "나의 마음을 시원케 하는" 그런 동역자들이 있었다(고린도전서 16:18)고 고백합니다. 다시 말해서 "영혼을 새롭게 하는 친구들"이라는 것입니다. 강건하지 못하여 쓰러져 있을 때, 깨어있지 못할 때, 그리고 갖은 고난과 핍박 가운데 있을 때, 때로는 사역의 의미들을 잃어버릴 위험에 처해 있을 때, 때로는 자신에 대해 회의감에 빠져 있을 때 영혼을 새롭게 하는 친구들이 있어 감사하다는 것입니다. 사랑으로 행하며 서로 문안하며 이해하고 감사하면서 공동체를 세워가는 리더들이 참 필요하겠다는 생각이 들었습니다. 오늘 하루 영혼을 새롭게 하는 친구가 되고, 그런 친구들과 함께 좋은 교제를 누리며 하나님 나라를 누리는 축복 가운데 있길 기도합니다. 사역과 목표를 향한 열정만큼이나 사람을 향해 깊은 애정을 품고 싶습니다.

오늘 우리에게도 바울처럼 숨겨진 보배가, 기억나는 사람들이 많았으면 합니다. 그리고 우리의 마음을 진심으로 알아주고 서로 존중해주는 동료와 아이들이 되길 원합니다. 나아가 손을 잡으면 마음까지 따뜻해질 가족과 친구와 이웃들의 이름을 부르며 안부를 전하면 좋겠습니다. 우선 말로 그리고 가능하면 봉사와 섬김으로 문안하길 소망합니다. 서로 문안하고 더 깊이 사랑하고 소중히 여깁시다. 그것이 오늘과 내일의 행복이기 때문입니다.

행복은 날마다 되풀이되는 일상 속에서 작은 것에도 고마워하고, 따뜻한 마음으로 함께하는 사람들의 안부를 묻는 일에서 시작합니다. 지금 수첩이나 핸드폰을 꺼내 그들의 이름을 불러보고 문안 인사를 나눔으로 서로 사랑을 확인하고 행복 바이러스를 전파하지 않겠습니까?

> 살다 보면 그런 날이 있습니다.
> 점심은 먹었냐는 전화 한 통에
> 마음이 위로가 되는 그런 소박한 날이 있습니다.
> 일에 치여 아침부터 머리가 복잡해져 있을 때
> 뜬금없는 전화 한 통이 뜀박질하는 심장을
> 잠시 쉬어가게 하는 그런 날이 있습니다.
> 별것 아닌 일인데 살다 보면 그렇게 전화 한 통 받기가
> 사실은 어려울 수가 있는 게 요즘 세상이라
> 이런 날은 빡빡하게 살던 나를 한 번쯤 쉬어가게 합니다.

전화해 준 사람에 대한 고마움 그 따스함을 잊지 않으려고
닫힌 마음 잠시 열어 그에게 그럽니다.
"차 한잔하시겠어요?"
살다 보면 그런 날이 있습니다.
내 입에서 차 한 잔 먼저 하자는 그런 별스런 날도 있습니다.
따스한 마음마저 거부할 이유가 없기에
아낌없이 그 마음 받아들여
차 한 잔의 한가로움에 취하는 그런 날도 있습니다.

　　　　　　　　　배은미 시인의 「살다보면 그런 날이 있습니다」

말씀 묵상

주님 안에서 택하심을 받은 루포와 그의 어머니에게 문안하여 주십시오. 그의 어머니는 곧 내 어머니이기도 합니다. 아순그리도와 블레곤과 허메와 바드로바와 허마와, 그들과 함께 있는 형제자매들에게 문안하여 주십시오. 빌롤로고와 율리아와 네레오와 그의 자매와 올름바와, 그들과 함께 있는 모든 성도에게 문안하여 주십시오. 거룩한 입맞춤으로 서로 문안하십시오. 그리스도의 모든 교회가 여러분에게 문안합니다. (로마서 16:13~16)

피카(Fika)할래요?

커피에 빵과 과자를 곁들여 마시면서 친구끼리, 연인끼리, 혹은 직장 동료끼리 짬을 내어서 한담을 즐기거나 대화를 나누는 것, 또는 차 한 잔 혹은 커피 한 잔과 함께하는 종합적인 행위를 스웨덴에서는 'Fika'라고 합니다. 스웨덴어로 커피(Kaffi)를 뒤집어 말하던 직장인들의 속어에서 시작됐지만 이제는 커피를 마시면서 숨 돌리며 쉬는 문화 자체를 가리키는 생활용어가 되었습니다. 친한 직장 동료나 친구 사이에 '차 한 잔하면서 쉴까'라는 말을 하고 싶을 때 '피카?'라고만 하면 된다고 합니다. 그러기에 피카는 커피를 마시는 일 자체보다도 함께 대화를 나누면서 쉰다는 데 핵심이 있습니다. 스웨덴은 회식도 대부분 피카로 진행되는데, 뭐니 뭐니 해도 가장 행복한 피카는 주말이나 퇴근 후에 가족과 함께 나누는 피카라고 합니다.

피카를 특별하게 소개하는 이유는 앞서 말했듯 커피 한 잔 이상의 아주 많은 의미를 품고 있기 때문입니다. 누군가는 "피카를 통해 사람을 대하는 법을 배우고 남의 얘기를 귀담아들으며 나 자신도 돌아볼 수 있는 성찰의 시간"이라고 했습니다. 피카는 커피 한잔의 여유를 통해 삶의 속도를 조금 늦추어 자신을 되돌아보고 타인을 배려하는 법을 배우는 사회화 과정이며 사회적 활동입니다. 그러므로 피카는 스웨디시 커피를 말하는 것이 아닙니다. 피카는 다름 아닌 안부요, 문안 인사요, 나아가 상대의 마음을 알아주는 것이요, 관심을 갖고 관계를 이어가는 것입니다.

스웨덴 피카는 20세기 초에 시작했지만 그보다 훨씬 앞서 사도 바울이 시작했음을 성경을 통해 알 수 있습니다. 바울은 그가 기록한 대부분의 서신 말미에 공통적으로 성도들에 대한 문안과 축복으로 끝을 맺습니다. 그는 많은 동역자들의 이름을 일일이 열거하며 그들이 어떻게 자신의 복음 사역에 큰 힘이 되었는지를 밝힌 후 그들을 기억하고 문안 인사를 부탁합니다. 떨어져 함께하지 못할 때도 그는 문안 인사로 피카를 하고 있습니다. 한 사람, 한 사람 이름을 거론한다는 것은 구체적으로 알고 있다는 말이고, 그 사람과 더불어 인격적인 교제를 하고 있다는 것이고, 깊은 관계가 있음을 보여줍니다.

문안한다는 것은 상대방에게 관심을 표현하는 것입니다. 까닭에 우리의 행복은 멀리 있는 것이 아니라 날마다 함께하는 가족과 이웃의 안부를 묻는 일상사 속에 숨어 있다고 할 수 있습니다. 피카는 상대방에 대한 관심을 갖는 것 이상입니다. 특히 그리스도인들의 피카는 바울처럼 사람의 수고를 알아주고 그에 대한 감사를 하는 것입니다. 나아가 그들의 이름을 부르며 평안과 축복을 빌어주는 것입니다. 심지어는 고통을 주는 그 사람에게도 손을 내밀어 받아주라는 것입니다. 바울도 사랑하는 사람들의 이름을 일일이 부르며 문안을 드리는 것은 작게 보이는 그것이 바로 행복이요 축복인 줄 알았기 때문입니다.

봄이 아름다운 것은 꽃이 피어나기 때문만은 아닙니다. 어둠과 절망 속에서 피어나는 희망을 보기 때문입니다. 여러 가지 꽃들이 함께 조화를 이루는 까닭입니다. 아름다운 계절에 아름다운 사람들이 함께 따뜻한 사람들을 찾아 고마움을 전하고 안부를 물음으로 평생 바닥나지 않는 행복 통장의 잔고를 늘려가길 소망합니다. 봄의 전령사는 냉이와 딸기라 하지만 우리 마음의 전령사는 사람들의 따스한 마음입니다. 마음의 손을 잡아주는 사람과 함께 하는 삶은 살맛 나는 세상입니다. 바라기는 아름답고 싱그러운 봄날 우리도 피카를 통해 서로의 사랑을 확인하고 오늘 하루 영혼을 새롭게 하는 친구가 되고, 그런 친구들과 함께 좋은 교제를 누리며 하나님 나라를 누리는 축복 가운데 있길 기도합니다.

　가는 곳마다 때로는 교회와 학교에도 카페가 생겨납니다. 그저 차 한 잔 마시며 한가로움에 취하자는 의미 때문만은 아닐 것입니다. 그것은 시간의 양보다 함께하는 시간의 질을 누리며 삶을 통째로 나누려는 몸부림일지도 모릅니다. 그리스도인의 피카는 시간 쪼개기가 아니라 진실한 마음나누기입니다. 고민과 생각을 나눕니다. 아니 그보다 타인을 듣는 일인지도 모릅니다. 서로에 대한 문안과 감사와 축복이 있습니다. 깊은 사귐이 있습니다. 영혼과 영혼이 만납니다. 차를 마시는 게 아니라 사랑을 마시는 것입니다. 그러기에 그리스도인의 피카는 행복입니다. 사랑하는 친구여~~~~ 오늘 피카(Fika)할래요?

제1부 이른 비와 늦은 비의 축복

안아주세요

5월이 시작되었습니다. 5월이라는 이름만으로도 면사포를 쓴 신부 같은 느낌이 들어 마음이 마냥 설렙니다. 5월의 찬란한 빛깔처럼 우리의 영혼들도 아름답게 색칠되었으면 좋겠습니다. 그리고 우리 인생의 앞날에 펼쳐진 하얀 도화지에 희망과 기쁨과 진실함의 그림을 가득하게 그릴 수 있으면 좋겠습니다.

사람이 태어나면서 죽을 때까지 빠지지 않는 것이 싸매는 일입니다. 태어나면 바로 깨끗이 씻기고 배내옷으로 감싸기 시작하여 평생 동안 옷을 입고 삽니다. 그리고 죽어서까지도 고운 삼베옷으로 갈아입히고서야 안심합니다. 하나님께서는 죄를 짓고 부끄러워하는 아담과 하와에게 가장 먼저 가죽옷을 지어 입히신 것을 보면 그만큼 우리 인생은 평생 싸매고 감싸주어야 살아갈 수 있는 연약한 존재이며 상처 입은 사람들입니다. 그러기에 누구나 감싸주고 안아주기를 원합니다. 그래서 도종환 시인도 「사람은 누구나 꽃이다」에서 '따뜻하게 안아주세요/ 우리는 누군가 정말로 포근히 안아주길 바랍니다' 라고 고백하는가 봅니다.

아내들이 가장 행복한 순간은 언제일까? 모 여성지에 나온 글을 읽어보니, 아내가 된장국을 끓이고 있는데 남편이 뒤에서 포옹해 주는 순간이라고 합니다. 텔레비전 인기 프로그램 중 하나인 〈동물의 왕국〉에 보면 갓 난 새끼를 계속 핥아주는 어미의 모습이나, 서로 털을 헤치며 이를 잡아주는 원숭이들을 볼 수 있습니다. 또한 꽃이 종족을 보존할 수 있는 것도 꿀벌의 스킨십 덕분입니다. 동물이나 식물이나 서로 접촉이 없으면 생존할 수 있는 것은 아무것도 없다 해도 과언이 아닙니다. 하물며 인간은 어떻겠습니까?

누구나 똑같이 사랑받기를 원합니다. 실패하고 쓰러지고 넘어지는 경험을 통해 자라나는 청소년들만 아니라, 우리 어른들도 마찬가지입니다. 그것은 모든 인간관계는 만남과 접촉을 기본전제로 하기 때문입니다. 안아주는 포옹이나 악수 같은 접촉은 피부로 끝나는 것이 아니라, 뇌를 접촉하고 다음엔 마음을 접촉하게 합니다. 그래서 토마스 카알라일은 "인간의 몸에 손을 댈 때에 우리는 하늘을 만진다"고 했으며, 루소는 "산다는 것은 단순히 숨 쉬는 것이 아니다. 산다는 것은 행동하는 것이며 우리 신체의 각 부분을 통해 느끼는 것이다. 존재의 의미는 피부의 느낌에 있다"고 말합니다.

산다는 것은 느끼는 것입니다. 특히 삶의 기쁨과 행복, 풍성함은 더욱더 그러합니다. 그래서 사람은 밥만 먹고 살 수 없습니다. 때론, 마음도 나누고, 사랑도 나누며 확인하면서 살아가고 그러다 보면 하늘도 만져지게 될 것입니다. 다만 싸매주고 고쳐주는 것은 옷을 입히고 감싸는 것처럼 구체적인 접촉과 행동을 통해 나타난다는 것을 명심해야 합니다. 우리 서로 감싸주고 싸매주고 어루만져줄 수 있는 가족과 친구가 되어지길 소망합니다.

말씀 묵상

마음이 상한 사람을 고치시고, 그 아픈 곳을 싸매어 주신다. (시편 147:3)

제1부 이른 비와 늦은 비의 축복

손이 닿으면

손이 닿으면 우리의 몸이 금방 따뜻해집니다.
예수님의 손길이 닿는 곳마다
기적이 일어나고 축복이 넘쳐났던 것처럼
사랑이 담긴 손,
반갑게 잡아주는 정겨운 손은
작게 느껴질 수도 있지만
그 작은 일들이 우리를 행복하게 만들어줍니다.

윤삼열 『가슴으로 말하는 사람』 중에서

사랑받고 싶습니다

 봄은 천천히 걷기에 좋은 계절입니다. 부드러운 햇살과 바람, 푸른 기운이 감도는 대지, 다투어 피어나는 꽃들. 봄날의 자연은 '천천히 걸으면서 나를 느끼라'고 작은 목소리로 말을 건네오는 것 같습니다.

 아프리카 깊은 밀림에서 공기 중의 소량의 수분과 햇빛만으로 사는 '우츄프라 카치아'란 음지식물이 있습니다. 지나가던 생명체가 조금이라도 건드리면 그 날로부터 시름시름 앓다가 결국엔 죽고 만다는 결벽증 강한 식물입니다. 그런데 이 식물을 연구하는 어느 박사는 오랜 연구 끝에 흥미로운 사실을 발견했습니다. 이 식물을 건드렸던 동일한 사람이 계속해서 건드려주면 죽지 않는다는 사실입니다. 한없이 결벽하다고 생각했던 이 식물은 한없이 고독한 식물이었던 것입니다. 우리 아이들도 마찬가지일 것입니다. 처음엔 강하게 거부하다가 나중 익힐만하면 또다시 바뀌기를 반복하면 아이들은 사랑 결핍증으로 시들해질 것이지만, 끊임없이 애정과 관심을 보여주면 그들은 분명 감격하고 변화될 것입니다. 그렇듯 우리에게 필요한 것은 지속적인 애정과 관심입니다.

 사랑을 채우는 방법으로 4가지 유형이 있다고 합니다. 첫 번째 유형의 사람들은 '쟁취형'입니다. 쟁취형은 자신을 사랑해줄 사람에게 악착같이 달라붙어서 끝까지 사랑을 받아 내어 사랑의 결핍을 채우려는 사람입니다. 일명 '밀착형'이라고 합니다. 두 번째 유형은 '도피형'입니다. 도피형은 사랑의 거절을 받아 상처를 입은 후 다시는 사랑의 거절을 받지 않기 위해 적당히 도망갑니다. 그래서 도피형을 '거리 유지형'이라고 합니다. 다른 사람으로부터 자신을 방어하기 위해 적당히 거리를 둡니다. 관계의 거리 즉, 사랑의 거리를 잘 유지하지 못하기 때문에 갈등이 생깁니다. 행복한 삶을 원한다면 사랑을 채워주는 관계의 거리를 잘 유지해 주어야 합니다. 세 번째는 '혼돈형' 입니다. 혼돈형은 남하고 떨어져야 할 때 달려들고, 밀착되어야 할 때 떨어지는 사람들입니다. 학자들의 낸 통계에 보면 이 혼돈형의 사람은 정치계와 감옥 안에 많다고 합니다. 네 번째는 '안정형' 입니다. 필요에 따라 사랑을 주기도 하고 사랑받기도 하는 사람들입니다. 우리는 어디에 속할까요?

누구나 똑같이 사랑받기를 원합니다. 다만 유형이 다를 뿐입니다. 요즘 말로 코드가 맞아야 합니다. 내가 사랑해주어도 아이들이 거부하는 것은 코드가 다르기 때문입니다. 아이들은 혼돈형이 많습니다. 왜냐하면 아직 불안하고 완전하지 않기 때문입니다. 자기 자신도 잘 모릅니다. 그러므로 무엇보다 중요한 것은 꾸준히 사랑을 베풀고 표현해야 한다는 것입니다. 우리의 미래는 꾸준히 사랑을 베푸느냐 일시적이냐에 달려있습니다. 그러므로 일시적 사랑과 관심이 아닌 지속적인 관심과 애정이 필요합니다. 그러기 위해서는 우리들은 네 가지 유형이 되어서는 안 됩니다. 왜냐하면, 우리들도 사랑받고 싶기 때문입니다. 그러므로 우리들은 '자족형' 이 되어야 합니다. 그래야 아이들과 부딪치거나 실망하지 않습니다.

예수님을 만나면 우리의 유형이 바뀝니다. 가장 대표적인 사람이 사도 바울입니다. 그는 이렇게 자신을 소개합니다. "어떠한 형편에든지 내가 자족하기를 배웠노라", "내가 비천에 처할 줄도 알고 풍부에 처할 줄도 알아 모든 일에 배부르며 배고픔과 풍부와 궁핍에도 일체의 비결을 배웠노라" 우리가 부활의 주님을 먼저 만나 자족형이 되고, 또 우리 아이들이 자족형이 되어질 때까지 그리스도의 사랑을 그들에게 전해야 할 것입니다.

사랑받고 싶습니다

말씀 묵상

내가 궁핍해서 이렇게 말하는 것이 아닙니다. 나는 어떤 처지에서도 스스로 만족하는 법을 배웠습니다. 나는 비천하게 살 줄도 알고, 풍족하게 살 줄도 압니다. 배부르거나, 굶주리거나, 풍족하거나, 궁핍하거나, 그 어떤 경우에도 적응할 수 있는 비결을 배웠습니다. (빌립보서 4:11~12)

사람을 대할 때는

사람을 대하는 태도는 겸손과 공손으로,
일을 대하는 태도는 성실과 열심(집중)으로,
자연을 대하는 태도는 가꾸는 마음으로,
하나님을 대하는 태도는 믿음과 경외를 가져야 합니다.

윤삼열 『묵상칼럼』 중에서

제1부 이른 비와 늦은 비의 축복

듣고 싶습니다

　빌 헐이 지은 『성령의 능력에 관한 솔직한 대화』에 나오는 내용입니다. 휴엘 하우저가 진행하는 미국의 인기 TV프로그램 중 하나인 〈캘리포니아의 금(California Gold)〉이라는 프로그램에 코끼리 조련사였다가 은퇴한 찰리 프랭크에 대한 이야기가 방송된 적이 있습니다. 찰리는 니타라는 코끼리를 오랫동안 훈련시켰습니다. 찰리와 니타는 둘 다 은퇴할 때까지 함께 일했습니다. 은퇴한 후 찰리는 트레일러식 이동 주택에 살았고 니타는 샌디에고동물원으로 보내졌습니다. 찰리와 니타는 이렇게 헤어진 후 15년 동안 서로 만나지 못했습니다.

　TV 프로그램 진행자 휴엘 하우저는 찰리를 데리고 샌디에고동물원으로 니타를 찾아갔습니다. 찰리는 열 마리의 코끼리들 중에서 니타를 금세 알아봤습니다. 찰리가 먼 거리에 서서 "니타, 귀여운 놈, 이리 와"라고 말했습니다. 그러자 엄청난 덩치의 코끼리 한 마리가 방향을 틀더니 찰리에게로 뛰어갔습니다. 찰리는 니타에게로 다가가서 쓰다듬어 주고 니타는 긴 코를 찰리의 볼에 비벼 댔습니다. 찰리도 울었고, 휴엘도 울었고, 수많은 시청자들이 함께 울었습니다. 그런데 바로 그때 놀라운 일이 벌어졌습니다. 찰리가 니타와 함께 공연했던 그 공연을 재연하는 것이었습니다! 15년 동안이나 서로 보지 못했음에도 말입니다. 마치 한 번도 헤어진 적이 없었던 것처럼. 니타는 찰리의 목소리를 기억하고 있었습니다. 찰리가 니타를 불렀을 때 니타는 매일 듣는 무수한 관람객들의 음성과 다른 것을 즉시 알아차렸습니다. 수많은 사람들이 니타를 불렀지만 그 누구에게도 코를 흔들며 반갑다는 반응을 보이지 않았습니다.

15년 전에 했던 공연을 연습해 본 적도 없었습니다. 오직 찰리의 사랑과 목소리만이 늙은 코끼리 니타를 움직이게 하고 열정적인 반응을 보이게 할 수 있었습니다.

예수님은 "내 양은 내 음성을 안다"고 말씀하셨습니다. 예수께서 부르실 때 인식하지 못하는 그리스도인들이 있다면 그것처럼 큰 비극이 어디 있겠습니까? 우리는 매우 소란스러운 세상에서 살고 있습니다. 이런 세상에서 하나님의 세미한 음성을 듣는다는 것은 마치 라디오 전파가 잡히지 않는 깊은 산골에서 라디오를 듣는 것과 마찬가지입니다. 주님은 당연한 곳 혹은 소리가 크게 나는 곳에 계시지 않았습니다. 그래서 하나님께서 무슨 말씀을 하시는지 알아차리는 데는 많은 경험이 필요합니다.

하나님의 음성을 듣는 데 익숙해지면 더 이상 우리는 꿈이나 환상 같은 방법에 의지하지 않아도 될 것입니다. 하나님의 음성은 보편적으로 내적 속삭임, 느낌, 혹은 열정을 통해 전달됩니다. 하나님의 음성을 듣는 방법을 논한다는 것은 주관적인 일일 수 있지만 한 가지 확실한 것은 우리가 하나님의 음성을 인식하는 방법을 배울 수 있다는 점입니다.

예수님은 우리가 양이라면 목자이신 그분의 음성을 알아들을 것이라고 말씀하십니다. 코끼리 니타가 사육사인 찰리의 음성을 듣고 아는 것처럼. 그리고 그가 원하는 행동을 하는 것처럼 우리도 주님의 음성을 듣고 순종할 수 있으면 좋겠습니다. 그러기에 우리는 하나님의 음성을 분별하여 들을 수 있어야 하고, 그렇게 되도록 열정적으로 구해야 합니다.

특히 하나님께서 말씀하시는 방법에 따라 구해야 합니다. 하나님의 음성을 듣는다는 것은 성경을 읽고 묵상하는 일에 시간을 투자하는 것입니다. 우리 삶 가운데 구체적으로 인도하시는 그분의 말씀을 성경 안에서 찾아야 한다는 말입니다. 우리는 때와 장소를 가리지 말고 하나님께서 말씀하실 수 있도록 우리의 삶을 내어놓아야 하며 그분을 목마르게 찾아야 합니다. 어떤 생각이 우리 마음에 다가오면 우리는 하나님께 "정말 내가 이 일을 하기 원하십니까?"라고 질문해야 합니다. 만약 우리가 그런 생각들을 무시해 버리면 하나님은 그 일을 성취할 또 다른 사람을 찾으실 것입니다.

이번 주간, 소년 사무엘이 "주여, 내가 듣겠나이다"라고 고백했던 것처럼 또한 빌립이 "일어나서 남으로 향하여 예루살렘에서 가사로 내려가는 길까지 가라"는 하나님의 말씀을 듣고 순종했던 것처럼 저와 여러분도 하나님과 전혀 새로운 차원의 친밀함을 경험하며 살아가시기를 간절히 소원합니다.

말씀 묵상

내 양들은 내 목소리를 알아듣는다. 나는 내 양들을 알고, 내 양들은 나를 따른다.
(요한복음 10:27)

강아지가 꼬리 치고 반기듯

토마스 로렌스가 1900년도에 아랍의 대표들을 초청하여 평화회담을 주선했습니다. 프랑스 파리에 모여서 회담을 하는데 회담 전에 먼저 시내 관광을 시켜주었습니다. 저녁에 호텔에 돌아온 아랍 대표들은 에펠탑과 루브르 박물관이나 베르사유궁전이 아니라 목욕탕에 있는 수도꼭지에 유난히 관심을 보였습니다. 수도꼭지를 틀면 거기서 물이 쾰쾰 쏟아지는 것을 보니 얼마나 신기한지 모릅니다. 그리고 잠시 후 소동이 났습니다. 아랍의 대표들이 수도꼭지를 빼기 위해서 목욕탕을 막 뜯고 있는 것입니다. 수도꼭지를 가져다가 사막에 꽂아 놓으면 물이 쏟아질 것이라 생각한 것입니다. 1900년도니까 뭐 그렇게 생각할 수 있겠지만 수원지와 연결되지 않은 그게 무슨 소용이 있겠습니까?

그런데 오늘날도 이와 비슷한 사람들이 있습니다. 그저 내가 열심히 노력하면 내 힘으로 행복해질 수 있다고 생각합니다. 그러나 어림없습니다. 하나님께서 복을 주셔야만 행복한 삶을 살 수 있기 때문입니다. 수도꼭지와 수원이 연결되려면 그 둘 사이를 연결하는 파이프가 필요한데 그 파이프는 바로 부모님입니다. 부모를 통하지 않고는 생명을 받을 수 없는 까닭입니다. 그러기에 부모와 바른 관계없이 하나님의 복을 받을 수 없습니다. 그래서 '부모를 공경하는 사람이 잘되고 장수의 복이 있다'(에베소서 6:1-3)고 성경은 말합니다.

한 아이가 매우 슬픈 얼굴을 하고 있어 살펴보니 죽은 강아지 때문이었습니다. 그래서 아이의 슬픔을 아는 것처럼 "명견이었나 보구나" 했더니 아니라고 합니다. "그럼 멋진 개였니?" 했더니 그것도 아니라 합니다. "그럼 어떤 개였는데……" 하고 물었더니 "꼬리를 잘 흔들었어요"라고 답을 합니다. 강아지가 꼬리를 잘 흔들었다는 것은 그 아이를 무척 따랐다는 이야기입니다. 강아지는 꼬리를 흔드는 것으로 주인을 기쁘게 한 것입니다. 어쩌면 누구도 자신을 반갑게 맞아주고 따뜻하게 대해준 사람이 없는데 언제나 강아지는 아이를 반갑게 따랐다는 이야기입니다.

옛 어른들은 귀여운 자녀들을 일컬어 어구 우리 '강아지'라고 하기도 했습니다. 사람 숲에서 살고 있으면서도 따뜻하고 부드러운 말 한마디 듣기 힘든 세상입니다. 심지어 피붙이 가족 간에도 말입니다. 그러할 때 우리가 강아지처럼 우리 부모에게 꼬리를 잘 흔들어(?)준다면 부모를 기쁘게 할 수 있겠다는 생각이 들었습니다. 그럼 어떻게 꼬리를 흔들어 줄까요?

첫째는 잘 들어주는 것입니다. 욥기 21:2~3의 공동번역은 이렇습니다. "내 호소를 좀 들어다오. 들어주는 것만이 위로가 되겠네. 좀 참아다오, 나 말 좀 하리라. 나의 말이 끝나거든 비웃게." 어쩌면 이 말씀은 우리 모두의 솔직한 심정인지 모릅니다. 정말 누군가의 귀를 빌려 마음껏 하소연하고 싶을 때가 한두 번이 아닐 것입니다. 특히 나이가 들어가거나 약자의 편에 서게 되면 더욱 그렇습니다. 그래서 누군가의 이야기를 들어주는 것은 상대를 위로할 뿐 아니라 상대를 존경하는 것이며 최고의 상태로 이르게 하는 일입니다. 그러기에 부모의 말을 들어주는 것은 사랑이며 효도입니다. 사실 남의 이야기를 지속적으로 들어준다는 것은 자신을 피곤하게 만들 수 있습니다. 그렇기 때문에 들어주기는 사랑이 있어야 할 수 있는 일종의 사역입니다.

둘째는 얼굴을 보여주는 것입니다. 사람이 싫어지면 가장 먼저 나타나는 증상이 얼굴을 보지 않습니다. 반면에 좋아하는 사람은 얼굴을 자꾸 보고 싶어 합니다. 하나님께서도 "내 얼굴을 구하면 내가 하늘에서 듣고 그 죄를 사하고 그 땅을 고칠찌라"(역대하 7:14)고 말씀하시며 "주님의 얼굴을 구하는 자가 복되다"(시편 27:8)고 합니다. 루터는 '부모는 하나님의 대리자'라고 했고, 칼 바르트는 "보이지 아니하는 하나님을 우리가 볼 수 있도록 우리 곁에 부모님을 주셨다"고 합니다. 부모의 얼굴을 자주 뵙는 것은 곧 주님을 자주 뵙는 것이 됩니다. 옛 어른들은 조석으로 부모님의 얼굴을 뵙고 문안 인사를 드렸습니다. 손주들과 자식의 얼굴을 자주 보여주는 것은 부모의 마음을 기쁘게 하는 좋은 방법입니다.

셋째, 자주 만져주는 것입니다. 현대인들의 가장 큰 문제인 고독은 접촉결핍증 때문이라고 합니다. 부모님의 머리도 만져 주고 손도 만져 주고 안아주는 것이 백 마디 말보다 더 진한 사랑이고 효도입니다. 짐승들은 새끼를 낳으면 가장 먼저 하는 일이 핥아주는 것입니다. 그만큼 피부접촉이 성장에 중요한 역할을 하기도 하지만 산다는 것은 느끼는 것이기 때문입니다. 특히 기쁨과 행복, 풍성함은 더욱 그러합니다. 그래서 사람은 밥만 먹고 사는 것이 아니라 마음도 나누고 사랑도 나누며 확인하며 사는 것인데 그것은 바로 피부접촉입니다.

가족 상담치료 전문가인 버지니아 새러에 따르면 인간이 생존하기 위해서 하루에 적어도 4번 정도 다른 사람의 다정한 포옹이나 손길이 필요하고, 그럭저럭 살아가기 위해서는 8번, 행복감을 느끼면서 몸과 마음이 성장하기 위해서는 최소한 16번의 손길이 필요하다고 합니다. 포옹에 굳이 숫자를 덧붙일 필요가 있을까 싶지만, 특히 나이 드신 어른들일수록 피부접촉은 고독과 외로움을 달래 줄 수 있는 유일한 수단이며 탁월한 정신 치료제가 된다고 합니다. 그것은 포옹이나 접촉이 마음을 든든하게 하고 편안하게 느끼게 해주고, 나아가 하나라는, 가족이라는 관계성을 보여주는 증거이기 때문입니다.

내일이 어버이날입니다. 부모님의 은혜를 생각하며 카네이션과 선물을 드리지만 역시 가장 큰 효도는 평소에 그분들의 이야기를 들어주고, 자주 찾아뵙고, 자주 만져주는 피부접촉을 통해 우리는 하나이며 가족임을 보여주는 것이 어떨까요? 강아지가 꼬리 치며 달려들어 반기듯이 말입니다.

말씀 묵상

너를 낳아 준 아버지에게 순종하고 늙은 어머니를 업신여기지 말아라. 너의 어버이를 즐겁게 하여라. 특히 너를 낳은 어머니를 기쁘게 하여라. (잠언 23:22, 25)

눈을 감는 것은

눈뜨면 보이지 않는
그대가
눈감으면
어느 사이에
내 곁에 와 있습니다

시인 용혜원의 「혼자 생각」

눈을 감고 세상을 그려보면 시인만이 아니라 누구라도 천사들의 웃음소리도, 사랑하는 사람도, 아름다운 하늘나라도 그려볼 수 있습니다. 사람 사이에는 몸의 거리가 있어 가까이 다가가지 않고는 만날 수도 볼 수도 없지만, 눈을 감고 마음으로 다가가면 언제든 어디서든 한걸음에 달려가 만날 수 있습니다. 그래서 시인도 보고픈 마음 간절할 때마다 눈을 감는가 봅니다. 이렇게 눈감아야 보이는 얼굴들처럼 부풀어 오르는 우리들의 꿈과 희망도 때론 눈을 감아야 볼 수 있습니다.

베토벤은 귀가 먹고도 머릿속에 울리는 음악을 악보에 옮겼고, 화가 고갱은 말년에 눈이 멀고도 그림을 그리고, 존 번연은 16년의 감옥살이 중에서도 하늘을 보고 「천로역정」이란 작품을 그렸는데, 우리는 왜 보아야만 믿고 들어야만 아는지 "너는 나를 본 고로 믿느냐 보지 못하고 믿는 자들은 복되도다"(요한복음 20:29)하고 도마에게 말씀하신 주님의 음성이 제 귀에도 들려오는 듯합니다. "내 눈을 감기세요. 그래도 나는 당신을 볼 수 있습니다. 내 귀를 막으세요. 그래도 나는 당신의 음성을 들을 수 있습니다. 발이 없어도 당신에게 갈 수 있고, 입이 없어도 당신의 이름을 부를 수 있습니다"라고 한 라이너 마리아 릴케의 고백처럼 눈을 감고도 주님을 만나고 느낄 수 있으면 얼마나 좋을까요?

학생들에게 황당한 질문을 받을 때가 많습니다. 그중 하나가 사람들은 입맞춤을 하는 가장 달콤하고 짜릿하며 스릴 넘치는 순간에 왜, 눈을 감느냐는 것입니다. 미처 생각지 못한 부분인 데다 사춘기인 아이들에게는 굉장히 민감한 내용이라 한참을 망설이다 대뜸 대답 대신 '그럼 너는 기도할 때 왜 눈을 감고 기도하니?' 하고 그만 얼버무리고 말았습니다만 왜 그럴까요? 하나님과 대화하는 기도시간에 눈을 감는 것은 눈을 감지 않으면 보이는 게 많아 기도에 집중할 수 없기 때문입니다. 눈을 감지 않으면 너무 많이 보입니다. 그리고 그것들은 오히려 깊은 만남과 감성을 방해할 뿐 아니라 집중할 수 없게 합니다. 그러므로 사랑하는 남녀가 입맞춤을 할 때에 눈을 감는 것은 이성을 마비시키고 다른 감각을 더욱 짜릿하게 하기 위한 자연스러운 행위입니다. 눈을 감는 것은 이처럼 또 다른 세계에 대한 탐험이며, 눈으로는 볼 수 없는 미지의 세계를 보는 마음의 문을 여는 것입니다.

그런데 사람들은 과학 문명의 발달과 눈에 보이는 현란함 때문에 도리어 다른 많은 감각을 무시하거나 잃어버리고 눈에 보이는 것과 귀에 들리는 것에만 집중하며 살아갑니다. '백문(百聞)이 불여일견(不如一見)'이란 말이 있듯이 우리가 가장 확실하게 믿는 것이 바로 눈입니다. 그래서 먹어보고, 만져보고, 들어보고, 맡아보고, 해보고, 전부 다 보고 믿겠다고 하고, 심지어 예배도 본다고 합니다. 그러나 눈을 뜨고 보는 것은 시간과 공간을 통하여 보는 것뿐이지 다른 모양을 만들어 내지는 못합니다.

철학자 데카르트가 길을 지나가다 큰 구렁이를 만났습니다. 가지고 있는 지팡이를 들어 힘을 다해 뱀을 죽였습니다. 다음날 또 그 길을 지나가는데 구렁이를 만났습니다. 그는 이번에도 힘을 다해 죽이고 지나 갔습니다. 그 다음날 그 길을 지나는데 역시 그 구렁이가 여전히 그 자리에 있는 것입니다. 그는 소름이 끼쳤습니다. 있는 힘을 다해 뱀을 내리쳤습니다. 그러나 뱀은 꿈적도 하지 않습니다. 정신을 차린 그가 자세히 다가가서 보니까 뱀이 아니라 긴 오랏줄이었답니다. 이때 데카르트는 "내 눈이 나를 속였다", "내가 내 눈도 믿을 수 없는데 누구를 믿을 수 있단 말인가"란 유명한 말을 남겼습니다. 우리의 뜬눈은 시간과 공간의 제약을 받을 수밖에 없고, 그나마 그것조차도 바르게 보지 못하는데, 어떻게 감춰진 신비와 오묘하고 풍요로운 세상을 볼 수 있겠습니까?

그래서 사랑하는 연인들도 자신들도 모르게 신비한 체험이라고 여기는 입맞춤을 할 때에 눈을 감는 게 아닐까요? 눈을 감으면 더 아름답고 달콤하게 느끼고 깊이 빠져들 수 있을 테니까요. 의식이 깨어있는 상황에서 눈을 감는다는 것은 계획적이고 인위적인 행동입니다. 잠을 잘 때처럼 아무런 생각이 없이 감는 게 아니라 어떤 분명한 목적이 있다는 뜻입니다. 눈에 보이는 현실을 잠재우고 더욱 감성적이고 원초적인 자신에 충실하거나, 자신을 넘어서는 더 큰 무엇을 느끼려는 의도된 행동으로 깊은 사색을 하거나 기도를 할 때입니다.

즉 눈을 감는 것은 외부의 위협이나 간섭이 없는 공간에서 일상의 자신을 넘어서는 어떤 존재와의 합일을 추구한다는 뜻이 담겨있습니다. 그러므로 눈을 뜨고 보는 것보다 감을 때 훨씬 더 많은 것을 볼 수 있고, 눈을 감아야만 볼 수 있는 세상도 보게 되는 것입니다. 눈을 뜨고는 태양을 볼 수 없지만, 눈을 지그시 감을 때 태양을 더 느낄 수 있는 것과 같습니다 그래서 산다는 것은 눈 하나 여닫는 반복 훈련이 아닌가 싶습니다.

우리는 좋아하는 음악을 들을 때나, 꽃향기를 맡을 때도 눈을 감습니다. 눈을 감고서야 음악의 진수와 꽃의 향기에 빠져들 수 있기 때문이지요. 누가 그랬던가요? '사랑하는 사람은 눈으로 보는 것이 아니고 마음으로 보는 거라고' 진정 보고 싶을 때는 두 눈을 감고 생각에 잠깁니다. 세상은 마음의 눈에 따라 변하기 때문일 것입니다. 내 마음의 눈이 밝아지면 세상이 밝아지고, 마음의 눈이 아름다워지면 세상도 아름다워집니다. 관심도 관찰도 열린 눈이 필요합니다. 그냥 눈이 아닙니다. 마음의 눈입니다. 마음의 눈으로 보면, 눈을 감아도 보입니다. 그 전까지 안 보였던 것, 못 보았던 것도 보입니다. 더 깊이 보이고, 더 멀리 보입니다.

더 나아가 눈을 감으면 세상을 마음대로 아름답게 만들 수 있고, 상상의 나래를 펴고 어디든 갈 수 있습니다. 살랑살랑 봄바람을 타고 나비가 되어 햇살 한 줌 어깨에 앉아 쉬어 갈 수도 있고, 무르익은 어스름 밤에 풀벌레처럼 합창을 하고, 가을엔 단풍처럼 붉게 익어 가는 사랑을 나누고, 겨울엔 루돌프가 끌어주는 썰매로 하늘을 날 수 있습니다. 때로는 만화의 주인공처럼 은하철도를 타고 은하수를 누비기도 하고 동화 속 신데렐라도 될 수 있습니다. 그만큼 눈을 감으면 행복하고, 따뜻하고, 신선하고, 신비한 세계를 접할 수 있습니다.

그러기에 까마득한 절망의 벽 앞에서 헤어날 방도를 찾지 못해 죽음의 유혹이 은밀하게 스며들 때에, 사람에게 물어도 해결이 안 나는 일, 아니 물어볼 수조차 없다고 생각되는 일이 있거든 조용히 눈을 감고 영혼의 눈으로 하늘을 바라보세요. "내 영혼아 네가 어찌하여 낙망하며 어찌하여 내 속에서 불안하여 하는고 너는 하나님을 바라라 그 얼굴의 도우심을 인하여 내가 오히려 찬송하리로다"(시편 42:5)고 노래하는 시편 기자의 고백처럼 꿈과 희망은 조용히 눈을 감고 하나님을 바라볼 때 생겨나는 것입니다.

천국은 밭에 감춘 보화(마태복음 13:44)와 같습니다. 이 천국의 비밀은 눈을 뜨고 보는 것이 아니라 눈을 감아야 보이는 신비의 세계입니다. 못 본 척하려고 눈을 감는 것이 아니라 바로 보기 위하여 눈을 감아야 합니다. 그러면 육신의 눈은 감지만 영혼의 눈은 열립니다.

눈을 감는 것은

　이제 눈을 감고 우리에게 무엇이 필요한지 돌아볼 여유가 필요한 때입니다. 눈을 감고 하나님을 바라봅시다. 하나님께서 소망을 보여주실 것이며, 하늘의 풍성함과 우리에게 베푸신 능력을 알 수 있게 될 것입니다. 사랑하는 사람과 뽀뽀를 하듯 눈을 감고 주님과 살짝 거룩한 입맞춤을 해보세요. 이사야처럼 부정한 입술을 정결케 해 주실 것이며, 우리에게 주신 소명을 보여 주실 것입니다. 조용히 눈을 감고 주님과 입맞춤을 통해 주님의 사랑을 맛보신다면 세상을 바라보는 눈은 멀어지고 예수 그리스도를 바라보는 눈은 환하게 밝아져 '세상과 나는 간 곳 없고 구속한 주만 보이도다' 란 찬송이 저절로 흘러나올 것이며, 세상도 환한 아침 이슬같이 맑고 더욱 아름답게 펼쳐질 것입니다.

　여러분! 살아가고 있는 환경이 힘들고 괴롭고 어렵습니까? 그러면 두 눈을 감고 잠시 세상을 포근히 안아 보세요. 그리고 주님과 달콤한 입맞춤을 나누세요.

제1부 이른 비와 늦은 비의 축복

감(感)나무를 심읍시다

생각만 해도 풍성한 추수감사의 계절입니다. 이맘때가 되면 청 보랏빛 하늘에 주황색으로 점점이 수를 놓는 예쁜 나무가 있습니다. 푸른 하늘을 배경 삼아 붉은 잎새를 떨구며 앙상한 가지에 주렁주렁 매달린 주홍빛 감나무는 바라보는 것만으로도 바쁜 도심의 일상을 포근하게 감싸줍니다. 감나무를 바라보면 학창시절 선생님의 유난스러웠던 감나무 예찬이 새록새록 기억납니다.

감나무는 잎이 넓어 글씨 공부를 할 수 있으니 문(文), 목재가 단단해서 화살촉을 깎으니 무(武), 겉과 속이 한결같이 붉으니 충(忠), 치아가 없는 노인도 즐겨 먹을 수 있는 과일이니 효(孝), 서리를 이기고 오래도록 매달려 있는 나무이니 절(節)이라 했습니다. 또한 목재가 검고(黑), 잎이 푸르며(靑), 꽃이 노랗고(黃), 열매가 붉으며(紅), 곶감이 희다(白)고 하여 오색오행(五色 五行), 오덕오방(五德五方)을 모두 갖춘 예절지수(禮絶之樹)로 아꼈다는 것입니다.

또한 감나무에는 일곱 가지 덕이 있는데, 첫째 수명이 길고, 둘째 그늘이 짙으며, 셋째 새가 둥지를 틀지 않고, 넷째 벌레가 생기지 않으며, 다섯째 가을에 단풍이 아름답고, 여섯째 열매가 맛있고, 일곱째 낙엽은 훌륭한 거름이 된다는 것이었습니다. 조금은 과장된 듯하지만 한마디로 버릴 것 없는 좋은 나무라는 뜻이겠지요. 그 말씀을 떠올리며 감나무를 보니, 따가운 햇살과 거친 비바람을 견뎌 빛깔 좋은 열매를 맺은 것만으로도 대견해 보입니다. 그 마음에 공들인 만큼, 좋은 나무에는 좋은 열매가 있음을 자연이 다시금 가르쳐줍니다.

우리는 밥만 먹고 사는 게 아니라 감격과 감동을 먹고 삽니다. 오히려 인생의 행복과 즐거움은 감동이 있느냐 없느냐에 따라 좌우됩니다. 그러나 워낙 빠르게 변하는 사회 속에 살다 보니 어지간한 일로 감동하는 법이 없습니다. 이제 사람을 감동을 주자면 큰 비용이 들고, 문학적 표현조차 격렬한 표현 방법을 쓰지 않으면 아예 읽지도 읽히지도 않는 시대가 되어 버렸습니다. 하지만 감동은 메마른 우리 뇌에, 마음에, 몸에 촉촉한 자양분이 되어 줍니다. 감동의 순간을 생각하면 무엇보다 기분이 좋습니다.

감을 갖는다는 것은 무엇보다도 일상 속에서 작은 일에도 감동하고 감사하는 마음의 여유와 너그러움을 찾는 것입니다. 바쁜 일과 속에서도 푸른 하늘을 쳐다보고, 흩날리는 단풍과 낙엽을 주우며 깊은 생각에 잠겨보기도 하고, 단풍으로 물든 오솔길을 걸으며 하나님의 세미한 음성에 귀를 기울이는 것입니다. 때론 지나간 일들 속에서 가슴이 찡하고, 뭉클하고 감동되었던 순간들을 잠시 꺼내어 보는 것입니다. 처음 만나 사랑을 고백했던 그 날, 가슴 터지라 외치고 싶었던 그 날이 또다시 다가온다는 믿음을 가져보는 것입니다.

할 수 있다면 나를 위한 감동을 찾는 것보다 누군가에게 감동을 주는 일은 더욱 아름답고 잔잔한 감동으로 다가올 것입니다. 예컨대 친구들이나 가까운 사람들의 이름을 불러보며 그들의 언어와 사랑으로 축복하는 것입니다. 신나고 박장대소하는 일은 아니라 해도 혼자서 슬며시 웃음 짓게 하는 작은 감동을 만들어 가는 것입니다. 그렇게 작은 일에도 감격하는 사람이 많아지면 그것은 감동의 물결을 일으키게 되고, 우리 사회는 용서와 화해가 넘쳐나는 행복한 공동체가 되어질 것이기 때문입니다. 그래서 문득 우리 마음 밭에도 감(感)나무 한 그루 심었으면 좋겠다는 생각을 해봅니다.

 우리가 심었으면 하는 감나무는 바로 이런 감(感)나무입니다. 가진 것도 없고, 이뤄낸 것도 없지만 나의 하나님이 되어주심에 감동(感動), 여전히 주 뜻대로 사는 일에 실패하지만 끝까지 나의 하나님 되심을 기뻐하며 감격(感激), 계속해서 나의 하나님 되시어 보호하고 보살펴주심에 감사(感謝)가 열리는 나무를 심고 싶습니다. 그뿐만 아니라 감화(感化), 감명(感銘), 감흥(感興), 共感(공감), 感歎(감탄) 같은 열매들이 주렁주렁 열리는 나무 말입니다.

 이 감(感)나무는 다른 나무와 달리 몇 가지 장점이 있습니다. 감(感)나무는 심는 계절이 따로 없습니다. 또한 식목(植木)을 위해서는 땅, 즉 토질이 중요하지만 어떤 땅과 조건에서도 심기만 하면 큰 수고나 기술 그리고 물질을 필요로 하지 않습니다. 그러기에 지금이 감(感)나무를 심을 적당하고 좋은 기회입니다. 하지만 감(感)나무는 홀로 크지 않습니다. 때에 따라 거름도 주고 물도 주어야 하는데, 그 첫 시작은 감사입니다. 범사에 감사할 때 넘쳐오는 감동과 감격이 있습니다. 힘들고 어려운 시기라고 할지라도 감(感)나무가 튼튼하고 강하게 자라도록 조금만 우리의 정성과 사랑을 거름으로 심고 보살핀다면 자신은 물론 모든 사람이 감격하고 감동할 만한 건강하고 아름다운 감(感)나무로 성장할 것입니다.

 많은 과실나무 중 감나무를 좋아하고 감나무를 심자고 하는 것은 어릴 적 감꽃으로 만든 목걸이나 감잎 책갈피의 추억 때문입니다. 풍성하고 탐스러운 열매로 배부르기 때문이기도 합니다. 삭막한 바람이 불어오는 추운 겨울까지 까치밥으로 남아 있는 넉넉하고 정겨운 모습 때문이기도 합니다. 눈보라 몰아치는 한겨울에도 빈 몸뚱이 부끄러워 아니하고 두 팔 벌려 하늘 향해 기도하기 때문이기도 합니다. 그렇게 추운 겨울을 이겨내고 새봄이 오면 언제 그랬냐는 듯 다시 피어나기 때문이

감(感)나무를 심읍시다

기도 합니다.

  하지만 그보다 감나무를 보면 감(感)나무가 생각나는 까닭입니다. 감(感)나무에 맺혀있는 감(感) 열매를 세어 보며 주님께 받은 복을 헤아려 볼 수 있기 때문입니다. 한때 이런 노래가 유행했습니다. "종로에는 사과나무를 심어보자, 그 속에서 꿈을 꾸며 걸어가리라, 을지로에는 감나무를 심어보자, 감이 익을 무렵 사랑도 익어 가리라" 감나무는 그냥 나무가 아니라 우리에게 꿈을 주고 사랑을 익어가게 하는 나무입니다. 바라기는 우리 모든 가족들이 저마다 감나무를 심어 감나무 풍성한 감밭 공동체가 되어져 푸른 꿈이 넘쳐흐르고, 감나무에 감 익어가듯 사랑도 익어가길 소망합니다.

> **말씀 묵상**
>
> 좋은 나무가 나쁜 열매를 맺을 수 없고, 나쁜 나무가 좋은 열매를 맺을 수 없다. 좋은 열매를 맺지 않는 나무는, 찍어서 불 속에 던진다. 그러므로 너희는 그 열매를 보고 그 사람들을 알아야 한다. (마태복음 7:18~20)

제1부 이른 비와 늦은 비의 축복

그리고 그다음엔?

다리가 불편한 아들이 아버지와 함께 산을 오릅니다. 나약한 아들이 늘 안타까웠던 아버지와 처음 하는 산행입니다. 그것은 누가 보기에도 힘난한 여정입니다. 가파른 길을 오를 때마다 아들은 넘어지고 깨지고 돌부리에 채여 피가 나기도 했지만 산을 오르며 만나게 된 사람들의 격려로, 또 아버지가 내민 손을 잡으며 마음을 굳게 먹었습니다. "힘을 내라, 조금만 더 가면 정상이야." "예, 아버지……" 헉헉거리며 한 걸음 한 걸음이 뼈가 으스러지는 고통의 연속이었지만 아들은 차마 포기할 수 없었습니다. 다른 사람보다 몇 배나 더디고 힘든 길입니다. 몇 걸음 가다 물 마시고, 몇 걸음 가다 땀을 식히고…… 그러는 사이 모두가 부자를 앞질러 갔습니다. 그렇게 몇 시간이 지나갔는지 모릅니다. 해가 저물어 갈 무렵에서야 부자는 정상이 코앞에 보이는 곳까지 오를 수 있었습니다.

이제 몇 걸음만 더 가면 정상입니다. 기쁨에 들뜬 아들이 젖 먹던 힘까지 다 짜내 걸음을 떼려는 순간, 아버지가 그를 가로막았습니다. "자, 이제 그만 내려가자." "네? 꼭대기가 바로 저긴데…… 내려가자구요?" 아버지는 땀으로 범벅이 된 아들의 얼굴을 정성스레 닦아주며 지금 내려가야 하는 이유를 말했습니다. "우리는 산에 오르기 위해서 왔지 정상을 밟으려고 온 건 아니다. 네가 지금 정상에 서면 다시는 이렇게 힘든 산을 오르려고 하지 않을 게 아니냐?" 아버지의 말을 다 듣고 난 아들은 말없이 산을 내려왔습니다.

왜, 등산을 하느냐는 질문에 산이 거기 있어서라고 대답한 어느 산악인의 말처럼 산이 있는 것은 오르기 위함입니다. 하지만 오르는 것만 가지고는 삶의 기쁨과 보람이 없습니다. 우리가 오르고자 하는 산은 목적이 아닙니다. 우리가 사는 삶의 방향일 뿐입니다. 그런데도 오르지 못할 산은 없습니다. 세상의 모든 산이 그것을 원하는 사람에 의해 정복되었듯이, 간절히 바라고 소망하면 우리 모두의 꿈은 이루어질 것입니다. 하지만 정상을 정복하는 것, 꿈을 이루는 것만으로는 무언가 부족합니다. 그것은 꿈은 또 하나의 꿈을 이루기 위한 징검다리에 불과하기 때문입니다. 그래서일까요? 아침편지로 잘 알려진 고도원은 '꿈 너머 꿈'을 이야기하며 "꿈이 있으면 행복해지고 '꿈 너머 꿈'이 있으면 위대해진다"고 그의 책 『꿈 너머 꿈』에서 말합니다. 물론 그가 말하는 '꿈 너머 꿈'이란 무엇이 되느냐를 넘어 무엇이 된 후 어떤 일을 할 것인가에 대한 질문으로, 꿈 또는 정상정복 이후를 묻는 것입니다.

가난한 고학생이 학비를 변통하려고 돈 많은 부자 할머니를 찾아왔습니다. "학생은 졸업하면 뭘 할 생각인가?" 할머니가 다정하게 물었습니다. "변호사가 되어서 힘없는 사람들을 돕겠습니다." "좋아, 그다음엔?" "음, 사업을 해서 할머니처럼 돈을 많이 벌고 싶어요." "그래? 그다음엔?" 학생은 평소 점찍어둔 아가씨와 결혼할 계획이고 그다음엔 아이들을 낳아서 행복하게 살 거라고 했습니다. 할머니의 질문은 계속 이어졌습니다. "그리고 그다음엔?" "할머니, 그만 하세요. 그냥 살다가 늙으면 죽겠죠." "그럼 그다음엔?" "죽으면 끝이지 그 다음이 어디 있어요?" 학생은 참다못해 짜증을 내고 말았습니다. "자네같이 인생의 끝을 생각하지 않고 사는 녀석에겐 난 절대 돈을 꿔줄 수 없네." 이 말을 들은 학생은 정신이 번쩍 났습니다. 내 삶의 종착점이 고작 늙어 죽는 것이라면 허탈하기 짝이 없는 노릇입니다. 이 학생은 훗날 크게 성공해서 대학을 세우고 그 현관문에 다음과 같은 팻말을 달았다고 합니다. '그리고 그다음엔?(After that, What?)'

정말 매일 출근하는 학교나 회사가 그저 밥벌이의 수단일 뿐이라면?

우리 아이들이 공부해서 돈을 벌거나 성공하는 게 전부라면? 더 이상 나아갈 곳이 없다면 어떻게 될까요? 꿈을 이루어도 희망이 없고, 이루지 못하면 실패한 인생이니 이래도 저래도 어느 순간 인생의 허무에 부딪히고 방황하게 될 것이 뻔한 일입니다. 혹여 그렇지 않다고 하더라도 그게 인생의 목적이고 그게 꿈이라면 과연 인생의 진정한 의미와 삶의 보람은 무엇일까요? 또한 그것이 진정 행복한 삶일까요? 우리 아이들이 '그리고 그다음엔?' 하고 묻는다면 우리는 뭐라고 알려주시겠습니까? 그리고 우리의 '꿈 너머 꿈' Next Vision은 무엇입니까?

말씀 묵상

그리고 그들에게 비유를 하나 말씀하셨다. "어떤 부자가 밭에서 많은 소출을 거두었다. 그래서 그는 속으로 '내 소출을 쌓아둘 곳이 없으니, 어떻게 할까?' 하고 궁리하였다. 그는 혼자 말하였다. '이렇게 해야겠다. 내 곳간을 헐고서 더 크게 짓고, 내 곡식과 물건들을 다 거기에다가 쌓아 두겠다. 그리고 내 영혼에게 말하겠다. 영혼아, 여러 해 동안 쓸 많은 물건을 쌓아 두었으니, 너는 마음놓고, 먹고 마시고 즐겨라.' 그러나 하나님께서 말씀하셨다. '어리석은 사람아, 오늘밤에 네 영혼을 네게서 도로 찾을 것이다. 그러면 네가 장만한 것들이 누구의 것이 되겠느냐?' (누가복음 12:16~20)

커피와 주님

커피전문점 메뉴에서 가장 인기 없는 커피가 하나 있습니다. 그것은 바로 에스프레소(Espresso)입니다. 에스프레소란 커피 추출방법(핸드드립, 사이폰 등)의 하나로 일명 가압추출법이라 하는데, 곱게 갈아 압축한 원두가루에 뜨거운 물을 고압으로 통과시켜 짧은 순간에 커피를 추출하기 때문에 카페인의 양이 적고, 커피의 순수한 맛을 느낄 수 있는 이탈리안 정통 커피를 일컫는 말입니다. 요즘에는 그렇게 말하는 사람이 별로 없지만 얼마 전만 해도 이를 시키면 일하는 직원이 꼭 이렇게 말했습니다. "이 커피는 양도 적고요. 맛도 써요. 아시죠?" 커피 전문점에서 일하는 사람도 인정하는 양도 적고 맛도 쓴 커피, 그런데도 메뉴에는 빠지지 않고 꼭 있습니다. 왜 그럴까요? 왜냐하면 이 에스프레소가 없으면 다른 커피를 만들 수 없기 때문입니다.

아메리카노(Americano)는 에스프레소에 물을 섞은 것이고, 카페라떼(Cafe latte)는 에스프레소에 스팀밀크를 넣은 것인데 카페오레(프랑스식 모닝커피)라고도 합니다. 또한 카푸치노(Cappuccino)는 에스프레소에 우유거품과 계핏가루 또는 코코아를 뿌린 것이며, 카페모카(Cafe Mocha)는 에스프레소에 스팀밀크 그리고 초콜릿 시럽을 넣은 것입니다. 에스프레소 도피오는 에스프레소 더블에 해당하는 아주 진한 커피이고, 에스프레소 콘파나는 에스프레소에 휘핑크림을 얹은 것으로 에스프레소의 진한 향과 휘핑크림을 함께 즐길 수 있습니다. 카라멜마키아토는 에스프레소에 카라멜 시럽과 우유거품을 더한 커피이고, 아포가토는 바닐라 아이스크림에 에스프레소를 끼얹거나 견과류를 얹어 후식으로 많이 먹습니다. 카페 로얄은 브랜디를 첨가한 커피이고, 아이리쉬는 위스키를 첨가한 커피이고, 에스프레소 리스트레토는 가장 진하게 추출되는 순간에 뽑은 것을 말하는데, 에스프레소보다 더 진한 커피입니다.

우리도 그렇습니다. 모양도, 성격도, 취향도, 학력도, 고향도, 이름도 모두 다릅니다. 음성의 색깔과 세기도, 톤과 리듬도 같은 게 하나도 없을 정도로 다양하고 복잡하지만 근본은 주어진 생명으로 살아야 하는 삶이고, 살려야 하는 살림이고, 하루살이나 겨우살이보다는 좀 나은 인생살이고, 살아있으니 사람이고, 사랑 없이 살 수 없어 사랑인 게 우리들입니다. 풍선이 색깔이나 크기나 모양 때문에 하늘 높이 나는 것이 아니라, 그 속에 들어있는 기체(헬륨) 때문에 날 수 있듯이 중요한 것은 외형이나 가문이나 재산이나 스펙이 아니라 우리 안에 있는 하나님의 능력이 삶을 풍성하게 합니다. 그러기에 삶과 (인생)살이의 핵심은 하나님을 믿는 신앙이 기본입니다.

에스프레소가 기본이 되어 다양한 커피를 만들어내는 것처럼 우리도 결국은 하나입니다. 하나님이 영으로 오시면 성령이고, 문자로 쓰이면 말씀이고, 육신을 입으면 그리스도시고, 선포되면 설교가 됩니다. 그래서 성경은 몸도 하나요, 성령도 하나요, 주도 하나요, 믿음도 하나요, 세례도 하나요, 하나님도 한 분이시라고 합니다. 우리는 한 소망 안에서 부름을 받은 한 공동체이며, 각자의 분량대로 선물을 받은 것입니다. 그러므로 우리의 근본은 예수그리스도입니다. 꿈도 소망도 교육도 교제도 가정도 학교도 예수 그리스도 없이는 무의미하고, 우리의 기본 에스프레소는 바로 주님이십니다.

그렇다고 허구한 날 에스프레소만 마실 수는 없을 것입니다. 때로는 비스켓을, 때로는 과일을 함께 하면 왠지 기분 좋아지고 살맛 나는 것처럼 가끔은 커피에 햇살 한 줌, 음악 한 소절, 나뭇잎 하나만 더 추가하여도 우리네 삶은 사랑, 행복, 기쁨으로 가득할 것입니다. 게다가 바라만 보아도 행복해질 것 같은 그런 사람을 만나서 은은한 커피 향을 마시며 긴긴 이야기꽃을 피운다면 삶은 매 순간마다 향기로울 것입니다. 그래서 아이스크림만 골라 먹는 게 아니라 이제는 커피도 골라 먹는 시대입니다. 지금은 커피전문점이 많이 생겨났지만 초창기 스타벅스는 대단한 센세이션을 불러일으켰는데 그 주된 원인은 단순히 커피를 파는 곳이 아니라, 커피에 대한 '경험'을 판다는 것이었습니다. 소비자가 원하는 걸 골라서, 원하는 블렌딩을 하고 '내 커피'를 고르는 것입니다. 더 이상 소비자는 수동적으로 커피를 마시지 않습니다.

교회와 학교도 마찬가지입니다. 지금껏 교회는 너무 지도자 중심적이고, 신도들은 너무 수동적이었으며, 학교 역시 선생님이 주도권을 갖고 학생들은 수동적으로 움직였습니다. 그러나 이제는 다릅니다. 에스프레소가 기본이지만 그 에스프레소에 다양한 맛과 향을 추가하여 즐기듯 이젠 다양성이 존중받는 시대입니다. 하지만 커피에 쓴맛이 없으면 커피가 아닙니다. 커피의 기본은 에스프레소의 쓴맛이기 때문입니다. 그래서 정말 커피 맛을 아는 사람은 에스프레소를 즐깁니다. 쓰지만 깨끗한 뒷맛을 알기 때문이고, 쓴맛을 모르면 달콤하고 오묘한 행복의 맛을 알 수 없기 때문입니다.

백은하 작가의 『꽃 도둑의 편지』라는 책에 보면 이런 고백이 있습니다. '걸음이 느린 내가 너처럼 시원 시원히 걷게 되고, 커피만 찾던 내가 토마토 주스를 찾고……' 자신의 변화를 죽 나열하다가 마지막에 '나도 모르게 널 닮아가고 있어'라고 표현한 것입니다. '나도 모르게 널 닮아가고 있어.' 참 감동적인 표현입니다. 날마다 어디로 향하는지 알지 못한 채 걸음을 옮기는 나그네의 삶을 살지만 매일의 구별된 시간 나도 커피 한잔과 함께 탁자에 다소곳하게 앉아 이런 상상 속으로 빠져들고 싶습니다.

차창으로 스며드는 아침햇살
살랑살랑 넘실대는 향기로운 흙내음

> 소곤소곤 간질이는 새들의 지저귐
> 은은히 들려오는 사랑의 노래
> 숨 쉴 때마다 희망 한 스푼
> 한 모금 들이키며 기도 두 스푼
> 하늘 한번 쳐다보며
> 커피보다 더 진한 향과 깊은 목소리를 듣고 있노라면
> 말씀이 내 영을 채우고
> 그 향기가 마음을 채우는 그 시간
> 내가 그인지 그가 나인지
> 나도 누군가에게 닮아 가고 싶은 사람이 되었으면

주님! 한잔의 커피가 메마른 삶을 촉촉이 적셔주듯이 우리들의 삶도 주님의 사랑으로 적셔지기를 원합니다. 우리 인생이란 커피에 에스프레소 같은 주님의 십자가는 쓰디쓴 고통이요 아픔이지만 그 쓰라림이 삶의 활력소이고 희망인 것은 맛보고 깨달은 자만 알 수 있습니다.

'커피에/ 설탕을 넣고/ 크림을 넣었는데/ 맛이 싱겁군요./ 아 -/ 그대 생각을 빠뜨렸군요.' 라는 윤보영의 짧은 시가 있습니다. 제아무리 좋은 커피도 그대 없으면 맹탕이듯 주님 없는 삶이 그러할 것입니다.

말씀 묵상

그리스도의 몸도 하나요, 성령도 하나입니다. 이와 같이 여러분도 부르심을 받았을 때에 그 부르심의 목표인 소망도 하나였습니다. 주님도 한 분이시요, 믿음도 하나요, 세례도 하나요, 하나님도 한 분이십니다. 하나님은 모든 것의 아버지시요, 모든 것 위에 계시고 모든 것을 통하여 계시고 모든 것 안에 계시는 분이십니다.
(에베소서 4:4~6)

하늘을 멘토 삼아

비가 그친 뒤의 하늘은 한결 투명하고 쾌청합니다. 그래서 물기 어린 하늘의 빛깔도 곱고 아름답게만 보입니다. 사람이면 누구에게나 때때로 괴로움과 고독, 슬픔 같은 것들이 밀려들곤 합니다. 그것은 어쩌면 하루하루를 정신없이 분주하게 보내더라도 가끔 눈을 들어 하늘을 우러러 바라보며 살라는 뜻이 아닐까 생각해봅니다.

삶의 희망이 꺼져 가는 생사의 갈림길에선 사람들에게 가장 절박하게 떠오르는 건 무엇일까요? 과연 돈, 명예, 승진, 성공, 사랑 이런 것들일까요. 모르긴 해도 어쩌면 평소엔 잊고 살았던 '하늘'이 숨 막힐 듯한 그리움으로 와 닿지 않을까 싶습니다. 그래서 저는 위로 뚫린 하늘로 잠깐씩 눈동자 여행을 합니다. 뿌연 안개 속으로, 때론 뭉게구름도 타고⋯⋯ 때론 바람이 되어, 보고 싶은 사람들에게 소리 없이 다가가곤 합니다. 때론 귓속말로 속삭여 보고, 때론 마음에 설익은 감물도 들이고⋯⋯ 또 한없는 눈물을 흘리며 주님을 만나기도 합니다. 그래서 하늘은 말 없는 저의 멘토가 되어줍니다.

삶의 마지막까지 최선을 다해서 삶을 살고자 했던 민족 청년 시인 윤동주의 이야기입니다. 그는 1943년 7월 14일 일본에서 일본 유학생 사상범으로 체포되어 1945년 2월에 해방을 보지 못하고 감옥에서 인생을 마쳤습니다. 그의 인생에 관심이 많았던 사람들은 그의 생애를 추적하면서 그가 어떻게 2년 동안의 감옥 생활을 했는지 알아보았습니다. 그가 있었던 일본의 규수 후쿠오카형무소에 남아있는 기록을 보면 그가 최후의 순간을 앞두고 한 가지 일에 몰두했다는 사실을 알 수 있습니다. '윤동주는 고향집에 보내온 신약성서를 옥중에서 읽고 있다. 그는 날마다 이 책에 빠져 있다'고 그의 동태를 항상 감시하던 사람들은 적어놓았습니다. 하나님의 말씀을 붙들고 인생의 최후를 마무리하고 있었던 그에게 시는 그의 신앙 고백이라고 할 수 있습니다.

> 죽는 날까지 하늘을 우러러
> 한 점 부끄럼이 없기를
> 잎새에 이는 바람에도
> 나는 괴로워했다
>
> 별을 노래하는 마음으로
> 모든 죽어 가는 것들을 사랑해야지
> 그리고 나한테 주어진 길을
> 걸어가야겠다
>
> 오늘밤에도 별이 바람에 스치운다

시인 윤동주의 「서시」

그가 참담한 생활 속에서도 죽는 날까지 하늘을 우러러 한 점 부끄럼이 없는 삶을 살 수 있었던 것은 바로 하늘을 멘토(Mentor)삼았기 때문일 것입니다.

서늘한 가을 하늘빛은 뭇사람들에게 신선함을 주고, 새들의 지저귐은 답답한 가슴을 뚫어주는 목관악기의 연주 같습니다. 이 좋은 계절에 가끔은 팔베개를 하고 하늘을 애인 삼아 쳐다보았으면 좋겠습니다. 그래서 어린 시절로 돌아가 떠다니는 구름 타고 여행 다니며, 잔디밭에 누워 헤엄치며 깨끗한 하늘을 자유롭게 날아다니는 새가 되어보면 어떨까요?

하늘은 사람에게 소망을 줍니다. 땅을 내려다보면 한숨이 나오지만 하늘을 올려다보면 심호흡이 나옵니다. 좋은 것들은 하늘에서 내려옵니다. 비도 하늘에서 내려오고, 만물의 열매를 맺게 하는 햇빛도 하늘에서 내려옵니다. 그래서 크리스천은 하늘에 소망을 두고, 푸른 하늘을 바라보며 하늘을 우러러 사는 사람인지 모릅니다. 바라기는 눈을 들어 하늘을 바라봄으로 가끔은 상한 영혼의 탄식 소리를 들어보고, 때로는 하늘을 두루마리 삼아 넘치는 하나님의 사랑을 노래하는 시인이 되는 작은 소망을 가져봅니다.

> 하늘을 바라본다
> 하늘에서 그리움의 냄새가 난다
> 하늘을 쳐다본다
> 사랑 향기 가득한 미소가 보인다
> 하늘을 올려본다
> 물방울 보석 하나둘 떨어진다
> 하늘 닮은 내 마음에
> 행복 씨앗 싹트려나 보다

말씀 묵상

하늘 보좌에서 다스리시는 주님, 내가 눈을 들어 주님을 우러러봅니다. 상전의 손을 살피는 종의 눈처럼, 여주인의 손을 살피는 몸종의 눈처럼, 우리의 눈도, 주님께서 우리에게 자비를 베푸시길 원하여 주 우리 하나님을 우러러봅니다.
(시편 123:1~2)

하나님은 우리의
생각대로(잠 23:7 - 생각은 설계도입니다)
말대로(막 11:24 - 말이 씨가 됩니다)
꿈대로(시 81:10 - 이루지 못할 꿈은 없습니다)
믿음대로(히 11:1 - 믿음은 능력입니다)
기도대로(막 11:24 - 기도는 축복을 나르는 통로입니다)
이루실 뿐 아니라, 생각지도 못한
은혜와 기적으로(렘 33:3) 채워주십니다.

윤삼열 『가슴으로 말하는 사람』 중에서

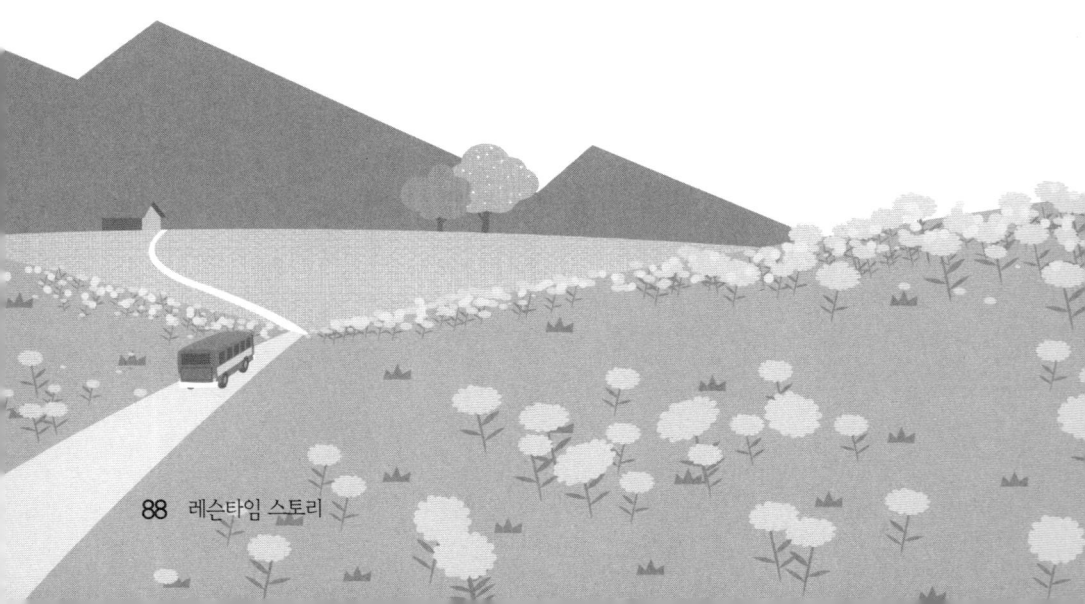

제2부

한 번도
가보지 않은 길

광야체험

 늘 궁금한 것이 있습니다. 하나님은 우리를 사랑하신다고 하면서 왜, 수많은 어려움과 고통의 순간들을 통과하게 하실까요? 하나님은 과연 우리와 함께하시는 것일까요? 하나님은 왜? 우리에게 복 주신다고 말씀하시면서 험난한 광야로 가게 할까요? 광야는 고독한 곳입니다. 조용한 곳입니다. 광야에는 사람들이 없습니다. 필요한 것들이 없습니다. 광야는 홀로 머무는 곳입니다. 수많은 위험이 도사리고 있습니다. 도대체 무엇 때문에 이토록 적막하고 험한 광야가 필요할까요?

 하나님은 이스라엘에게 광야를 통해 가나안에 이르게 하셨습니다. 거기에는 하나님의 목적이 있습니다. 첫째, 하나님의 백성이 하나님의 명령을 지키는지 그렇지 않은지 시험하시기 위해서입니다(신명기 8:2). 둘째, 하나님의 백성이 세상을 살아가는 기준은 세상의 법도가 아닌, 하나님의 말씀이어야 함을 훈련시키시기 위함입니다(신명기 8:3). 셋째는 마침내 복을 주시기 위함입니다(신명기 8:16). 만약 이스라엘 민족이 이 시험에 합격했다면 그들은 이른 시일에 광야라는 과정을 통과해 가나안에 도착할 수 있었을 것입니다. 하지만, 이스라엘이 그 시험을 통과하는 데는 40년의 세월이 걸렸습니다.

 그런 의미에서 광야는 시험과 훈련의 장소입니다. 믿음을 확인하는 장소입니다. 하나님은 그들의 믿음을 확인하기 위해서 그들을 낮은 자리로, 고통의 자리로 이끌어 가십니다. 왜냐하면 광야에서 하나님을 만날 수 있기 때문입니다. 광야에서 하나님의 말씀을 들을 수 있기 때문입니다. '광야'라는 히브리말의 어원과 '말씀'이라는 히브리말의 어원이 같다고 합니다. 하나님은 광야에서 말씀하십니다. 세례 요한이 광야, 즉 빈들에 있을 때 하나님이 임했습니다.

오늘도 하나님께서는 우리를 소망의 자리에 이르게 하기 전에 '광야'라는 시험과 훈련의 단계를 거치게 하십니다. 의로운 자가 고난을 당하거나, 신실한 믿음이 시련을 겪는 것이 바로 그 때문입니다. 하나님의 사람은 광야를 피해서 가나안으로 갈 수 없습니다. 하나님께서는 이 과정을 통해 사람을 세웁니다. 특별히 하나님이 지도자로 세운 사람들에게 광야체험은 필수입니다. 야곱도 홀로 광야에서 잠을 자야 했습니다. 요셉도 홀로 구덩이에서 죽음을 기다려야 하는 시간이 있었습니다. 모세도 광야에서 양을 치며 무려 40년을 보내야 했습니다. 다윗도 광야 생활을 했습니다. 예수님도 공생애를 앞두고 광야에서 40일을 지냈습니다. 세례 요한에게도 광야 생활이 있습니다. 바울도 회심한 후에 아라비아에서 보낸 시간들이 있습니다. 광야, 그곳엔 아무것도 없습니다. 누군가 말하길 '광야는 하나님이 극대화되고 사람이 극소화되는 곳'이라고 했습니다.

일반적으로 도시 생활은 사람이 커지고 하나님이 작아집니다. 하나님을 그렇게 전적으로 신뢰하지 않아도, 하나님만을 의지하지 않아도, 하나님의 도움을 받지 않아도 살만합니다. 도시에는 사람들이 만든 이런 것도 있고, 저런 것도 있습니다. 그것들의 도움을 받으며 살면 됩니다. 사람을 나의 도움으로 삼을 수도 있습니다. 하나님을 대치하고 하나님을 대신할 수 있는 것들이 있습니다. 그러나 광야에는 없습니다. 광야에 가면 사람이 할 수 있는 일이 없습니다. '나는 할 수 없습니다'라는 고백이 절로 나옵니다. 광야에서는 하나님을 바라볼 수밖에 없습니다. 하나님 오직 한 분만 신뢰할 수밖에 없습니다. 다른 것을 의지하고 신뢰하려고 해도 할 것이 없습니다. 자신의 의지나 선택과 상관없이 하나님을 의지할 수밖에 없습니다.

광야 생활 40년을 통해 모세가 배운 것은 '내가 할 수 있는 일이 없다' 입니다. 하나님께서 모세에게 나타났을 때 모세가 한 말은 '난 못합니다' 였습니다. 그곳이 광야입니다. 광야는 인간의 힘이 아무것도 아님을 깨닫는 좌절과 체념의 시기입니다. 우리가 광야에서 할 수 있는 일은 '나는 아무것도 할 수 없습니다. 오직 주님만이 하실 수 있습니다.' 라는 고백뿐입니다.

'나는 할 수 없다' 란 사실을 알게 될 때, 그 사실을 깨닫게 될 때 하나님께서는 비로소 일하십니다. 그러기에 내가 한 일이 아닙니다. 하나님이 하신 일입니다. 하나님은 광야체험을 통해 이런 고백을 하게 합니다. 그래서 아무리 크고 위대한 일이 이루어진다 해도 자만하지 않습니다. 교만하지 않습니다. 왜냐하면 광야를 통해 철저하게 깨달은 사실이 있기 때문입니다. 하나님을 전적으로 의지하지 않고는 할 수 없는 일을 하나님이 그들을 위해 준비하셨기 때문입니다.

그러므로 광야체험을 한 사람들의 특징은 하나님에 대한 전적인 신뢰입니다. 담대함입니다. "너희는 두려워 말고 가만히 서서 여호와께서 오늘날 너희를 위하여 행하시는 구원을 보라."(출애굽기 14:13) 모세가 이스라엘 백성들을 인도하면서 들려준 그 믿음의 고백들은 광야체험을 한 자만이 할 수 있는 고백입니다.

하나님께서 1년에 한 번 이스라엘 백성들에게 초막절을 지키라고 하신 것은 이스라엘 백성들로 하여금 광야체험을 하기 위함입니다. 그렇게 해서라도 하나님은 우리로 하여금 하나님을 전적으로 의뢰하게 합니다. 살다 보면 하나님을 잊고, 사람을 의지하고, 재물을 의지하기도 하면서 삶이 얽히고 맙니다. 이렇게 엉클어진 것을 다시 푸는 곳이 광야입니다. 광야에 가면 이 엉클어진 것이 풀립니다.

그래서 우리에게 광야의 체험이 필요합니다. 때로는 본인이 원해서

가기도 하고 강제로 보내지기도 합니다. 어쩌면 우리는 주기적으로 광야 생활을 해야 하는지도 모릅니다. 광야는 아무 말도 없습니다. 여기는 어떤 표지판도 안내판도 없습니다. 광야에서는 내가 할 수 있는 일이 거의 없습니다. 먹을 것도 마실 것도 없습니다. 하지만 내가 할 수 있는 일이 없으므로 실망하거나 낙담하지 말아야 합니다. 오히려 내가 할 수 있는 일이 없기에 오직 하나님만 바라볼 수밖에 없습니다. 그 상황은 하나님이 극대화될 수밖에 없는 상황입니다. 그런 광야체험은 하나님의 기적과 풍요로움을 경험하는 현장이 될 것입니다. 바라기는 우리는 도시에서 살면서도 여전히 광야에서 사는 것처럼 살았으면 좋겠습니다. 의뢰할 만한 사람들이 많고, 의지할 만한 것들이 많음에도 불구하고 여전히 하나님만 전적으로 의지하며 살길 원합니다.

말씀 묵상

당신들이 광야를 지나온 사십 년 동안, 주 당신들의 하나님이 당신들을 어떻게 인도하셨는지를 기억하십시오. 그렇게 오랫동안 당신들을 광야에 머물게 하신 것은, 당신들을 단련시키고 시험하셔서, 당신들이 하나님의 계명을 지키는지 안 지키는지, 당신들의 마음 속을 알아보려는 것이었습니다. 주님께서 당신들을 낮추시고 굶기시다가, 당신들도 알지 못하고 당신들의 조상도 알지 못하는 만나를 먹이셨는데, 이것은, 사람이 먹는 것으로만 사는 것이 아니라 주님의 입에서 나오는 모든 말씀으로 산다는 것을, 당신들에게 알려 주시려는 것이었습니다.
(신명기 8:2~3)

산을 옮기고 싶습니까?

윌리엄 파운드스톤의 『후지산을 어떻게 옮길까?』라는 책이 있습니다. 제목처럼 황당한 질문을 다룬 이 책은 마이크로소프트사 등이 직원채용 면접 시 사용했던 실제 문제 53개의 자세한 풀이를 제시하고 있습니다. 물론 이러한 질문은 서류와 단순 면접으로는 알 수 없는 창의력, 순발력, 문제 해결력을 알아보려는 것으로 적어도 '모르겠다', '산을 옮길 수 없다' 라는 답을 요구하지 않고 있음을 누구라도 알 수 있습니다.

그러므로 황당하게 보이는 이런 질문에 우선 우리는 '할 수 있다' 라는 가정을 하지 않으면 안 될 것이며, 면접관 또한 응시자의 정확하고 과학적인 답변보다는 질문을 대하는 태도, 문제를 풀기 위해 접근하는 방식, 재치, 성실성 등 대답을 하기까지의 전 과정을 중시하게 될 것입니다. 물론 우공이산(愚公移山)이란 고사성어처럼 꾸준한 노력과 끈기로 산을 옮길 수도 있겠지요. 하지만 중요한 것은 결과가 아니라 그 문제(산)를 대하는 우리의 자세일 것입니다. 어쩌면 하나님께서 우리에게 요구하고 계시는 것도 이와 같지 않을까요? 사실 살면서 누구에게나 옮기고 싶은 산이나 이루고 싶은 산이 있습니다. 그렇다면 어떻게 산을 옮길 수 있을까요?

이한규의 〈사랑칼럼〉에 실린 글입니다. 미국 시골의 통나무집에 한 병약한 남자가 살았습니다. 그 집 앞에는 큰 바위가 있었는데, 그 바위 때문에 집 출입이 너무 힘들었습니다. 어느 날, 하나님이 꿈에 나타나 말했습니다. "사랑하는 아들아! 집 앞의 바위를 매일 밀어라!" 그때부터 그는 희망을 가지고 매일 바위를 밀었습니다. 8개월이 지났습니다. 점차 자신의 꿈에 회의가 생겼습니다. 이상한 생각이 들어 바위의 위치를 자세히 측량해보았습니다. 그 결과 바위가 1인치도 옮겨지지 않은 것을 발견했습니다. 그는 현관에 앉아 지난 8개월 이상의 헛수고가 원통해서 엉엉 울었습니다.

바로 그때 하나님이 찾아와 그 옆에 앉으며 말했습니다. "사랑하는 아들아! 왜 그렇게 슬퍼하지?" 그가 말했습니다. "하나님 때문입니다. 하나님 말대로 지난 8개월 동안 희망을 품고 바위를 밀었는데, 바위가 전혀 옮겨지지 않았습니다." 그때 하나님이 말했습니다. "나는 네게 바위를 옮기라고 말한 적이 없단다. 그냥 바위를 밀라고 했을 뿐이야. 이제 거울로 가서 너 자신을 보렴." 거울로 갔습니다. 곧 그는 자신의 변화된 모습에 깜짝 놀랐습니다. 거울에 비친 남자는 병약한 남자가 아니라 근육질의 남자였습니다. 동시에 어떤 깨달음이 스쳐 지나갔습니다. "지난 8개월 동안 밤마다 하던 기침이 없었구나! 매일 기분이 상쾌했었고, 잠도 잘 잤었지." 하나님의 계획은 '바위의 위치를 변화시키는 것'이 아니라 '그를 변화시키는 것'이었습니다. 그의 변화는 '바위를 옮겼기 때문'이 아니라 '바위를 밀었기 때문'에 생겼습니다.

산을 옮기는 방법은 간단합니다. 말씀대로 겨자씨만큼의 믿음만 있으면 됩니다. 바위를 옮기는 것이 아니라 미는 것처럼 시키는 그대로 믿고 순종하면 됩니다. 밀기만 하면 움직이는 것은 하나님께서 하시기 때문입니다. '바위를 옮기는 표적'보다 '바위를 미는 순종'이 더 중요합니다. 순종과 성실보다 표적을 중시하게 되면 결과에 따라 실망하거나 교만해지기 쉽습니다. 우리 앞에 커다란 산이 놓여있는 현실에 낙심하지 마십시오. 오히려 환경과 상관없이 산을 옮기는 믿음을 연습하십시오. 그러나 결국 산을 옮기시는 분은 하나님이시라는 것을 기억하십시오.

주일 새벽에 예수님을 사랑하는 여인들이 예수님의 시신에 바를 향유를 가지고 예수님의 무덤가를 찾아갔습니다. 그들은 가면서 어떻게 그 무거운 돌을 옮길까 염려했지만 그것은 한갓 염려에 그치고 말았습니다. 왜냐하면 그분에 의해 예수님의 무덤이 열려 있었기 때문입니다. 그러므로 산을 옮기는 믿음은 순종과 열정이 먼저입니다. 산을 옮기기 전에 나를 옮겨야 합니다. 우리 앞에 있는 어려운 환경과 고통에서 벗어나고 싶습니까? 그렇다면 조용히 무릎 꿇고 기도하십시오. 그리고 묵묵히 순종하십시오. 이미 우리 앞에 있는 거추장스러운 산은 바다로 옮겨져 있을 것입니다.

말씀 묵상

예수께서 그들에게 대답하셨다. "너희의 믿음이 적기 때문이다. 내가 진정으로 너희에게 말한다. 너희에게 겨자씨 한 알만한 믿음이라도 있으면, 이 산더러 '여기에서 저기로 옮겨가라!' 하면 그대로 될 것이요, 너희가 못할 일이 없을 것이다."
(마태복음 17:20)

울어야 산다

 사람은 태어날 때 울음으로 시작하고, 눈물 속에 살다가, 통곡 소리와 함께 세상을 떠납니다. 그것은 눈물 없는 인생은 없다는 증거입니다. 그런데도 우리는 눈물은 약한 사람, 아픈 사람, 외로운 사람, 없는 사람, 고통받는 사람들만 흘린다고 생각하는 경향이 있습니다. 그래서 웃음은 기쁨과 건강을 상징하지만, 눈물은 슬픔을 대표하는 단어가 되어버렸습니다. 또한 웃는 것이 건강에 좋다고 해서 억지로 웃게 만드는 '웃음 치료'가 각광을 받고 있는 것도 현실입니다. 하지만 잘 우는 것도 웃는 것만큼 건강에 도움이 됩니다. 웃음이 면역력을 높여 주는 것처럼 울음 역시 스트레스를 해소해 몸과 마음을 건강하게 해주기 때문입니다. 더욱 결정적인 순간은 오히려 웃음보다 눈물이 훨씬 효과적이라고 합니다.

 예컨대 어거스틴의 어머니 모니카의 눈물이 그러했듯 망나니 자식을 돌아오게 하는 것도, 낙심한 사람을 일으켜 세우는 것도 눈물인 까닭입니다. 또, 웃음은 오래 웃어봐야 30분을 넘기기 어렵지만 30분 이상 우는 사람은 많습니다. 혹 30분 이상 실실 웃으면 십중팔구는 이상한 사람 취급받을 게 뻔합니다. 그래서 『울어야 삽니다』란 책의 저자인 이병욱 박사는 "웃음이 가랑비라면 울음은 소나기요, 웃음이 파도라면 울음은 해일"이라고 합니다. 그만큼 마음 깊은 곳에 가라앉아 있거나 감춰둔 상처들을 완전히 끌어올린 한 번의 눈물은 영혼까지 정화하고 감정을 순화시킨다는 것입니다. 그래서일까요? 많은 학자들은 눈물을 '신이 인간에게 준 치유의 물'이라고까지 말합니다.

그런데도 울지 않습니다. 아니 심지어 우는 것을 부끄러워합니다. 더구나 저처럼 건장하게 생긴 사람이 울면 사내답지 못하고 청승맞다고 합니다. 그런데 실상은 권위적이고 무미건조한 사람일수록 잘 울지 않는다고 이병욱 박사는 말합니다. 실학파 박지원은 『열하일기』의 한 수필에서 남자가 우는 것은 당연함을 역설하면서, 자연의 경이로움을 대하고 감동 끝에 눈물을 흘리는 것은 자연스러운 감정의 넘침이라 하였습니다. 눈물은 부끄럽지도 약하지도 않습니다. 우리가 이미 겪어보았듯이 진정으로 강한 것은 사랑의 눈물입니다.

눈물이 메마르면 가슴이 움직이지 않고, 생명이 없습니다. 사막의 가시는 원래 잎사귀이지만 메마름이 가시로 만든 것입니다. 그처럼 메마름은 가시를 만들어 나를 찌르고, 남을 찌르는 재앙이 됩니다. 씨뿌리는 비유에서 바위에 떨어진 씨가 죽은 것은 '습기' 곧 눈물이 없었기 때문(누가복음 8:6)이고, 가시나무가 되는 것도 결국은 메마름 때문입니다. 우리 마음 밭에 뿌려지는 믿음 소망 사랑의 씨앗들도 감동 받고 눈물을 흘려야 옥토 밭이 되어 많은 열매를 맺습니다. 메마름으로 살면 마음이 바위가 됩니다. 그러기에 눈물은 곧 생명입니다. 하나님은 깨진 마음을 원하시고, 습기의 회복, 눈물의 회복을 원하기 때문입니다.

멕시코 지역에 '아나브랩스'라는 물고기가 있습니다. 이 물고기는 눈이 4개인 것이 특징인데, 눈 2개는 물속에 있고, 다른 2개는 물 밖에 있다고 합니다. 그래서 물 밖에 있는 눈으로는 곤충을 잡아먹고, 물속에 있는 눈으로는 물속 공격을 방지합니다. 그런데 물 바깥의 눈은 눈물샘이 없어서 오랜 시간 물 밖에 있으면 눈이 메말라 보이지 않게 됩니다. 그래서 아나브랩스는 주기적으로 한 번씩 깊이 물속에 잠겨 메마른 눈을 충분히 적시는 시간을 갖는다고 합니다. 그렇게 충분히 적셔진 눈은 다시금 잃었던 시력을 회복합니다.

우리 인생도 아나브랩스와 같습니다. 촉촉해져야 보이고, 촉촉해져야 일을 하고, 촉촉해져야 열매가 맺힙니다. 메마른 눈으로 바라보니까, 세상이 안 보이고, 미래가 안 보이고, 이웃이 안 보이는 것입니다. 그러므로 주기적으로 한 번씩 기도의 샘에, 통곡의 샘에 잠겨야 합니다. 잘 보지 못하던 사람들도 고난을 통해 눈물의 골짜기를 건너면 그의 눈이 눈물로 충분히 촉촉하게 적셔져서 비로소 찾지 못했던 피할 길이 보이고, 막막하던 상황에서 살길이 보입니다.

우리가 자주 먹는 미역도 마른미역 상태로는 먹기도 힘들 뿐 아니라 양도 많아 보이지 않습니다. 그러나 물에 집어넣고 불리면 연해지고 부드러워지는 것만 아니라, 그 양이 많다는 것도 알게 됩니다. 하나님의 은혜와 선물도 우리 마음 상태가 미역처럼 말라 있으면 별 볼 일 없는 것처럼 보이지만, 신앙의 물이 오르고 기도의 눈물에 적셔지면 풍성해지고 충만해집니다.

이제 울어야 합니다. 울어야 살기 때문입니다. '다이애나 효과'란 말이 있습니다. 1997년 8월, 영국 다이애나 황태자비가 불의의 교통사고로 죽자 영국 국민들은 비탄에 빠져, 눈물을 흘리며 그의 죽음을 애도했습니다. 그런데 이상하게도 그 후 한동안 영국의 정신병원과 심리상담소에 우울증 환자가 절반으로 줄었다는 것입니다. 조사결과 다이애나의 장례식 때 실컷 울었기 때문임이 밝혀졌는데, 이를 다이애나 효과라고 부릅니다.

미국 피츠버그대 연구팀이 건강한 사람과 위궤양이 있는 남녀 137명을 나눠 조사했더니 위궤양 환자보다 건강한 사람들이 우는 것에 대해 더 긍정적으로 생각하고, 필요한 경우 더 잘 우는 것으로 나타났습니다. 슬퍼도 울음을 참는 사람이 스트레스와 밀접한 관계가 있는 위궤양에 걸릴 위험이 높다는 것입니다. 동맥경화증 환자를 대상으로 한 연구에서도 눈물을 흘리지 않고 우는 사람보다 소리를 내서 엉엉 우는 사람의 심장마비 발병률이 더 적은 것으로 나타났습니다.

그 외에도 수많은 학자가 눈물은 면역력을 높이고 피부를 건강하게 만들고, 글로불린G 같은 항체가 증가하여 암세포를 억제하고, 병원균이 인체 세포에 접합하는 것을 사전에 차단하며, 소화기계도 원활하게 움직여서 소화력이 많이 늘어난다고 합니다. 특히 목 놓아 울게 되면 복근과 장이 운동을 시작하여 그 기능이 좋아지고, 나아가 오장육부는 물론이고 영혼을 뒤흔드는 눈물일수록 치료효과가 크다고 합니다.(이병욱의 『울어야 삽니다』) 하지만 반대로 "슬플 때 울지 않으면, 다른 장기가 대신 운다"고 영국의 정신과 의사 헨리 모슬리는 말합니다. 미국 여성들은 한 달 평균 5.3회 우는 반면, 남자는 1.4회 운다고 합니다. 그래서 남자의 평균수명이 더 짧은 이유 중 하나가 여자보다 덜 울기 때문이라는 주장도 있습니다.

예수님의 사역 핵심은 '통곡과 눈물'(히브리서 5:7)에 있었습니다. 예수님은 나사로의 무덤 앞에서, 겟세마네 동산에서 그리고 예루살렘 성을 보고 우셨습니다. 오늘 우리가 살고 있는 이 시대는, 울지 않을 것을 인하여 울고, 울어야 할 것을 인하여 울지 않는, 눈물이 왜곡된 시대입니다. 이사야와 예레미야 선지자는 민족의 아픔과 죄로 사무친 백성을 보면서 울었습니다. 도산 안창호 선생님은, 나라의 운명이 기울어 가는 민족의 쇠운을 보고, 가슴을 치며 울며 "저는 우리 민족의 죄인이올시다. 하나님께서 이 민족을 사랑하여 주셨는데, 이 민족을 위하여 아무것도 한 일이 없습니다. 저는 죄인이올시다"라고 울며 기도했습니다.

스코틀랜드의 종교 개혁가 존 낙스는 "하나님이여 내 조국을 내게 주지 않으시려면, 차라리 내 생명을 거두어 가소서"라고 눈물로 기도했다고 합니다. 예수님은 십자가를 지고 가는 골고다 길에서 여인들이 뒤따르며 울자 "예루살렘의 딸들아! 나를 위하여 울지 말고, 너희와 너희 자녀를 위하여 울라"(누가복음 23:28)고 하셨습니다. 히스기야는 죽을병에 걸렸을 때, 눈물로 기도했더니 하나님께서 이사야 선지자를 통해 "내가 네 기도를 들었고, 네 눈물을 보았노라"(사도행전 38:5)고 응답하시며 생명을 연장해주셨습니다. 하나님은 우리가 기쁨 가운데 거하며 살기 원하지만, 우리의 눈물을 보시고, 기도를 들으시는 분입니다.(시편 126:5~6)

울면 무너진 신앙과 잃어버린 건강을 회복할 수 있습니다. 눈물이 있어야, 회개가 있어야 주님을 만날 수 있습니다. 눈물은 절망과 고통 가운데 있는 이들이 살아나는 하늘 공식이며, 희망입니다. 눈물은 하늘을 보게 하는 천국렌즈이며, 인간됨의 표현입니다. 눈물은 가난과 슬픔으로 지친 이들의 아픔을 씻어냅니다. 눈물로 써 내려 간 기도만이 마침내 하늘에 닿습니다. 꿈을 향해 도전하는 사람만이 땀과 눈물을 흘릴 수 있고, 땀과 눈물이 있어야 기적도 꽃피울 수 있습니다. 눈물은 아픔과 고통을 씻어주고, 땀은 게으름과 나태를 씻어줍니다. 그래서 땀과 눈물보다 위대한 영혼의 창은 없습니다.

지금은 나라와 민족은 물론 우리 자신들을 위해서도 울어야 할 때입니다. 지도자들이 울고, 가장이 울어야 병든 사회가 살아납니다. 진정 나를 위해 눈물 흘려 줄 수 있는 사람이 한 사람이라도 있다면, 사람은 죽지 않습니다. 사회가 메마르니 사람들이 살 희망을 찾지 못하는 것입니다. 어떤 죽음도 울어주는 눈물이 있으면 살아납니다. 눈물샘이 터지면 사막도 비옥해집니다. 자살하는 사람들은 마지막에 울지 않는다고 합니다. 그것은 이미 삶을 포기했기 때문입니다. 그러기에 울 수 있음은 희망입니다. 바라기는 기도하는 우리들의 눈물 프리즘 속에서 아름다운 영혼무지개가 수없이 피어나, 이 나라와 민족 그리고 우리 학교와 가정과 교회 그리고 사회가 희망과 미소 꽃으로 풍성해지길 소망합니다.

제2부 한 번도 가보지 않은 길

말씀 묵상

예수께서 육신으로 세상에 계실 때에, 자기를 죽음에서 구원하실 수 있는 분께 큰 부르짖음과 많은 눈물로써 기도와 탄원을 올리셨습니다. 하나님께서는 예수의 경외심을 보시어서, 그 간구를 들어주셨습니다. (히브리서 5:7)

하나님을 보고 싶습니까?

남의 울음소리를 들을 수 있을 때,
우리의 마음은 깨끗해지고
삶은 더욱 아름다워집니다.
남의 고통과 신음소리를 들을 수 있으면
이미 하나님의 사랑을 체험한 것이며,
하나님을 본 것입니다.

윤삼열 『골짜기의 은혜와 축복』 중에서

내 편 네 편

엄마와 아들의 대화 한 토막입니다.
그림책에 있는 사자를 보고 있는 아이에게 엄마가 물었습니다.

"애, 만약 사자가 따라오면 어떻게 할 거야?"
"총으로 쏘면 돼요."
"그런데 총알이 없으면?"
"자동차로 도망가요."
"자동차가 고장 났으면?"
"나무 위로 올라가면 돼요."
"사자가 나무 위로 올라오면?"

아이가 울상이 되더니 엄마에게 말했습니다.

"도대체 엄마는 누구 편이에요? 왜 자꾸 사자 편만 드는 거예요?"
시인 황지우의 「성 요한병원」 중에서

우리는 무의식중에 내 편과 네 편을 나누는 속성이 있습니다.
그래서일까요? 신정숙 시인은 내 편과 네 편을 다음과 같이 말합니다.

이제 사람을 만나면
아군인지 적군인지
구분하는 버릇이 생겼다

제2부 한 번도 가보지 않은 길

> 아군이 없으면 고달프므로
> 적군이 없으면 재미없으므로
> 삶이 어느 틈에 전쟁이 되었으므로
>
> 시인 신정숙의 「적군과 아군」

힘들고 어려울 때 특히 내 편을 찾게 됩니다. 누군가 나를 위로해주고, 나를 이해해주고, 나를 감싸주고. 내 편에 서서 변호해주기를 원합니다. 하지만 실상은 그럴 때일수록 사람들은 내게서 멀어져 가고, 오히려 상처를 주기도 합니다. 그래서 사람들은 내 편을 만들어 자신을 보호하고자 합니다. 때로는 선심을 사기 위해 선물을 하고, 좋은 친구를 만들기 위해 갖은 노력을 다합니다. 그러다 영원한 내 편이 되어줄 남자를 찾고 여자를 찾아 결혼도 합니다. 하지만 내 편이 되어야 할 신랑은 남의 편 남편이 되어버리고, 옆에 있어 주어야 할 옆편네는(옆에 있네) 쌍스러운 여편네로 변질되고 맙니다. 남(의)편이 되어버린 남(내)편은 그래서 부담스럽고, 여편네가 되어버린 옆편네는 잔소리꾼으로 기피 대상이 되어버려 아무도 나를 이해해 주지 못하니 우울증에 시달리고 맘 편할 날이 없는 것입니다.

그러기에 행복한 가정, 행복한 사람은 누가 뭐래도 내 편이 많은 사람이 아닌가 싶습니다. 힘들고 어렵고 슬프지 않은 사람 없고 또 마음 아플 때 나를 위로해주고, 내 옆에 있어 줄 때 그보다 더 큰 힘이 되는 일은 없기 때문입니다. 그래서 함석헌 선생은 '그대는 그런 사람을 가졌는가' 고 묻는지 모릅니다. 그러나 친구가 많은 것은 좋은 일이지만 그 친구들이 다 내 편이라고 말할 수는 없을 것입니다. 〈런던 타임즈〉는 설문조사를 통해 가장 좋은 친구는 온 세상 사람이 다 나를 버릴 그때에 나를 찾아오는 사람이라고 했습니다. 그러므로 내 편은 마음으로부터 신뢰할 수 있고, 힘들 때 의지할 수 있고, 아무 스스럼없이 대할 수 있고, 울고 싶을 때 함께 울어줄 수 있고, 서슴없이 전화할 수 있는 친구라야 합니다. 한마디로 말하면 알아주는 사람입니다. 누가 내 속을 알아주고

내 편 네 편

헤아려줄까요? 과연 내 편은 어디 있을까요?

어린왕자의 여우는 이렇게 말했습니다. "너의 장미꽃을 그토록 소중하게 만드는 것은 그 꽃을 위해 네가 소중하게 소비한 시간이란다." 그렇습니다. 내가 시간과 공들인 만큼 내 것이 되는 것입니다. 어쩌다 선물 한번 했다고, 이름 한번 부르고 기도하는 것으로 내 편으로 만든다는 것은 어림없는 일입니다. 프랜시스 후쿠야마는 그의 책 『역사의 종언과 최후의 인간』에서 인류가 길고 긴 역사 속에서 추구하였던 두 가지가 있는데, 그 첫째가 경제적으로 보다 더 잘 살겠다는 경제적 욕구요, 둘째는 타인으로부터 인정받고자 하는 욕구라고 지적합니다. 그리고 지난 100년 동안에 자본주의와 사회주의의 다툼에서 사회주의가 패배하게 된 이유를 사회주의 체제는 인정받고자 하는 인간의 기본 욕구를 무시하였기 때문이라 강조합니다. 어떻습니까? 우리는 정말로 사람들을 얼마나 진심으로 인정해 주었는지 자문해 볼 필요가 있습니다. 사람은 그 진가를 알아주는 사람에게만 진정으로 보답하고, 그 사람이 내 편이 되는 것입니다.

연저지인(吮疽之仁)이라는 고사성어가 있습니다. 종기의 고름을 빨아주어 깊은 감동을 준다는 뜻으로, 중국의 고서인 사기(史記)에 나온 말입니다. 그런데 이 말은 위(魏)나라 문후(文侯) 시대에 유명했던 오기(吳起) 장군을 일컫는 말입니다. 그는 사령관의 신분이었음에도 병사들과 똑같은 생활을 하는 것으로 유명했습니다. 의복이나 식사도 일반 사병과 똑같았으며, 군을 지휘할 때도 말을 타고 다니지 않은 장군으로 유명했습니다. 어느 날 오기가 군을 시찰하던 중, 종기로 고생하는 한 병사를 만났습니다. 오기는 그 병사와 종기의 상태에 대해서 이야기를 나누다가 급기야 그를 치료하기 위해 그 종기를 입으로 빨아주었습니다. 이 소식이 그 병사의 어머니에게 알려졌습니다. 그런데 그 소식을 들은 그 어머니는 아들을 치료해 준 오기에 대해 감사하기보다는 오히려 통곡하며 울었던 것입니다. 이를 이상하게 사람들은 '지체 높은 장군이 종기를 빨아 치료해줬다면 가문의 영광으로 여겨야 할 터인데 왜 통곡인가?' 라며 의아해했습니다. 그러자 그 병사의 어머니는 이렇게 외쳤습니다. "지난번에도 오 장군이 내 남편의 종기를 빨아주더니 전쟁에서 돌아오지 못하고 죽음을 당했소. 그런데 이번에는 내 아들의 종기를 빨아주었다고 하오. 지아비도 목숨을 걸고 오 장군을 위해 싸웠는데, 하물며 아들놈이야 오죽하겠소." 결국 오기가 위나라 최고의 장수가 될 수 있었던 이유는 자신을 위해 목숨을 내던지며 싸워주는 병사들의 마음을 얻었기 때문이었습니다.

내 편이 있으면 분명 위로와 힘을 얻습니다. 그러나 내 편은 내가 먼저 네 편이 되어줄 때만 가능합니다. 오기 장군처럼 사람들의 마음을 얻기 위해서는 상대의 아픔과 상처를 먼저 헤아리는 배려와 따뜻한 마음을 베풀어야 합니다. 내 말을 하기 전에 '네 생각은 어때?' 이렇게 상대의 생각을 묻고 상대에 먼저 귀를 기울여 보시면 내가 미처 생각지 못한 더 좋은 의견뿐 아니라 내 편을 한 사람 얻게 될 것입니다. 말을 독점하면 적이 많아집니다. 그런고로 적게 말하고 많이 들어야 하고, 또 들을수록 내 편이 많아지는 것입니다.

가정의 행복도 마찬가지입니다. 남자와 여자는 서로 언어가 다릅니다. 남자의 언어는 단순히 질문과 대답입니다. 여자가 남자에게 '나 머리 아파' 라고 말하면 남자는 '감기야? 약 먹어. 약 사줄까?' 라고 말합니다. 그러나 여자는 약은 먹지 않고 머리만 아프다고 계속 투덜거립니다. 결국 남자는 '머리 아프면 약을 먹어!' 라고 소리를 지르고 둘은 싸움에 돌입합니다. 남자의 언어는 단순합니다. '머리가 아프다' 라는 문제를 '약을 먹는다' 로 해결하면 그만입니다. 그러나 여자의 언어는 '머리가 아프다' 라고 말하면 '얼마나 아프니? 참 힘들지? 어떡하니?' 라며 같이 걱정해 주기를 바라는 것입니다. 바로 '암호!' 라고 소리 질렀을 때 '00' 라고 암호가 나와야 아군인 것을 아는 것처럼 여자의 언어는 상대가 내 편인지 아닌지를 알아보는 수단과 같습니다. 서로에게 상대가 원하는 언어를 주는 지혜가 필요합니다. 서로의 언어를 배우는 것, 그것이 아군을 만드는 길이고, 사랑입니다.

초등학교 교과서에 나오는 이야기입니다. 옛날에 박상길이라는 나이 지긋한 백정이 장터에서 푸줏간을 하고 있었습니다. 어느 날 양반 두 사람이 고기를 사러 왔습니다. 첫 번째 양반이 "야! 상길아 고기 한 근 다오"라고 했습니다. 박상길은 "예, 그러지오." 대답하고는 고기를 떼어 주었습니다. 두 번째 양반은 상대가 비록 천한 백정이지만 나이든 사람에게 말을 함부로 하기가 거북해서 "박 서방, 여기 고기 한 근 주시게"라고 점잖게 부탁했습니다. 박상길은 이 말에 "예, 고맙습니다" 하며 기분 좋게 대답하고 고기를 듬뿍 잘라 주었습니다. 그런데 먼저 고기를 산 양반이 보니, 같은 한 근인데도 자기가 받은 것보다는 다음에 산 양반의 고기가 갑절이나 더 많아 보였습니다. 그 양반이 화가 나서 소리를 지르며 따져 물었습니다. "야 이놈아! 같은 한 근인데 이 사람 것은 이렇게 많고, 내 것은 이렇게 적으냐?" 그러자 박상길은 침착하게 대답합니다. "네, 그거야 손님 고기는 상길이가 자른 것이고, 이 어른 고기는 박 서방이 자른 것이니까요." 아 다르고 어 다르다는 말은 바로 이런 것을 두고 한 말일 것입니다.

행복한 사람이 되고 싶습니까?
내 편을 만드십시오.

내 편을 만들고 싶습니까?
남편을 내 편으로 여편네를 옆사람으로 바꾸는 방법이 있습니다. 창조의 모습으로 돌아가는 것입니다. 서로 돕는 배필은 남자의 갈비뼈입니다. 머리도 다리도 엉덩이도 아닌 몸의 소중한 부위를 감싸는 갈비로 만든 옆 사람이란 뜻입니다. 옆에서 함께 해주는 사람은 윗사람이나 아랫사람이 아니고, 뒷사람이나 앞사람도 아니고 한 평생 같이 살아가는 마음 통하는 반려자, 함께 손잡고 걸어가는 옆 사람입니다. 교사와 교사, 교사와 학생, 학생과 학생, 부모와 자녀 그리고 우리와 주님이 서로 옆 사람 되어 네 편이 되어줄 때 옆 사람은 내 편이 되고 우리는 행복한 사람이 될 것입니다.

우리는 한 가족입니다. 우리는 한 소망 안에서 부름을 받은 친구 같은 가족이고, 가족 같은 동료입니다. 그러기에 우리는 모두 서로 내 편이며 바로 우리 편입니다. 나아가 우리에게는 어제나 오늘이나 영원토록 동일한 예수님이 친구가 되어 우리 편이 되어주십니다.(누가복음 7:34, 히브리서 13:8) 그러기에 우리는 행복한 사람입니다. 그것만이 아닙니다. 여호와 하나님이 바로 내 편이 되어 나를 도와주십니다.(시편 118:6~7) 이보다 더 큰 우군이 어디 있습니까? 그 누구도 우리를 대적할 자가 없으며(로마서 8:31) 어떤 피조물이라도 우리를 하나님의 사랑에서 끊을 수 없습니다.(로마서 8:39)

말씀 묵상

주님은 내 편이시므로, 나는 두렵지 않다. 사람이 나에게 무슨 해를 끼칠 수 있으랴? 주님께서 내 편이 되셔서 나를 도와주시니, 나를 미워하는 사람이 망하는 것을 내가 볼 것이다. (시편 118:6~7)

위너지(Wenergy)

팀 구성원 한 사람 한 사람의 능력을 100% 발휘하도록 하는 것이 모든 리더들의 관심사입니다. 협력과 상호 보완을 통해 1+1을 2 이상으로 만드는 것이 '시너지 효과(Synergy Effect)'라면, 반대로 1+1이 2가 되지 못하는 경우를 '링겔만 효과(Ringelmann Effect)'라고 합니다.

시너지 효과의 대표적인 경우는 전투기 편대입니다. 1차 세계 대전에서 영국 전투기들은 독일 전투기들에 거의 전멸되다시피 했습니다. 그 이유는 당시 전투기들은 한 대에 한 대씩, 즉 1:1로 공중전을 했는데, 독일 전투기들은 편대를 지어 공중전에 임했기 때문이었다고 합니다. 이 편대전략을 세운 사람은 독일의 한 장교였는데, 그는 성경을 읽다가 "너희 한 사람이 천을 쫓고 두 사람은 만을 쫓을 것이다(신명기 32:30)"라는 말씀을 읽고 '거참 1명이 1,000을 쫓는다면 2명은 2,000을 쫓아야지 왜 10,000을 쫓을까?'를 생각하며 공중전에서 전투기가 둘씩 편대를 지어서 싸우면 정말 그렇게 훨씬 더 강해지는지 실험해 보았습니다. 그 결과 전투기 1대가 기관총을 쏠 때 약 2.5m 직경 안에 들어오는 목표물을 격추할 수 있었는데 비해, 2대가 편대를 지어 쏠 때는 5m가 아니라 250m 직경 안에 들어오는 목표물을 격추시킬 수 있었습니다. 그래서 그는 그러한 편대 비행전략을 써서 공중전에서 크게 성과를 올릴 수 있었던 것입니다. 나중에 이 전략을 미국의 슈날드 공군 소장이 도입하여 일본기와 싸울 때 사용하였는데, 지금은 거의 모든 나라의 공군기들이 사용하고 있습니다.

반대로 링겔만 효과의 대표적인 경우는 탈무드에 나오는 이야기입니다. 어떤 잔치에서 모두가 포도주 한 병씩을 가져다가 큰항아리에 붓고, 나중에 함께 나누어 마시기로 했습니다. 잔치가 시작되자 사람들은 하나둘씩 모여들어 입구에 놓인 큰 항아리에 각자 마련한 포도주를 붓고 들어갑니다. 드디어 산해진미가 마련되고 큰 항아리에 부어진 포도주가 각자에게 돌려져 건배를 하게 됩니다. 그런데 그것은 포도주가 아니라 맹물이었다는 것입니다. 집단 속에서 개인의 잘잘못이 명확하게 드러나지 않을 거로 생각하고 행동한 결과입니다.

독일의 심리학자 링겔만이 집단에 속한 개인의 공헌도를 측정하기 위해 줄다리기실험을 했습니다. 1대1 게임에서 1명이 내는 힘을 100이라고 할 때, 참가자 수가 늘면 개인이 어느 정도의 힘을 쏟는지를 측정한 것입니다. 그런데 그 힘은 2명이 참가하면 93, 3명이 할 때는 85로 줄었습니다. 그리고 8명이 함께 할 때 한 사람의 힘은 49, 즉 혼자 경기할 때에 비해 절반밖에 되지 않았습니다. 그래서 참가하는 사람이 늘수록 1인당 공헌도가 오히려 떨어지는 이런 집단적 심리현상을 '링겔만 효과'라고 부릅니다. 이것은 책임의 소재가 밝혀지지 않는 익명일 때, 동기부여가 되지 않을 때, 팀 내에서 구성원 스스로가 개인의 존재의미나 가치를 발견하지 못할 때, 일이 너무 단순할 때 자주 나타나게 된다고 합니다.

회사를 비롯한 학교나 조직은 개인들이 각자 활동할 때보다 더 큰 힘을 발휘할 수 있을 것이라는 기대로 만들어진 집단입니다. 특히 우리 학교는 많은 학교 중의 하나가 아니라, 특별한 사명을 가지고 세워진 기독교학교입니다. 그리고 우리는 정명동산의 한 가족으로서 부름을 받은 교육공동체의 한 사람입니다. 즉, 우리는 혼자서 일하는 사람이 아니라 함께 서로 도우며 협력하는 동료이자 하나님의 동역자(Co-Worker, Fellow Worker)입니다. 그러면 어떻게 서로 합력하여 선을 이루는(로마서 8:28) 시너지 효과를 얻을 수 있을까요?

미국에서 행해진 실험입니다. 한 사람이 일광욕을 즐기는 휴가객 바로 옆에서 녹음기와 소지품을 놔둔 채로 바다에 들어가고, 다음엔 도둑 역할을 맡은 사람이 녹음기와 소지품을 챙겨 슬그머니 달아나도록 했습니다. 누가 봐도 도둑임이 분명했지만 20회 실험 중 단 4명만이 그 도둑을 잡으려고 시도했습니다. 그러나 똑같은 상황인데 청년이 바닷물에 뛰어들기 전 "제 물건 좀 봐주세요"라며 직접 부탁을 했더니 놀랍게도 20번 중 19명이 도둑을 잡으려고 했다는 것입니다.

사람은 자신이 여러 사람 중의 한 명 또는 주목받지 않는 방관자로 취급받을 때는 의식적이든 무의식적이든 최선을 다하지 않게 되지만, 혼자만의 책임일 경우나 자신이 그렇게 하겠다고 약속한 경우에는 위험까지 감수합니다. 그러므로 개인에 대한 따뜻한 관심, 책임과 함께 권한을 분명히 해줄 때 능률과 효과는 극대화됩니다. 또한 우리 스스로 방관자가 아닌 주인의식을 가질 때 하나님의 뜻을 이루어 가는 공동체가 될 수 있습니다. 아울러 우리는 모두 부모와 교사로서 우리에게 맡겨진 아이들이 익명의 커튼 뒤에 남겨지는 일이 없도록 배려해야 할 것입니다.

그러나 진정한 시너지를 발휘하기 위해서는 한자(漢字)의 협력(協力)을 살펴보면 어떻게 하여야 하는지 분명해집니다. 즉, 네 사람의 힘(力)을 합쳐야 하고, 십자가(†)를 앞세울 때 비로소 협력이 이루어지는 것을 알 수 있습니다. 이것은 마치 한 중풍병자를 네 사람이 침상 채로 메워서 지붕을 뚫고 예수님 앞에 데리고 와 죄 사함과 치유를 받게 하는 것과(막2:1-12) 같은 원리인 것입니다. 이렇게 서로 협력하여 선을 이루는 힘을 저는 위너지 효과(We+Synergy=Wenergy Effect)라고 부르고 싶습니다. 성경은 말합니다. 우리의 노력만이 아니라 하나님의 도우심이 있어야함을...... "여호와께서 그들을 내어주지 아니 하셨더면 어찌 한 사람이 천을 쫓으며 두 사람이 만을 도망케 하였을까"(신명기 32:30)

말씀 묵상

나는 심고, 아볼로는 물을 주었습니다. 그러나 하나님께서 자라게 하셨습니다. 그러므로 심는 사람이나 물 주는 사람은 아무것도 아니요, 자라게 하시는 분은 하나님이십니다. 심는 사람과 물 주는 사람은 하나이며, 그들은 각각 수고한 만큼 자기의 삯을 받을 것입니다. 우리는 하나님의 동역자요, 여러분은 하나님의 밭이며, 하나님의 건물입니다. 나는 하나님께서 나에게 주신 은혜를 따라, 지혜로운 건축가와 같이 기초를 놓았습니다. 그런데 다른 사람이 그 위에다가 집을 짓습니다. 그러나 어떻게 집을 지을지 각각 신중히 생각해야 합니다. (고린도전서 3:6~10)

행복한 사람

마오쩌둥은 3명의 친구와
중국 땅을 공산 혁명으로 뒤엎었습니다.
다니엘은 3명의 친구와 함께
기도하므로 기적을 체험합니다.
에스더는 시녀들과 함께
기도하여 유대민족을 살립니다.
한 중풍병자는 네 친구의 도움으로 고침을 받습니다.
만사를 제쳐두고 함께 기도해 줄 친구가 있습니까?
그런 친구가 있는 사람은 행복한 사람입니다.

윤삼열 『골짜기의 은혜와 축복』 중에서

네버 업(Never Up), 네버 인(Never In)

아파치족의 후계자 선정에 관한 이야기입니다. 이미 연로한 추장은 더 이상 추장 직을 수행할 수 없어서 후계자를 뽑아야 했습니다. 추장은 아파치족의 미래를 생각하여 체력, 지혜, 리더십 등 모든 면에서 뛰어난 젊은 추장을 뽑기 원했습니다. 마침내 어려운 관문을 거쳐 3명의 젊은이가 뽑혔습니다. 그리고 최종 심사가 이루어집니다. 연로한 추장은 그들에게 다음과 같이 말합니다.

"아파치의 자랑스러운 용사들이여! 저기 눈 덮인 로키산맥의 최고봉이 보이는가? 이제 아무런 장비 없이 저 꼭대기까지 올라갔다가 그곳의 증표를 가지고 이 자리에 일찍 도착하는 사람에게 나의 추장 직을 물려 주겠노라."

세 젊은이는 악전고투 끝에, 정상에 올라가 저마다 꼭대기에 올라갔다는 증거를 가지고 돌아왔습니다. 한 젊은이는 산꼭대기에서만 피는 꽃 한 송이를 가져왔고, 또 다른 젊은이는 산꼭대기 맨 윗부분에 있는 붉은 빛의 돌 조각을 증거물로 제시했습니다. 그러나 마지막 젊은이는 빈손이었습니다. 추장은 노여운 얼굴로 세 번째 젊은이를 바라보며, 왜 빈손으로 돌아왔는지 물었습니다. 그러자 "추장님, 저도 분명 저 산꼭대기에 올라갔습니다. 그리고 저는 저 산 너머에 있는 비옥한 땅과 넓은 강물과 수많은 버펄로 떼를 보았습니다. 저는 누가 우리 추장이 되든지 상관하지 않겠습니다. 하지만…… 우리 아파치족은 저 산을 넘어가야 합니다."

제2부 한 번도 가보지 않은 길

우리는 차세대를 이끌어갈 그리스도를 닮은 리더를 키우는 중대한 임무를 맡은 자들입니다. 그러기에 우리는 먼저 앞장서서 정상을 바라보며 달려가야 할 것입니다. 그러나 산을 오르는 방법에는 여러 가지가 있습니다. 오로지 정상만을 목표로 하여 묵묵히 오르는 것을 좋아하는 사람도 있고, 친구들과 과자를 먹으면서 떠들고 즐기며 오르는 사람도 있습니다. 그러나 분명한 것은 어느 쪽이든 오로지 산 자체만을 위해 산을 오르지는 않는다는 것입니다. 다시 말하면 우리의 궁극적인 목표는 산 정상에 피어있는 한 송이 꽃도, 붉은빛의 돌 조각도 아닙니다.

우리의 분명한 사명은 우리 아이들이 저 산 너머에 있는 비옥한 가나안 땅을 볼 수 있도록 하는 것입니다. 소위 세상 사람들이 말하는 성공이 목표가 아니란 말입니다. 우리는 모두 저마다의 산을 오르는 자입니다. 어디를 어떻게 오르든 그것은 중요하지 않습니다. 보다 중요한 것은 산 너머의 어떤 것, 삶 너머의 무엇을 보느냐입니다. 그러기에 먼저는 우리가 그곳을 바라보아야 합니다. 우리가 보지 못하고 알지 못하면 말할 수 없고, 더욱이 그들은 우리의 발자취를 따라오기 때문입니다.

골프 용어 중에 '네버 업(Never Up), 네버 인(Never in)'이란 말이 있습니다. 대다수의 골퍼들은 퍼팅을 세게 하면 공이 홀을 빗나갈 것이라는 두려움 때문에 홀까지의 거리보다 퍼팅을 짧게 하는 성향이 있다고 합니다. 즉, 실패가 두려워 안전한 방법을 택한다는 것입니다. 하지만 홀 컵에 미치지 않으면 결코 홀인은 이루어지지 않습니다. 위험을 무릅쓰고 도전해도 실패할 수 있지만 시도하지 않는다면 성공할 가능성은 아예 없습니다. 그러기에 네버 업(Never up), 네버 인(Never in)입니다. 이것은 골프에서 퍼트를 할 때 홀 컵을 지나칠 정도로 과감하게 치지 않으면 공은 절대로 홀 컵에 들어가지 않는다는 의미입니다.

우리가 원하는 꿈과 목표인 홀 컵으로의 홀인을 위해 'Never Up, Never In'이 필요합니다. 홀 컵보다 멀리보지 않으면, 우리가 좀 더 노

네버 업(Never Up), 네버 인(Never In)

력하지 않으면, 좀 더 과감하지 않으면 홀인 할 수 없습니다. 그래서 우리는 홀 컵보다 한 치 앞을 더 보아야 하고 그곳을 지향해야 합니다. 그것은 바로 공부만 하면 될 것을 우리가 예배를 드리고, 기도회를 하고, 헌금을 하는 이유이기도 합니다. 성공만이 아니라 더 높고 멀리 보이는 산 너머의 비전과 영원한 소망을 바라보는 리더를 키우는 까닭입니다.

말씀 묵상

나는 이것을 이미 얻은 것도 아니며, 이미 목표점에 다다른 것도 아닙니다. 그리스도 '예수' 께서 나를 사로잡으셨으므로, 나는 그것을 붙들려고 좇아가고 있습니다. 형제자매 여러분, 나는 아직 그것을 붙들었다고 생각하지 않습니다. 내가 하는 일은 오직 한 가지입니다. 뒤에 있는 것은 잊어버리고, 앞에 있는 것을 향하여 몸을 내밀면서, 그리스도 예수 안에서, 하나님께서 위로부터 부르신 그 부르심의 상을 받으려고, 목표점을 바라보고 달려가고 있습니다. (빌립보서 3:12~14)

새 시대의 인재상

전문가들은 새 시대의 인재상을 3가지로 말합니다.
스페셜리스트(Specialist) - 자신의 분야의 최고의 전문가
제너럴리스트(Generalist) - 다방면에 유식한 자
휴머니스트(Humanist) - 밝고 고운 심성과 폭넓은 인간
그러나 저는 3숙을 말합니다.
어리숙 - 똑똑하지만 체하지 않는 사람
미숙 - 아직은 부족하다고 도움을 구하는 사람
친숙 - 늘 가까이할 수 있는 편한 사람

윤삼열 『묵상칼럼』 중에서

호빙 효과

교육심리학에 '호빙 효과(The Hoving Effect)'란 용어가 있습니다. 프린스턴 대학에 다니던 '토마스 호빙'이 학업에 흥미를 잃고 퇴학의 위기에 처했을 때, 마지막으로 자신의 전공과는 전혀 상관없는 조각 과목을 선택해서 들었습니다. 그런데 첫 강의시간에 교수가 한 조각 작품을 들고 들어와서 학생들에게 이것이 무슨 작품이며 어떤 예술적 가치가 있느냐고 물었습니다. 미술과 학생들은 각자가 예술적 상상력을 동원하여 '자유를 상징하는 새'라고도 하고, 어떤 학생은 '조화(Harmony)'라고도 대답했습니다.

그리고 호빙이 대답할 차례가 왔는데, 호빙은 자신은 예술품을 모른다고 솔직하게 말한 뒤 생각나는 대로 "저는 예술적 가치가 없어 보이고, 너무 매끈하여 무슨 기계로 쓰이는 것 같습니다"고 대답하였다. 교수가 학생들에게 보여주었던 물건은 산부인과에서 사용하는 기계 중의 하나였을 따름이었습니다. 그 기계를 미술과 학생들은 단순한 기계로 보지 않고 온갖 상상력을 동원하여 예술품으로 표현하려 하였지만 토마스 호빙은 자신에게 느껴지는 대로 솔직히 표현하였던 것입니다. 그런데 이 대답으로 그는 교수님에게 크게 인정받게 되었으며, 결국 그는 전공을 미술로 바꾸고 나중에 뉴욕 메트로폴리탄 미술 박물관의 큐레이터로서 예술품의 감정에 최고의 실력을 발휘하였습니다. 이렇게 호빙이 좌절하였던 자리에서 일어서게 되었던 것은 그가 우연한 기회에 인정받게 되었기 때문이었는데, 호빙 효과란 말은 여기에서 생겨난 것입니다. 즉, 사람의 능력을 무시하지 않고 인정해 줄 때, 나타나는 교육적인 효과를 가리키는 말입니다.

　인정이 한 사람의 일생을 바꾼 이야기가 있습니다. 미국의 세계적인 가수 마돈나의 어린 시절은 참으로 불우했습니다. 마돈나가 초등학교 시절에 무용반에 들어갔는데, 아이들은 마돈나가 키도 작고 말도 잘 할 줄 모른다고 놀려대기만 했습니다. 그런데 이를 보고 있던 선생님은 마돈나에게 "마돈나, 너는 참으로 예쁘구나! 노래도 잘하고, 무용도 잘하고 너는 이 다음에 훌륭한 사람이 될 거야!"라고 칭찬을 해 주었습니다. 마돈나는 친구들의 말에 낙심을 했지만 선생님의 이 말씀에 힘을 얻었습니다. 그래서 무용과 노래와 춤 등에 열심을 냈습니다. 그때마다 선생님은 뒤에서 묵묵히 지켜보시며 "참 잘 하는구나"라고 칭찬해 주셨고 마돈나는 선생님의 음성을 들으면서 성장했다고 합니다. 그 후 세계적인 가수로 성공한 마돈나는 "지금 나의 성공은 그 선생님의 말씀 한마디로 인해 오늘의 내가 된 것입니다"고 고백하였고, 이후에도 계속해서 선생님을 잊지 않고, 가난한 선생님의 생활비는 물론 병원비와 장례비 일체를 부담했다고 합니다. 선생님의 인정해 주신 그 말씀 한 마디가 놀림의 대상이었던 한 소녀의 일생을 바꾸어 놓았을 뿐 아니라, 그 선생님의 생활도 책임져 주는 제자가 된 것입니다.

　사람은 누구에게나 태어날 때부터 지닌 욕구가 있는데, 그중 하나가 인정받고자 하는 욕구입니다. 그런데 남으로부터 인정받으면 자신감이 생겨 발전하지만, 그렇지 못하고 인정받지 못하면 자신감을 잃고 좌절하게 되고 맙니다. 그러기에 알맞은 때에 인정받는 것은 한 사람의 인생이 바뀌는 중요한 모티브와 전환점이 되는 것입니다.

　스티브 모스(Stevie Morse)가 그런 경우입니다. 어느 날, 쥐 한 마리가 학생들이 공부하는 교실 바닥을 쏜살같이 가로질러 달리더니 어디론가 사라져버렸습니다. 놀란 선생님이 스티비 모스라는 학생에게 쥐를 잡도록 도와달라고 말했습니다. 스티비는 두 눈이 보이지 않는 시각장애인이었습니다. 하지만 스티비는 그의 탁월한 청각을 이용하여 쥐가 있는 곳을 찾아내어 쥐를 잡았고, 아이들과 선생님은 그런 스티브에게 고마워했습니다. 스티비로서는 태어나서 처음으로 예민한 청각을 인정받는 순간이었습니다. 몇 년 뒤, 리틀 스티비 원더로 이름을 바꾼 그는 선생님의 인정이 자신의 인생을 바꾼 계기가 되었다고 말했습니다. 스티비 원더는 그레미 상을 17차례나 수상했고 오스카상을 거머쥐기도 했습니다. 또한 7천만 장 이상의 음반을 판매하여 비틀스, 엘비스 프레슬리 등과 함께 음반판매량 톱 10에 이름을 올렸습니다.

인정은 나이와 상관이 없습니다. 누구든지 인정해 주면 자신감을 회복하고 새로운 일을 창조적으로 할 수 있게 됩니다. 이럴 때 사용하는 용어가 바로 호빙 효과라는 말입니다. 인정은 대단한 힘을 가지고 있습니다. 보이지 않지만 자신감을 주고 사람을 변화시키며 소망을 주고 창조적 힘을 발휘하게 합니다. 무시와 비판은 파괴적 에너지가 되지만, 한 사람의 존재와 사역에 대하여 인정해 주면 그 인정은 창조적 에너지가 되어 자신과 세상을 바꾸게 됩니다.

보잘것없는 흔한 이름인 시몬을 불러 반석이라는 게바로 불러주자 그의 인생이 바뀌었습니다. 사람은 너 나 할 것 없이 누구든지 자신이 특별한 존재라고 인정받을 때 특별난 일을 할 수 있습니다. 하나님은 실패한 사람도 끝없이 인정해 주시며 창조적 힘을 발휘하길 원합니다. 우리는 모두 서로를 인정하고 칭찬해 줌으로써 호빙 효과를 맛보았으면 좋겠습니다.

말씀 묵상

이 사람은 먼저 자기 형 시몬을 만나서 말하였다. "우리가 메시아를 만났소"('메시아'는 '그리스도'라는 말이다.) 그런 다음에 시몬을 예수께로 데리고 왔다. 예수께서 그를 보시고 말씀하셨다. "너는 요한의 아들 시몬이로구나. 앞으로는 너를 게바라고 부르겠다."('게바'는 '베드로' 곧 '바위'라는 말이다.)
(요한 1:41~42)

꿈을 이루려면(3)

꿈을 기억하고
꿈이 이루어지길 기대하고
꿈을 위해 기도하고
꿈이 이루어지기까지 기다리면
꿈은 기적처럼 이루어집니다.
기억, 기대, 기도, 기다림, 기적
꿈의 오기법칙입니다.

윤삼열 『묵상칼럼』 중에서

제2부 한 번도 가보지 않은 길

불만 붙으면

　모든 물질에는 가연성이든 불연성이든 잠재된 에너지가 있고, 또한 언제든지 에너지로 전환될 수 있습니다. 나무를 태우면 불이 타오르고 열기가 생깁니다. 그 에너지로 밥을 짓거나 추위를 쫓습니다. 물의 낙차를 이용해 전기라는 에너지를 만들기도 하고, 바람과 해수를 이용해 에너지를 만들기도 합니다. 전자제품은 전기가 제공되면 음식을 만들기도 하고, 빨래를 세탁하기도 하고, 더위를 식히거나 반대로 추위를 물러가게도 합니다. 이렇게 여러 가지 방법으로 물질을 통해 에너지를 얻어 사용할 수 있습니다. 지금은 기술상으로 우라늄과 플루토늄 등의 물질만 핵분열이 가능하지만 과학의 발전은 어떤 것이라도 핵분열을 통해 엄청난 폭발적인 에너지를 얻을 수 있고, 하나님의 수준에서 접근한다면 분열시키지 못할 물질은 없을 것입니다.

　그런데 중요한 것은 바로 우리 속에도 바로 이런 잠재적인 에너지가 있다는 것입니다. 우리의 심장에 제대로 불을 붙이면 시대를 바꿀 에너지가 나옵니다. 한 사람의 능력으로 수십 명도 이룰 수 없는 일들을 이루어내는 에디슨이나 아인슈타인 같은 과학자와 이순신 같은 위대한 인물과 사도바울 같은 전도자가 나옵니다. 그래서 "기도하는 한 사람이 기도 없는 한 민족보다 강하다"는 말도 나오는 것입니다. 그러나 제아무리 좋은 전자 제품이라도 전기라는 에너지를 제공해주지 않으면 무용지물이 되고 말듯이, 우리 속에 있는 열정에 불을 붙이지 않으면 아무것도 아닙니다. 그러므로 문제는 어떻게 에너지화하느냐 입니다. 장작에 불을 붙이는 것도 처음에는 쉬운 일이 아닙니다. 볏짚이나 솔잎 등의 불쏘

시개를 이용해서 서서히 불의 강도를 높여가야 합니다. 인생도 마찬가지입니다. 많은 물질과 자원이 있다고 저절로 에너지가 되는 것이 아닙니다. 우리에게 주어진 육체와 물질 그리고 지혜와 재능 등은 모두 잠재된 에너지입니다. 이런 것들을 어떻게 에너지로 변화시키는가가 바로 진짜 공부이고, 과제입니다. 능력이란 자원이라기보다는 그 자원에 불을 붙일 줄 알고 폭발시킬 줄 아는 힘인 것입니다.

우리가 가진 물질이나 자원을 가장 열등하게 사용하는 것은 쌓아두거나 썩히는 것이라고 합니다. 쌓아두는 것은 썩히는 것과 같고, 썩혀서 에너지를 만드는 것은 영향력도 적을 뿐 아니라 세월도 많이 걸립니다. 그러므로 성경은 "너희를 위하여 보물을 땅에 쌓아 두지 말라"(마태복음 6:19)고 합니다. 그래서 조지 휘트필드는 이것을 간파하고 이렇게 말했습니다. "나는 녹슬어 없어지기보다는 닳아서 없어지기를 원하노라." 짐 엘리엇은 이렇게 부르짖어 기도했습니다. "하나님 아버지, 불붙지 않는 석면 같은 나를 불이 붙을 수 있도록 성령의 기름을 내게 부어 주시옵소서. 또한 나를 주님의 불꽃이 되게 하옵소서." 이 기도가 저와 여러분의 기도가 되기를 소망합니다.

우리가 어떻게 에너지화되는지 잘 보여주는 말씀이 있습니다.(사도행전 2:1~4) 마가의 다락방에 모여 기도하는 무리들에게 성령의 불이 임했습니다. 각인의 머리 위에 불이 임했습니다. 하나님이 그들의 인생에 불을 붙인 것입니다. 그렇게 해서 태어난 것이 바로 초대교회입니다.

삶의 에너지는 이웃에 대한 긍휼한 마음을 품는 관심에서 시작하여 기도의 불꽃으로 점화됩니다. 그리고 믿음으로 더욱 커져 갑니다. 그것이 바로 성령의 역사입니다. 우리가 성령의 불로 뜨겁게 달궈진다면 생명력 넘치는 사람이 됩니다. 리더는 모름지기 자신을 먼저 모닥불에 던짐으로써 어떻게 열정에 불을 지필 수 있는지, 어떻게 그 불이 계속 타오르도록 할 수 있는지 다른 사람에게 보여줄 수 있는 사람입니다.

부모와 교사로 부름을 받은 우리가 먼저 불붙어야 할 이유가 여기 있습니다. 때로는 기도로, 때로는 봉사와 섬김으로, 내 인생의 기름을 준비하여 나를 불태워야 합니다. 그리고 더 나아가 아직 불붙지 않은 장작에 불과한 우리 아이들에게, 그들이 불붙도록 도화선이 되고 그들에게 용기와 희망을 주고 도전을 주어야 합니다. 그것이 바로 우리들의 사명이며 우리들의 몫입니다. 그러기 위해서는 우리 자신이 불꽃이 되어야 합니다. 그렇지 않으면 그들을 지필 수 없기 때문입니다. 그러므로 먼저 우리가 배우고 기도하고 뜨거워져야 합니다. 가르치는 우리들의 심장과 열정에 불이 붙어야 합니다. 우리의 영혼과 열정에 불만 붙는다면 세상은 우리를 통하여 폭발적인 변화를 가져올 것이 분명합니다.

말씀 묵상

오순절이 되어서, 그들은 모두 한 곳에 모여 있었다. 그 때에 갑자기 하늘에서 세찬 바람이 부는 듯한 소리가 나더니, 그들이 앉아 있는 온 집안을 가득 채웠다. 그리고 불길이 솟아오를 때 혓바닥처럼 갈라지는 것 같은 혀들이 그들에게 나타나더니, 각 사람 위에 내려앉았다. 그들은 모두 성령으로 충만하게 되어서, 성령이 시키시는 대로, 각각 방언으로 말하기 시작하였다. (사도행전 2:1~4)

핫 스팟(Hot Spots)

핫 스팟(Hot Spots)이란 말이 있습니다. 우리가 아는 핫 스팟에는 크게 세 가지 뜻이 있습니다. 본래 정치적·군사적 분쟁 지역 또는 사람이 많이 몰리는 도박장·나이트클럽·오락실과 같은 유흥가를 뜻하는 용어에서 나온 용어로 첫째는 군사적 분쟁지역을, 둘째는 무선으로 초고속 인터넷을 사용할 수 있도록 전파를 중계하는 무선랜 기지국을 뜻하고, 마지막으로는 활기가 넘치고 신나는 곳이란 의미로 사용됩니다. 이 세 가지 모두 공통점이 있다면 사람이 많이 몰리는 장소라는 것입니다.

하지만 여기에서는 린다 그래튼의 『핫 스팟』에 나오는 창조 에너지가 넘치는 혁신의 시공간으로서의 핫 스팟을 말하고 싶습니다. 린다 그래튼의 핫 스팟은 구성원들이 긴밀하게 협력하면서 모두가 공감하는 공통의 목표를 향해 매진하고 있는 조직의 상태로, 굳이 다른 말로 하자면 '열정지대'라고 할 수 있습니다. 상대적 개념으로 '얼음지대' 또는 '냉정지대'와 함께 생각해보면 쉽게 이해될 것입니다. 얼음지대란 열정이 사라지고 구성원 간에 협력보다는 경쟁과 견제가 난무하며, 작은 협력 하나를 위해서도 복잡한 사전 조율과 실행을 보장하기 위한 계약 등 거래비용이 높은 상태를 의미합니다. 따라서 이런 집단은 신뢰도가 낮고 정보나 자원이 원활하게 교류되지 못하고 구성원 간에 방어행동이 우세하게 되어, 원활한 협력과 시너지의 창출이 어렵다는 것은 당연할 것입니다.

본래 조직이나 집단은 따로따로 일해서 얻은 성과를 합하는 것보다 함께 모여 일해서 얻은 성과가 더 클 때 존립의 의미가 있습니다. 그것이 노동 분업에 의한 것이든, 관리상 효율에 의한 것이든 함께 일하는 효과가 없다면 애초에 조직을 만들 필요가 없을 것입니다. 과거에는 철저한 직무의 세분화와 자기 과업에의 몰두, 내부경쟁 등이 더 중요했다면 시간이 갈수록 밀접한 상호작용, 팀워크 등 협력과 협업의 중요성이 강조되고 있습니다. 그래서 "미래 기업경영은 경쟁이 아니라 팀워크에 달려 있다"라고 린다 그래튼은 말합니다.

아무리 뛰어난 개인도 하나로 뭉친 다수의 에너지를 이길 수 없습니다. 다수 구성원 간의 유연한 결속으로 융합된 조직, 이것이 바로 핫 스팟입니다. 그래서 사람들이 비상한 창조성을 발휘하면서 협업을 추구하는 시간과 장소가 바로 핫 스팟이고, 아이디어와 비전이 살아 숨 쉬는 창조적 시공간이 핫 스팟이라고 그래튼은 명명하였습니다. 살아 숨 쉬는 핫 스팟의 무대를 조성하기 위해서는 일하는 이들의 지성, 통찰력, 지혜를 서로 묶는 협동 관계를 구축하여 모든 구성원의 지적, 감정적, 사회적 자본이 주축이 되어 인적 자본과 인간 잠재력의 세 자본이 단단하게 맞물릴 때 핫 스팟이 발생한다고 합니다. 이렇게 핫 스팟이 만들어지면 개인에게는 기쁨을 주고, 조직에는 가치를 안겨줌으로써 활발한 협력이 이뤄져 결국 생산성과 활기가 넘치고 창조성을 발휘하게 되는 것입니다.

그러면 어떻게 핫 스팟이 이뤄지는 그룹이나 조직이 되게 할 수 있을까요? 결론부터 말하자면 관계의 질을 높이는 것입니다. 왜냐하면 조직이란 관계의 그물이며 이 그물이 얼마나 광범위하게 또 촘촘하게 짜여 있느냐가 조직의 성과를 좌우하기 때문입니다. 하지만 단순히 사람들이 친해지는 것이 아니라, 얼마나 생산적인 우정, 얼마나 창조적인 신뢰를 구현할 것인가가 중요합니다. 린다 그래튼의 『핫 스팟』에서는 다음의 네 가지로 설명합니다.

핫 스팟(Hot Spots)

① 협력 마인드

우선 구성원들이 협력하려는 자세가 되어 있어야 하고 조직 전체에 협력하는 풍토가 조성되어야 합니다. 경쟁의 언어가 난무하는 조직은 이미 첫 단추가 잘못된 것입니다. 골드만삭스는 모든 사내 공식 문서에서 '나'라는 표현을 억제하고 '우리'라는 표현을 쓰도록 권장한다고 합니다.

② 경계 해제

한 대학생이 4년 동안 기숙사 생활을 할 때 가장 친해지는 친구는 누구일까요. 룸메이트나 가까운 옆방의 학생이 될 가능성이 단연 높다고 합니다. 이것은 친구의 개인적 속성보다는 거리와 접촉의 빈도가 그만큼 관계 형성에 중요하다는 것입니다. 마치 서로 다른 언어사용자 간에 통역이 있어야 하듯이, 서로 다른 집단 모두를 이해하고 이들을 소통시킬 수 있는 경계 해제자가 필요하다는 것입니다.

③ 점화 목적

아무리 협력적 기풍이 강화되고 경계가 완화되어도 그것만으로는 핫 스팟이 저절로 나타나지는 않습니다. 그것은 다만 미지근한 상태일 뿐입니다. 특히 핫 스팟은 자발적으로 생성되지 않습니다. 보수가 높고 복리후생제도가 좋아도 저절로 생기는 것이 아니고, 의도적 계기를 만들어야 한다는 것입니다. 즉 불을 붙여야 합니다. 여기에 불을 붙이려면 화룡점정을 할 수 있는 '점화 목적'이 필요합니다. 이것은 모든 구성원에게 강렬한 자극을 주고, 관심과 열정을 불러일으킬 수 있는 목표와 비전을 제공함으로써 협력의 에너지가 일시에 집중되도록 하는 것입니다.

④ 생산적 능력

핫 스팟은 일시적인 것이 아니라 한번 점화되면 지속성을 발휘하고 최종적인 가치를 발휘할 때까지 유지되어야 하고, 각자의 생산적 능력(재능)이 있어야 하는데 이를 위해서는 이를 뒷받침할 조직 내 프로세스가 필요합니다. 또한 요소들이 잘 유지될 수 있도록 대화를 유도하고, 고유의 프로세스를 형성하며, 구성원간 인적 네트워크를 형성해주는 것, 그것이 핫 스팟을 지휘하는 리더들의 역할이 됩니다. 곧 리더는 각자의 잠재력에 불을 붙여 에너지를 발생시키고, 조직과 구성원의 시너지를 발휘시키는 사람입니다.

유능한 직원이 회사를 떠나는 이유는? 다름 아닌 잠재력을 점화시켜줄 그 무엇이 없기 때문이라고 합니다. 다시 말하면 생각과 상상력에 불을 지피는 것, 서로가 한마음으로 지지할 수 있는 것, 숨은 에너지를 발산시켜주는 것이 없고 그럴만한 리더가 없기 때문입니다. 우리가 꿈꾸는 리더는 매뉴얼대로 움직이는 사람이 아니라, 자신이 처한 상황에서 분명한 지침과 가치관, 능력을 가지고 매뉴얼을 만들어 갈 수 있는 사람입니다. 그래서 오히려 늘 새로운 매뉴얼을 만들어갑니다.

핫 스팟은 하나의 경영기법이나 기술이 아닙니다. 적절한 몇 가지 방법을 써서 핫 스팟을 인위적으로 만들어낼 수도 없습니다. 마치 열을 가하면 물이 끓듯이 단순한 것이 아니기 때문입니다. 그렇다고 해서 언제까지나 손을 놓고 기다려야만 하는 것은 더욱 아닙니다. 버튼을 눌러서 미사일을 발사하는 것처럼 할 수는 없어도 핫 스팟에 우호적인 환경을 지속적으로 조성하고 열정을 점화할 목표의 등장을 적극적으로 기다려야 합니다. 비옥한 풍토를 조성하고 세심한 관리를 통해 곡식이 성장하고 열매 맺기를 기다리는 농부의 자세와 같습니다.

우리는 기독교인입니다. 그것은 우리에게 원동력이 되는 그리스도의 사랑과 헌신과 희생이 있다는 것입니다. 게다가 주님 주신 달란트(재능)도 있습니다. 우리가 할 일은 기다리는 것이 아닙니다. 기도만 해서도 안 됩니다. 모든 물질에는 가연성이든 불연성이든 잠재된 에너지가 있습니다. 그리고 누구나 잠재적 에너지를 갖고 태어났습니다. 문제는 우리 속에 잠재된 에너지에 불을 붙이는 일입니다. 우리가 도화선이 되고,

핫 스팟(Hot Spots)

불꽃이 되고, 불쏘시개가 되어야 합니다. 때로는 수고와 눈물로, 때로는 기도로, 때로는 열정으로 어떻게든 불만 붙으면 시대를 바꿀 에너지가 나옵니다.

형제가 연합하여 동거하면(시편 133:1), 세 겹줄로 뭉치면(전도서 4:12), 둘이 합하면(신명기 32:30), 주님 안에 거하면(요한복음 15:1~7), 말씀을 들으면(누가복음 24:32), 성령이 임하면(사도행전 1:8) 우리는 뜨겁게 달궈지고 우리의 영혼과 열정에 불이 붙어 세상은 우리를 통하여 폭발적인 변화를 가져올 것이 분명합니다. 그러기에 부모와 교사로 부름을 받은 우리가 먼저 불붙어야 합니다. 봉사와 섬김으로 내 인생의 기름을 준비하여 나를 불태워야 합니다. 그러면 우리 학교와 가정은 물론 암울하고 참담한 이 땅에 기가 가득 차고 다시 신나고 활기찬 핫 스팟을 되찾아 핵분열보다 엄청난 폭발적 에너지로 합력하여 선을 이루는 역사가 나타날 것입니다.

말씀 묵상

솔로몬이 기도를 마치니, 하늘에서 불이 내려와 번제물과 제물들을 살라 버렸고, 주님의 영광이 그 성전에 가득 찼다. 주님의 영광이 주님의 성전에 가득 찼으므로, 제사장들도 주님의 성전으로 들어갈 수가 없었다. 이렇게 불이 내리는 것과 주님의 영광이 성전에 가득 찬 것을 보고, 이스라엘 모든 자손은 돌을 깎아 포장한 광장에 엎드려 경배하며, 주님께 감사하여 이르기를 "주님은 선하시다. 그 인자하심이 영원하다" 하였다. (역대하 7:1~3)

응원의 힘

　21세기가 원하는 진정한 리더는 보이는 자리에서 보이는 일만 수행하는 사람이 아닙니다. 미래를 내다볼 수 있는 눈과 꿈을 향해 달려가는 사람 그리고 혼자만의 능력이 아닌 주위 사람들의 장점을 살려 그들이 앞으로 나아갈 수 있도록 뒷받침이 되어주는 사람입니다. 누구에게나 힘겨운 고난의 시간은 있습니다. 특히 요즘같이 어려운 상황 속에서 함께 응원해주고 믿어주고 나보다 조금 더 힘든 주위를 향해 마음을 열고 손을 내밀어 줄 때, 그리고 소망의 씨앗을 품을 수 있도록 응원으로 격려해주는 사람이야말로 이 시대가 필요로 하는 참 리더와 지도자의 모습입니다. 왜냐하면 세상이 어렵고 힘들수록 우리는 누군가의 격려와 응원이 필요하고, 응원은 사람을 일으키는 힘이 있기 때문입니다.

　운동선수, 음악가, 연기자, 정치인 등 소위 스타로 불리는 사람들은 홀로 선 사람이 없습니다. 뛰어나고 위대한 분일수록 더욱 그러합니다. 이들이 스타가 될 수 있었던 이유는 선천적 재능과 소질이라는 가능성의 씨앗이 있기 때문이기도 하지만, 그 재능의 씨가 자라 꽃을 피우기 위해선 재능만으로는 안 됩니다. 그것은 본인의 눈물과 땀이라는 수분, 부모와 지도자의 기도라는 거름, 그리고 이들을 응원하는 관중의 햇빛이 반드시 필요합니다.

　존 맥스웰과 짐 도넌의 『영향력』이란 책에 나오는 이야기입니다. 얼음이 담긴 양동이 속에서 사람이 맨발로 얼마나 오래 서서 버틸 수 있는지를 실험을 하였습니다. 그 결과 한 가지 요인이 작용하면 보통의 경우보다 두 배나 오래 버틸 수 있다는 사실이 밝혀졌습니다. 그 한 가지 요인은 바로 격려와 응원이었습니다. 도움과 격려로 응원해주는 사람과 함께 한 실험 대상자는 그렇지 않은 실험 대상자보다 고통을 훨씬 오래 참을 수 있었습니다. 그래서 존 맥스웰은 "격려를 받은 사람은 불가능에 도전하고 커다란 역경을 극복할 수 있다"고 말합니다.

응원은 흔히 두 가지 형태로 나타납니다. 하나는 자신 스스로를 격려하고 응원하는 펩톡(Pep Talk) 또는 셀프톡(Self Talk)이 있고, 또 하나는 타인을 응원하는 칭찬과 격려가 있습니다. 칭찬은 잘 했을 때 '더 잘하라'고 하는 응원이고, 격려는 좋지 못하거나 만족할만한 결과가 아닐 때 '힘내라'고 하는 응원입니다.

먼저 우리는 스스로를 칭찬하고 격려할 필요가 있습니다. 다른 사람의 응원을 기다리지 않고 스스로 세워주고 응원하는 것입니다. 심리학자 버틀러는 "우리는 모두 자신에게 말을 하는데 우리가 하는 말이 삶의 방향과 질을 형성한다"고 합니다. 사실 우리는 살아가면서 스스로 많은 대화를 합니다. 이를 셀프톡(Self Talk) 또는 펩톡(Pep Talk)이라고 하는데, 셀프톡은 우리의 감정, 행동 등 인격형성에 큰 영향을 미칩니다. 그것은 우리가 살아가면서 자신의 인생에 가장 큰 영향력을 지닌 사람은 다름 아닌 자기 자신이기 때문입니다.

펩(Pep)이란 명사로는 힘, 생동감. 원기 왕성, 활력소 등의 뜻이 있지만 동사로는 힘을 불어넣다, 활력을 주다의 의미입니다. 그러니까 펩톡(Pep Talk)은 힘들고 지칠 때마다 스스로 '나는 행복한 사람이다', '나는 기뻐', '나는 좋아', '나는 할 수 있어'라고 말해줌으로써 자신에게 생기와 활력을 불어 넣어주어서 힘과 용기를 내게 하는 것입니다. 예를 들면 현대의 창업주 정주영씨의 '시련은 있어도 실패는 없다'는 말이나, 영화 말아톤의 주인공 배형진씨가 외치는 '형진이 다리는 백만 불짜리'라는 말이 바로 이에 속합니다.

담임으로부터 "이 학생은 무슨 공부를 해도 성공할 가능성이 없다"고 가혹한 평가를 받은 아인슈타인의 어머니는 낙담하는 아들을 오히려 달래며 "아들아, 너는 다른 아이와 다르단다. 네가 다른 아이와 같다면 너는 결코 천재가 될 수 없어"라고 격려하고 지지하며 응원해 주었습니다. 이러한 격려와 응원에 힘입어 아인슈타인은 훗날 위대한 과학자가 되었습니다. 동화 작가 안데르센의 천재성은 어머니의 격려로 개발이 되었고, 요한 슈트라우스도 아버지의 격려로 「아름답고 푸른 도나우」를 작곡했다고 합니다. 오페라 가수가 꿈인 한 청년은 열심히 노래를 연습하여 오디션을 보았지만, 아쉽게도 오디션에서 낙방하자 낙심하고 좌절하여 다시는 노래를 부르지 않겠다고 결심했습니다. 이때 그를 지켜보던 어머니가 다가와 "아들아, 나는 네가 세상에서 가장 아름다운 목소리를 지녔다는 것을 안다. 이 엄마는 네가 부르는 노랫소리를 들을 때마다 얼마나 행복한지 모른다. 엄마는 네가 꼭 유명한 오페라 가수가 되리라 믿는다"는 어머니의 칭찬과 격려에 힘입어 다시 노래를 시작했습니다. 그리고 결국 그는 세계적인 오페라 가수가 되었는데, 그의 이름은 바로 엔리코 카루소입니다. 미국의 루스벨트는 어릴 때 소아마비 장애로 늘 의기소침하고 내성적인 성격으로 남들보다 뒤쳐지는 생활을 하였습니다. 그러나 "너는 할 수 있어!"라는 아버지의 칭찬 한마디에 용기를 얻어 결국 대통령이 되었습니다. 칭찬은 칭찬한대로 그 사람을 만들어버린다는 사실입니다.

어느 기관에서 남자들을 대상으로 살맛 나는 때가 언제냐고 물었습니다. 그 결과 첫째는 아내의 인정과 칭찬을 받는 때이고, 두 번째는 직장에서 일이 잘 되고 동료와 상사들로부터 인정과 칭찬을 받는 때라고 대답했습니다. 칭찬은 사람들을 신나게 하고 즐겁게 하고 기쁘게 하고, 케네스 블랜차드의 말처럼 고래도 춤추게 합니다. 무엇보다 부모와 스승의 칭찬 한마디는 아이들의 용기를 북돋아 줍니다. 그토록 싫어하던 글짓기에도 자신을 가질 수 있고, 어려워하는 수학이나 과학에도 흥미를 갖게 합니다. 말더듬이 학생에게는 두뇌가 너무 좋아 생각이 말을 못 쫓

응원의 힘

아기기 때문이라고 칭찬하면 열등감을 없앨 뿐 아니라, 아이들의 약점을 오히려 강점으로 바꾸기도 합니다.

핸리 고더드 박사는 '앨고 그래프'라는 피로 측정기를 사용하여 몹시 피곤해 하는 학생들에게 칭찬의 말을 해 주면 그들의 육체적 에너지가 급상승하는 것을 발견했습니다. 칭찬과 격려 그리고 감사의 말은 에너지를 확대해 두려운 마음에 평안을, 상처 난 마음에 치유와 기쁨을, 소극적인 사람에겐 용기와 자신감을 주는 비타민이 되어 세상을 바꾸는 강력한 힘이 됩니다. 칭찬과 격려의 응원은 사람을 살리고 세워주고 변화시키는 위대한 힘이 있습니다.

우리 모두에게는 사람을 살리는 힘이 있습니다. 그 힘은 바로 응원입니다. 응원은 사람을 살리고, 영혼을 춤추게 하고, 영혼을 빛나게 하는 거룩한 사역입니다. 우리는 다른 것은 몰라도 누군가를 격려하고 칭찬하고 응원하는 일은 할 수 있습니다. 지금처럼 세상살이가 어려운 때 저마다 마음 안에 서로를 비추어 따뜻하게 온기를 나누게 하는 사랑의 빛입니다. 누구에게나 인생의 고비가 있고, 혼자서는 넘기 어려운 고통과 고독의 시간이 있습니다. 그때 단 한 사람이라도 믿고 응원해주는 사람이 있으면 다시 일어설 수 있습니다. 결승점을 향해 다시 달릴 수 있습니다. 힘들고 어려울 때 커다란 함성과 응원을 받으면 그야말로 뒤에서 누가 밀어주는 기분입니다. 누군가 나를 응원하고 있다는 것만으로도 충분한 위로와 격려와 힘이 됩니다. 그게 바로 응원의 힘입니다.

응원은 사랑입니다. 잘 될 것이라는 믿음과 격려의 표시입니다. 잘 나가고 좋을 때뿐 아니라, 춥고 아프고 외로운 시간에도 한결같은 마음으로 강력한 에너지를 보내는 것입니다. 응원이 있는 곳에 절망이나 두려움은 없습니다. 따뜻한 희망과 용기가 넘칠 뿐입니다. 그들을 응원해 주십시오. 그들이 자신의 가진 최선을 다해보지도 못하고 무릎을 꿇지 않도록 어깨를 쳐주고 소리를 질러 주십시오. 사람은 누군가 지켜보는 것을 알면 달라지기 때문입니다.

　심리학자들이 쥐를 대상으로 실험을 했습니다. A, B, C 세 상자를 준비하고 그 안에 쥐가 살게 하되 A상자에는 쥐 한 마리가 살게 하고, B상자와 C 상자에는 각각 10마리의 쥐들이 살게 하였습니다. 그리고 꼭 같은 온도, 음식, 환경에서 살게 하였습니다. 그런데 B 상자는 그냥 쥐들끼리만 살게 하고, C상자의 쥐들은 사람이 조석으로 쥐들을 쓰다듬어 주며 "쥐야 내가 너를 사랑한다."며 애정을 표시하였습니다. 그리고는 각 상자의 쥐들의 수명을 관찰한 결과, 혼자 사는 A상자의 쥐는 500일을 살았고, 10마리가 함께 산 B상자의 쥐들은 평균 750일을 살았고, 날마다 사람이 쓰다듬으며 애정을 표시한 C상자의 쥐들의 경우는 평균 950일을 살았다는 것입니다. 쥐들도 혼자 사는 것보다는 더불어 사는 것이 좋고, 같이 살아도 사람의 애정이 어린 응원을 받으며 산 쥐들은 훨씬 장수한다는 것입니다.

　하나님은 우리를 혼자 내버려 두지 않습니다. 때로는 바나바(격려, 위로)와 같은 친구를 붙이기도 하시고, 때로는 위로와 격려자 되시는 보혜사 성령을 보내주시어 우리를 응원해주십니다. 우리가 함께 공부하고, 함께 신앙생활하고, 함께 더불어 사는 것은 서로 격려하고 응원하기 위함입니다. 핍박과 환란으로 모든 것을 잃어버릴 위기에 처해 힘을 잃고 살 소망까지 잃어버린 히브리 성도들에게 성경은 권면합니다. "서로 돌아보고 사랑을 베풀며 선한 행동을 하도록 격려합시다"라고. 아무리 힘든 환경이라도 다시 일어설 수 있는 희망과 꿈은 몇몇 사람의 응원으로 시작됩니다. 우리의 응원이 희망을 만듭니다. 아낌없는 칭찬과 격려의 응원은 우리가 목표로 하는 일에 뜨거운 열정을 바칠 수 있게 하는 강력한 에너지가 됩니다. 오늘 하루도 서로 북돋아 주는 응원의 청량제로 잠자는 능력을 일깨우고 흥을 돋아주는 복된 하루가 되었으면 좋겠습니다.

응원의 힘

말씀 묵상

그리고 서로 마음을 써서 사랑과 선한 일을 하도록 격려합시다. 어떤 사람들의 습관처럼, 우리는 모이기를 그만하지 말고, 서로 격려하여 그 날이 가까워 오는 것을 볼수록, 더욱 힘써 모입시다. (히브리서 10:24~25)

하루를 시작할 때

하루를 시작할 때는 이렇게 외칩시다.
'오늘이야말로 내 생애 최고의 날이 될 것이다'라고.
하루를 마치고 일기를 쓸 때는 이렇게 씁시다.
그날의 좋은 일을 쓰고 '그러므로 좋았다'라고.
잠자리에 들어서는 이렇게 기도합시다.
'오늘도 지켜주심 감사합니다'라고.
왜냐하면 삶은 방법이 아니라,
믿음과 감사로 열어가기 때문입니다.

윤삼열 『묵상칼럼』 중에서

제2부 한 번도 가보지 않은 길

격려의 힘

　말은 대단한 힘이 있습니다. 재판정에서 판사가 사형 선고를 하면 죄인은 그 순간부터 사형수가 됩니다. 낯선 남녀로 살다가도 어느 날 상대가 청혼하여 그것을 '예'라고 받아들이면 남남이 부부가 됩니다. 말 한마디는 작은 것이지만 사람을 살리기도 하고 죽이기도 합니다. 용기와 희망을 주기도 하고 두려움과 절망을 주기도 합니다. 신앙생활을 하면서도 말에 훈련이 되어 있지 않아 자신도 모르게 상대에게 상처를 주는 경우가 많습니다. 우리가 매일 뱉어 내는 무수한 말 중 어떤 것은 무서운 칼과 불이 되어 온몸을 더럽히고 삶의 수레바퀴를 불사르지만(야고보서 3:6), 어떤 말들은 그들이 온종일 들은 말 중에서 유일한 격려의 말일 수 있습니다.

　그러기에 야고보는 "너희는 선생된 우리가 더 큰 심판을 받을 줄 알고 선생이 많이 되지 말라(야고보서 3:1)"고까지 권면합니다. 그러기에 비록 작고 사소한 말일지라도 주의해서 말하지 않으면 안 됩니다. 왜냐하면 작은 물결이 모여 큰 물결이 되듯, 말의 힘은 일찍이 꿈꾸지도 못했던 엄청난 힘이 되기 때문입니다. 이처럼 우리는 모두 사람을 살리기도 하고 죽이기도 하는 힘을 가지고 있습니다.

　헨델은 후기 바로크 음악의 거장이지만 한때 그를 시기하는 사람들이 그의 곡이 발표되는 공연장에 불량배들을 동원하여 공연을 방해했습니다. 그 일로 헨델은 충격을 받아 앓게 되었습니다. 그때 무명의 한 시인으로부터 '그리스도는 사람들로부터 버린 바 되었으나 하나님이 부활시켜 만왕의 왕이 되게 하셨습니다. 힘을 내십시오'라는 격려의 편지를 받고 힘을 얻어 23일간 금식하며 메시아 중 42번 할렐루야를 완성했다고 합니다. 격려의 말 한마디가 좌절을 딛고 일어서게 한 것입니다.

한 소년이 작곡가인 아버지 곁에서 숙제를 하고 있었답니다. 아버지는 작곡을 하다가 상상력을 잃고 긴 한숨을 토해냈답니다. 그때 소년이 "아빠, 내가 한번 해볼게요"라고 말했답니다. 아버지는 아들에게 작곡을 맡겼고 제멋대로 적어놓은 악보를 보고 격려해주었답니다. "이것 참 대단한 작품인걸." 아버지의 격려에 힘입어 소년은 세계적인 작곡가가 됐었답니다. 그가 바로 「아름답고 푸른 도나우」를 작곡한 요한 슈트라우스입니다. 격려의 말 한마디가 재능을 살려내게 한 것입니다.

한 소년이 여덟 살 때 아버지에게 그림책 한 권을 선물 받았습니다. 그 책에는 트로이가 불타는 모습이 그려져 있었습니다. 소년은 아버지에게 말합니다. "아빠, 내가 자라서 트로이의 유물을 찾아내겠어요." 아버지의 응답 "그것참 대단한 비전인데……." 그는 아버지의 격려에 힘입어 저명한 고고학자가 되었습니다. 그리고 터키 북서쪽 언덕에서 찬란한 에게문명의 실존인 트로이의 유적을 발굴해냈습니다. 그 사람이 바로 세계적 고고학자 슐리만 박사입니다. 부모가 자녀들의 제안을 묵살했다면 트로이의 유적과 아름다운 왈츠 음악을 잃을 뻔했습니다. 부모는 자녀에게 최고의 교사이자 격려자입니다.

한 어린 소년이 미국의 국회의사당 앞에서 구두를 닦고 있었습니다. 12살의 어린 나이에 가족의 생계를 책임지는 가장(家長)이 되어 버린 소년은 삶에 쫓겨 내일을 생각할 여유조차 없었습니다. 온종일 구두를 닦아야 겨우 먹고 살 수 있었고, 그나마 일이 없어 공치는 날이면 그의 작은 어깨는 구두통의 무게를 못 이겨 더 축 늘어졌습니다. 그날도 똑같은 하루가 시작되고 있었습니다. 소년은 구두통을 정리하고 영업 준비를 하였습니다. 그때 TV에 자주 나오는 유명한 상원의원이 소년이 펴놓은 의자에 앉았습니다. 소년은 의례적인 인사를 하고 구두를 닦기 시작했습니다. "다 됐습니다." "그래, 수고했다. 애야, 나도 어렸을 때 집안이 가난해서 너처럼 구두를 닦았단다. 힘내고 낙심하지 말거라." 상원의원은 두둑한 팁을 남기고 자리를 떠났습니다. 소년의 눈은 빛나기 시작했습니다. 상원의원은 팁보다 더 귀한 것을 소년에게 주었습니다. 바로 꿈입니다. "저 상원의원도 구두닦이였구나. 그럼 나도 할 수 있어. 나도 저렇게 멋지게 성공해서 부자가 될 거야"라고 꿈을 꾸기 시작했습니다. 소년은 그때부터 공부를 시작하였습니다. 돈을 벌며 짬짬이 공부를 한다는 것은 쉽지 않았습니다. 그러나 포기하고 싶은 어려운 시기에도 상원의원의 그 격려 한 마디가 소년을 붙잡아 주었습니다. 소년은 열심히 공부를 하였고, 미국의 유명한 심리학자가 되었습니다. 그가 바로 웨인 오츠(Wayne Oates)입니다.

빨강 머리의 한 폴란드 소년이 피아니스트가 되기를 원했습니다. 그러나 음악학교의 선생님은 그를 반가워하지를 않았습니다. 그의 손가락은 피아노를 치기에 너무 굵고 짧다는 것이었습니다. 그래서 소년은 금관악기의 일종인 코넷을 사서 배우게 되었습니다. 그러나 코넷 역시 그에게 맞지 않는다는 것이었습니다. 다시 피아노를 배우게 된 이 소년의 마음은 상처와 낙담에 빠지게 되었습니다. 그때 마침 유명한 피아니스트인 루빈스타인을 만나 볼 기회가 이 소년에게 주어졌습니다. 빨강 머리의 소년은 루빈스타인 앞에서 피아노를 쳤습니다. 의외로 루빈스타인의 격려와 칭찬을 받게 되었습니다. 너무나도 기뻤던 이 소년은 자기는 앞으로 매일 7시간씩 피아노를 연습하겠다고 약속했습니다. 이 빨강 머리의 소년이 누구냐 하면 리스트 이후로 그를 따를 수 있는 사람이 없었다는 세계 최고의 피아니스트인 파데레브스키였던 것입니다. 실망과 낙담에 빠졌던 소년을 세계적인 음악가로 만든 것은 격려와 인정이었던 것입니다.

미국 시카고대학 교육학자 벤자민 블룸(Benjamin Bloom) 박사는 사람의 환경을 물질 환경과 언어 환경으로 나누었습니다. 그런데 물질 환경보다 언어 환경이 훨씬 소중합니다. 부모들은 자녀들에게 무엇보다 좋은 언어 환경을 만들어 주어야 합니다.

가끔 부모들이 자녀들에게 무엇을 못해주었다고 속상해하지만 정말 속상하게 생각해야 할 것은 자녀에게 따뜻한 말 한마디 해주지 못한 것입니다. 자녀들에게 "네가 자랑스럽구나! 괜찮아, 넌 할 수 있어. 엄마 아빠는 널 믿어. 힘내"라고 격려해 준다면 자녀의 재능은 춤을 출 것입니다. 남편에게 "오늘도 수고했어요. 당신이 최고예요. 내가 결혼 하나는 잘 했지요. 다 당신 덕분이어요."라고 격려해준다면 남편은 세상을 다 얻은 것 같은 기쁨이 있을 것입니다. 아내에게 "난 누구보다 당신을 사랑해요. 당신이 최고 예뻐요. 당신 없었으면 난 아무것도 못했을 거요"라고 격려해 준다면 아내는 세상 모든 것을 얻은 것 같을 것입니다.

성경은 하나님의 격려로 가득합니다. "내가 네게 힘을 준다. 내가 네 필요를 채운다. 내가 네게 응답한다. 내가 너와 함께 한다. 내가 너를 쉬게 한다. 내가 너를 축복한다. 내가 너를 실족지 않게 한다. 내가 너를 사랑한다." 또한 우리가 칭찬하고 격려하는 말이 뼈를 윤택하게 한다고 합니다. 낙심한 사람에게 "제가 기도하고 있습니다. 하나님이 당신을 사랑하십니다."고 하는 것이 얼마나 그 생명을 윤택하게 만드는지 모릅니다. 물질문명은 발달하지만 언어는 갈수록 황폐해져 가고 있는 이 때 더욱 겸손하게 우리의 언어를 지켜서 우리가 속한 공동체를 사랑과 용기가 넘쳐 나는 아름다운 공동체로 만들어가는 것이 창조주 하나님의 뜻입니다.

격려의 말 한마디가 희망의 싹을 심어주고, 절망의 늪에 튼튼한 밧줄을 던져 주며, 풍파에 떠는 가슴을 포근히 감싸 줄 것입니다. 성경은 "죽고 사는 것이 혀의 권세에 달렸다(잠언 18:21)"고 말씀합니다. 한 방울의 꿀이 한 말의 쓸개보다 더 많은 파리를 잡는다고 합니다. 한 사람의 꿈을 이루기 위해서는 많은 조건들이 필요하지만, 가장 중요한 것은 한마디의 격려입니다. 어릴 적 부모님의 따스한 한마디, 선생님의 신뢰 어린 격려 한마디로 인생의 좌표를 굳게 설정한 위인들이 태어납니다.

우리는 모두 교육자입니다. 솔선수범과 멘토로 아이들에게 영향을 주기도 하지만 많은 경우 입술로 사람을 변화시키는 사람입니다. 그만큼 우리의 사명은 막중합니다. 바라기는 오늘도 기도와 말씀으로 우리의 입을 슬기롭게 하고, 입술에 지식을 더하여 우리에게 맡겨진 귀한 아이들은 물론 만나는 모든 사람들에게 희망을 심어주고 축복해주는 우리가 되어 지길 간절히 소망합니다.

말씀 묵상

마음이 지혜로운 사람은 말을 신중하게 하고, 하는 말에 설득력이 있다. 선한 말은 꿀송이 같아서, 마음을 즐겁게 하여 주고, 쑤시는 뼈를 낫게 하여 준다.
(잠언 16:23~24)

지혜롭게, 정직하게

예루살렘 성전이 주후 70년 5월 9일 로마 장군 베스파시안(Vespasianus, 9~79년)에 의해 함락될 때의 일입니다. 예루살렘 성전이 함락되기 전 유대 랍비 요하난 벤 자카이(Johanan Ben Zakkai)는 성을 탈출하여 베스파시안 장군을 찾아갔습니다. 적장을 만난 랍비 자카이가 말했습니다. "저가 목숨을 걸고 성을 탈출하여 장군을 찾아온 것은 한 가지 청이 있어서입니다. 이제 당신네 군대가 조만간 성을 함락하여 인명을 살상하고 성을 파괴하겠지요. 우리는 당연히 그렇게 될 것으로 알고 있습니다. 저가 장군께 부탁드리고 싶은 것은 그렇게 할지라도 야브네(Jabneh) 마을에 있는 교실 하나만큼은 허물지 말아 주십시오." 이에 장군이 "왜, 하필이면 그곳만은 파괴치 말라고 부탁하느냐?"고 물었습니다. 랍비가 답하기를 "나라가 무너지고 성전까지 허물어질지라도 후손들을 교육시킬 교실 하나만큼은 남아 있어야 민족의 혼을 깨우치고 신앙을 이어가는 교육이 이루어지지 않겠습니까?" 장군은 그 말을 가상히 여겨 약속을 지켜 주었습니다. 유대인들은 폐허 위에서 그 교실에서 2세 교육을 다시 시작하여 나라 없는 처지에서도 민족정신과 신앙교육을 중심으로 하는 자녀교육을 일으켜 세계적으로 우수한 민족을 이루어 낼 수 있었습니다. 예나 지금이나 중요한 것은 교육입니다.

교육에는 두 가지 기능이 있습니다. 하나는 표면적 기능으로 의도한 바에 따라 교과 즉 지식을 가르치는 것입니다. 다른 하나는 잠재적 기능으로 언어나 문자를 통해서 배우는 것이 아니라 학교 행사, 문화 풍토, 교사의 묵시적 영향 등에 의하여 배우는 것입니다. 예를 들면 시간 지키는 일, 질서 지키는 일, 서로 협력하는 일, 남을 배려하는 마음, 자신감을 갖는 일 등을 배우게 됩니다. 그냥 교육이 아니라 지혜롭게, 공의롭게, 정의롭게, 정직하게 행하도록 혼을 깨우치고 받들 줄 알게 하는 교육입니다. 그런데 현실은 어떠합니까?

임익의 『니가 수학을 못하는 진짜 이유』라는 책에 있는 이야기입니다. 소주병의 부피를 구하라는 문제를 냈는데, 그것을 푸는 방법은? ① 평범한 풀이: 물을 가득 채운 후, 메스 실린더에 따라 붓고 부피를 구한다. ② 수학 잘하는 놈의 풀이: 소주병 외부 라인의 함수를 구한 후 적분한다. ③ 머리 좋은 놈의 풀이: 소주 회사에 전화를 한다. ④ 진짜 머리 좋은 놈의 풀이: 소주 상표 라벨을 읽어본다. 비록 우스개 소리이지만, 이를 볼 때 똑같은 문제라도 그것을 푸는 방법은 가지가지라는 것을 알 수 있습니다.

그렇지만 그 어느 방법도 틀렸다고 할 수는 없는데 우리는 학교에서 두 번째 방법만 배우는 것은 아닌가 싶습니다. 그래서 학교에서 공부 잘한 사람이 융통성이 없고, 사회생활에서 적응이 어려워지는지도 모릅니다. 그런데도 우리는 두 번째 방법을 배웠고 또 그렇게 가르칩니다. 그것은 가장 힘들어도 그게 근본적인 방법이며, 기본을 배우고 익혀야 그것을 응용하여 많은 것을 얻을 수 있기 때문입니다.

그런데 문제는 우리의 교육이 지식적 근본만을 가르치는 데에서 끝난다는 것입니다. 이 책에서는 세 번째, 네 번째 방법이 머리 좋은 놈의 풀이라고 하면서도, 사실은 '잔머리 굴리기'라고 합니다. 하지만 보다 중요한 것은 모든 국민이 소주병의 부피를 구할 필요는 없다는 것입니다. 굳이 필요하다면 소주병의 부피를 구하는 문제는 소주 회사에 한 명, 그리고, 그것이 정확한 것인지를 감시하거나 감독할 사람 한 명이면 족합니다. 오히려 많은 경우 경험으로 알기도 하겠지만 그보다 소주는 그냥 즐거운 마음으로 마시면 되는 것입니다. 그런데도 우리의 교육은 전 국민들이 마치 소주병의 부피를 두 번째 방법으로만 풀이하도록 강요한다는 사실입니다.

그 결과 「우리 시대의 패러독스」라는 글에서 밥 무어헤드는 우리 시대의 삶을 이렇게 이야기합니다.
"집은 커졌지만 가족은 더 적어졌다. 더 편리해졌지만 시간은 더 없다. 학력은 높아졌지만 상식은 부족하고, 지식은 많아졌지만 판단력은 모자란다. 전문가들은 늘어났지만 문제는 더 많아졌고, 약은 많아졌지만 건강은 더 나빠졌다. 가진 것은 늘어났지만 가치는 더 줄어들었고, 말은 많이 하지만 사랑보다 오히려 증오를 쉽게 표현한다. 생활비를 잘 버는 법은 배웠지만 진정하게 잘 사는 방법은 모르고, 수명은 늘어났지만 삶의 의미를 증대시키는 방법은 잊어버렸다. 달까지는 쉽게 왕복하고 있지만 길 건너 새 이웃을 방문하는 일에는 더 인색해졌다. 우리가 외계를 정복했는지 모르지만 마음속의 평정은 잃어버렸고, 공기는 정화시킬 수 있게 됐지만 영혼은 더 오염되었고, 원자는 정복하였지만 스스로의 편견은 극복하지 못했다."

공부를 잘한다고 학생들의 사고 능력이나 창의력, 그리고 응용력이 뛰어난 것이 아니며, 더욱이 교육 수준이 교양수준이나 생활 수준 나아가 행복 수준은 아니라는 것입니다. 실생활에 필요한 것은 교과서적 지식이 아니라 협력과 믿음과 사랑입니다. 지금 엄마나 아빠들 중에서 초등학교 5, 6학년 학생들의 교과서를 보고 아이들을 집에서 지도할 수 있는 사람들이 얼마나 될까요? 그렇지만, 엄마 아빠는 잘 살고 있습니다. 결국 불필요한 지식을 가르치고 배우는데 에너지를 낭비하고 있는 셈입니다.

그러기에 수학을 잘하는 학생에게는 수학을, 그것이 지루하고 재미없는 학생에게는 오히려 사회생활에서 믿음을 심어 주는 교육이 더욱 필요할 것입니다. 학생들 개개인이 좋아하고 잘 할 수 있는 것을 잘 하도록 도와주고, 서로 믿고, 서로 협력하고, 서로 사랑하며, 함께 살아가는 지혜를 가르쳐야 할 것입니다. 행복 방정식은 성적이나 지식으로 푸는 것이 아니라 믿음과 사랑과 소망으로 풀 수 있는 까닭입니다.

하늘을 향해 두 팔을 벌리고 서 있는 거목은 뿌리가 보이지 않는 깊은 곳에서 묵묵히 제 역할을 다했기 때문입니다. 우리의 소중한 아이들이 아름다운 삶을 살아가기 위해서는 뿌리처럼 묵묵히 그리고 흔들리지 않는 우리들의 관심과 교육이 중요합니다. 그냥 교육이 아니라 두 팔 벌려 기도하는 나무처럼 신앙을 바탕으로 하는 인격과 소양을 키우는 교육이며, 혼을 깨우치고 영혼을 살리는 교육입니다. 그것만이 우리 아이들을 지혜롭게, 공의롭게, 정의롭게, 정직하게 할 수 있기 때문입니다.

말씀 묵상

이것은 다윗의 아들 이스라엘 왕 솔로몬의 잠언이다. 이 잠언은 지혜와 훈계를 알게 하며, 명철의 말씀을 깨닫게 하며, 정의와 공평과 정직을 지혜롭게 실행하도록 훈계를 받게 하며, 어수룩한 사람을 슬기롭게 하여 주며, 젊은이들에게 지식과 분별력을 갖게 하여 주는 것이니, 지혜 있는 사람은 이 가르침을 듣고 학식을 더할 것이요, 명철한 사람은 지혜를 더 얻게 될 것이다. 잠언과 비유와 지혜 있는 사람의 말과 그 심오한 뜻을 깨달아 알 수 있을 것이다. 주님을 경외하는 것이 지식의 근본이어늘, 어리석은 사람은 지혜와 훈계를 멸시한다. (잠언 1:1~7)

중요한 시험

학생들이 그동안 배운 것을 정리하고 마무리하며 점검하는 학기 말 시험 기간입니다. 학생들은 시험을 준비하며 학습한 내용을 정리하고 또 시험을 통해 문제점을 파악합니다. 시험은 학생만 아니라 가르치는 사람의 능력과 현주소도 파악하게 하는 기능이 있지만 무엇보다 시험의 종국은 개개인의 향상을 목표로 하는 한편 학생의 정체성을 찾는 일이기도 합니다. 그러므로 시험은 싫지만 누구나 거쳐야 하는 중요한 과정입니다.

어느 간호학교에서 기말시험이 치러지고 있었습니다. 고요한 적막이 흐르는 가운데 시험은 진행되었고 드디어 대부분의 학생이 마지막 문제를 풀게 되었습니다. 그때 여기저기서 한숨소리와 놀람의 탄성이 터져 나왔지요. 마지막 질문은 바로 '우리 학교를 깨끗하게 청소해 주는 아주머니의 이름은?' 이었습니다. 대부분의 학생이 그 아주머니를 여러 번 봤을 겁니다. 검정 머리에 키가 크고 나이는 오십 대쯤으로 보이는 평범한 아주머니였지요. 하지만 대부분의 학생은 마지막 문제의 답을 공란으로 두고 답안지를 제출했습니다. 답안지를 모두 제출하고 난 후 한 학생이 마지막 문항도 점수에 반영되는 것이냐고 물었습니다.

"물론이지요. 여러분은 간호사로서 앞으로 수많은 사람을 대하게 될 것입니다. 한 사람, 한 사람 모두가 중요한 사람들입니다. 이들은 여러분의 각별한 주의와 배려를 받을 권리가 있지요. 여러분은 누구에게나 먼저 미소를 보내야 하고, 먼저 인사를 건네야 합니다. 그런 의미에서 이 시험문제는 여러분의 관심도를 측정해 본 것입니다."

 세상을 살아가는 데는 지식이 필요합니다. 그러나 그보다 더 중요한 것은 바른 관계를 맺으며 살아가는 것입니다. 예수님도 수많은 가르침과 이적을 행하셨지만 주님의 목적은 일이 아니라 사람이었습니다. 그는 목표 지향적이라기보다는 관계 지향적이었습니다. 권위적이기보다는 함께 일하는 팀 사역이었습니다. 그래서 열두제자를 부르시고 그들을 사람 낚는 어부로 세우기 위해 3년을 투자했습니다. 그것은 한마디로 사람을 세우는 지도력이라고 할 수 있습니다.

 주님께서 우리를 부르시어 함께 일하게 하신 것 역시 우리가 협력하여 우리에게 맡겨진 학생들을 세우고 그들을 섬기기 위함입니다. 그러기에 우리와 함께 더불어 가는 사람이 누구인지 아는 것은 공부 이상으로 중요한 일입니다. 그러므로 우리들은 우리에게 맡겨진 학생들이 누구인지 정확하게 알아야 합니다. 그들은 우리의 관심과 기도와 사랑으로 그들의 꿈을 이루어가기 때문입니다. 하지만 그보다 더 중요한 것은 우리를 부르신 그분이 누구인지 정확하게 고백할 수 있어야 합니다.

 그래서 성경은 우리에게 가장 중요한 질문을 던집니다. '너희는 나를 누구라 하느냐?' 이번 시험기간 우리는 이 시험문제에 충분히 고민하며 성실한 답을 내릴 수 있기를 원합니다. 다른 사람이 어떻게 말하느냐가 아니라 우리를 부르시고 우리와 함께 하시며 우리를 도우시는 그분이 누구인지 분명하게 고백했으면 좋겠습니다.

중요한 시험

말씀 묵상

예수께서 빌립보의 가이사랴 지방에 이르러서, 제자들에게 물으셨다. "사람들이 인자를 누구라고 하느냐?" 제자들이 대답하였다. "세례자 요한이라고 하는 사람들도 있고, 엘리야라고 하는 사람들도 있고, 예레미야나 예언자들 가운데에 한 분이라고 하는 사람들도 있습니다." 예수께서 그들에게 물으셨다. "그러면 너희는 나를 누구라고 하느냐?" 시몬 베드로가 대답하였다. "선생님은 살아 계신 하나님의 아들 그리스도십니다." (마태복음 16:13~16)

공부는?

공부는 사람을 배우는 것이 중요합니다.
왜냐하면 모든 일은 사람을 통해서 이루어지기 때문입니다.
그러므로 좋은 사람을 만나기 위해 노력하십시오.
사람을 소홀히 대하는 것은
스스로 하나님의 귀한 선물을 버리는 것입니다.

윤삼열 『골짜기의 은혜와 축복』 중에서

레슨타임 스토리
(Lesson Time Story)

　애덤 쉥크만이 감독하고 애덤 샌들러가 주연한 〈베드타임 스토리〉라는 영화가 있습니다. 스키터(아담 샌들러)가 조카들에게 잠자리에서 해준 이야기가 현실에서 실제로 일어나면서 벌어지는 일들을 그린 가족 영화입니다. 어느 날 갑자기 〈벤허〉의 주인공이 되어 콜로세움을 질주하고, 서부개척시대에 미녀를 사로잡는 로맨틱한 카우보이가 되고, 또 우주에서 무중력 속의 결투를 벌이는 투사도 되는, 그야말로 시공을 초월해 상상하는 모든 것이 현실이 되는 마법 같은 1주일이 펼쳐집니다. '옛날 옛적에'로 시작하는 베드타임 스토리가 '오늘 여기에'로 바뀌어 현실이 되는 어드벤처 코미디로 상상만으로도 매우 즐거운 영화입니다. 어린이들에게는 꿈과 상상의 날개를, 어른들에게는 잃어버린 동심과 추억을 되살려주는 판타지 영화입니다. 우리도 영화처럼 우리가 들려주는 베드타임 스토리가 현실로 이루어지면 얼마나 좋을까 하는 조금 엉뚱한 생각으로 오늘 하루를 이야기로 열어보고자 합니다.

　인간이 태어나 무지에서 인식으로 나아가는 길은 문자나 숫자가 아니라 이야기입니다. 동서양을 막론하고 '옛날 옛날에(Once Upon A Time: long long ago)'로 시작하는 이야기는 항상 있어 왔습니다. 제가 어렸을 때는 '옛날 옛적 호랑이 담배 피울 적에……'로 시작하는 할머니들의 이야기가 있었고, 동네 나무 그늘 아래나 평상에서 어른들의 이야기를 들으며 자랐습니다. 지금의 동영상이나 플래쉬에 비하면 아무

레슨타임 스토리(Lesson Time Story)

것도 아니지만 그때는 재미만이 아니라 그 속에 정서와 어른들의 사랑이 담겨있었습니다. 그런데 어느 틈엔가 슬며시 TV가 자리 잡기 시작하더니, 흐르는 세월과 함께 TV는 그럴듯하게 진화되어 가족 간에 오가야 할 정과 대화의 자리를 대신 차지하며 이야기는 없어지고 말았습니다. 있다고 하면 이야기라기보다는 야하고 저질스럽고 억지로 웃기는 이야기일 뿐 그 속에는 사랑과 정서와 추억 그리고 생명이 없습니다. 왜냐하면 예전처럼 어른들이 직접 겪고 들은 살아있는 이야기가 아니라 만들어진 이야기이기 때문입니다.

그래서인지 어느 미래학자는 21세기는 다시 사람냄새가 구수하게 나는 구전시대로 돌아가는 스토리텔링의 시대라고 합니다. 이것은 스토리(Story, 이야기)+ 텔링(Telling, 말하기)의 합성어로서 상대방에게 알리고자 하는 바를 재미있고 생생한 이야기로 설득력 있게 전달하는 것을 말합니다. 그동안 산업사회를 지나 후기산업사회를 거치면서 삭막해진 하이테크시대를 보완해줄 휴먼터치의 가장 중요한 수단이 '이야기하기'라는 것입니다. 또 코펜하겐 미래학 연구소는 21세기의 사회는 '드림 소사이어티(Dream Society)'가 될 것이라고 보고서를 발표하였는데, 이것은 신화와 꿈 그리고 이야기를 바탕으로 시장을 형성하게 되는 새로운 사회를 말합니다. 그리고 이 새로운 시장과 사회를 주도하려거든 이야기꾼(Storyteller)이 되라고 합니다. 그만큼 미래사회는 '이야기하기'에 달려있다는 것입니다.

그러므로 다시 이야기를 찾아야 합니다. 이야기를 회복하는 것은 우리의 가정과 교회와 사회가 사는 길입니다. 왜냐하면 사람들은 이야기를 통해서 위기를 극복하고, 지루한 일상에 균형을 잡아주면서 인간에 대한 애정과 삶에 대한 믿음을 회복시켜주기 때문입니다. 이야기는 한 시대의 반영인 동시에 공동체의 정체성을 확립하는 근거가 됩니다만 무엇보다 이야기의 힘은 듣는 사람들의 마음을 열어주는 데 있습니다.

유진 피터슨은 이야기가 우리 마음의 앞문이 잠겼을 때 뒷문을 열어

준다고 합니다. 이야기를 인간의 행동으로 표현하는 것이 드라마이고 기록으로 남겨두면 역사가 됩니다. 누군가가 우리의 삶에 대해 묻는다면 우리는 지난날의 삶의 아픔과 기쁨에 대해, 현재의 느낌과 감정에 대해, 그리고 미래에 이루고 싶은 꿈과 희망에 대해 말하게 될 것입니다. 그것은 그 안에 우리가 살아온 삶의 흔적과 우리의 역사가 담겨 있기 때문입니다. 이처럼 우리들의 삶에는 언제나 이야기가 있습니다. 그래서 이야기를 말 할 수 없을 때 사람은 병들게 되고, 삶의 목적과 의미를 상실하게 되는 것입니다.

그러기에 이야기가 있어야 합니다. 별이 빛나는 따뜻한 밤에 고귀한 영혼의 말씀을 부모를 통해서 전해 듣는 아이들은 정녕 행복합니다. 힐러리 클린턴이나 미국 최초의 여성 국무장관이 된 콘돌리자 라이스의 자서전을 보면 그녀들의 오늘이 있게 된 데는 어려서 어머니들이 자기 전에 침대 곁에서 책을 읽어 주었기 때문이라고 기억하고 있습니다. 이처럼 서양의 어린아이들은 잠들기 전 침대 머리에서 '베드타임 스토리(Bedtime Story)'를 들으며 자랐습니다. 그리고 어려서 부모가 읽어주거나 들려준 이야기들은 그들이 살아가는 평생 동안 뇌리에 남아 영혼의 양식이 됩니다. 오래전부터 서양 사람들의 가정에서 자기 전에 아이들에게 책을 읽어주는 습관은 참으로 너무나 부럽고 훌륭한, 흉내 내고 싶은 모습이 아닐 수 없습니다.

잠자리에 누운 아이들의 곁에서 두런두런 책을 읽어주는 부모는 진정 아름다울 수밖에 없습니다. 그들의 목소리는 따뜻한 침낭이 되어 아이들의 가슴을 덮어주고, 이야기는 날개를 달고 훨훨 날아올라 아이들을 아름다운 꿈나라로 인도할 것입니다. 그런 꿈을 매일 매일 이슬처럼 먹고 자란 아이들은 커다란 나무로 자라서 풍성한 열매를 맺게 될 것이며, 맑은 마음으로 잠든 아이들의 꿈은 맑고 청아할 수밖에 없습니다.

유대인은 세계 인구의 0.3%, 우리나라 인구의 3분의 1수준이지만, 정치, 경제, 과학, 예술 등 분야별 엘리트의 10%, 노벨상 수상자의 25%를

레슨타임 스토리(Lesson Time Story)

차지하는 뛰어난 민족입니다. 이러한 유대인의 저력은 다름 아닌 '이야기 교육'에 있습니다. 그들은 잠자리에서만 아니라, 앉았을 때도, 길을 갈 때도, 일어날 때도 이어졌으며 심지어는 미간에 붙이고 손목에 매어 다니기조차 하였습니다. 그래서 박해와 수난의 5천 년 역사 속에서도 지식과 지혜만은 결코 빼앗기지 않았습니다.

구약의 라합이란 여인은 한 이야기를 듣게 되었습니다. 애굽의 노예로 있던 한 민족이 홍해를 가르고 나와 척박한 광야에서 40년 동안 살아남았다는 상천하지(上天下地)의 하나님 이야기였습니다. 이 이야기에 기반을 둔 믿음으로 라합은 무너지는 여리고 성에서 살아날 수 있었습니다. 그리고 이 이야기는 그의 아들 보아스에게 베드타임 스토리로 들려졌고, 보아스는 어머니 라합으로부터 들은 이야기들을 자신의 삶의 내용으로 채워갑니다. 이 이야기는 보아스 대에서 끝나지 않고, 그 집안의 베드타임 스토리가 되어 다윗에게까지 이어졌습니다.

신약에도 이야기를 가진 가문이 있습니다. 디모데에게는 외할머니 로이스와 어머니 유니게로부터 전해진 성경 이야기가 있었습니다. 할머니 어머니의 베드타임 스토리에서 디모데가 자랐습니다. 모든 이야기에는 주인공이 있습니다. 로마인 이야기의 주인공은 로마인이고, 한국인 이야기의 주인공은 한국인입니다. 그러나 라합이 듣게 된 이야기의 주인공은 하나님이었습니다. 로이스와 유니게가 디모데에게 전한 이야기의 주인공 역시 하나님이었습니다. 하나님이 주인공인 이야기를 가진 사람들은 인류 역사의 가장 위대한 사건의 주인공이 되었고 또 될 것입니다.

하지만 '이야기하기'는 지식이나 대화가 아닙니다. 찬송가 199장처럼 '어머님의 무릎 위에 앉아서 재미있게 듣던 말', '지금도 내가 잊지 않고 기억하는' 바로 그 이야기입니다. 이야기는 이야기가 아니라 사랑을 담는 그릇인 것입니다. 사람들의 마음과 영혼을 어루만지는 하이터치입니다. 우리는 가르치는 사람입니다. 특히 기독교학교의 가르치는 사람입니다. 이 말은 우리는 단지 지식전달자가 아니라 아이들의 마음과 영혼을 어루만지는 사람이고, 믿음과 사랑과 소망을 이야기하는 사람이란 말입니다.

가정에서는 자녀들에게 베드타임 스토리, 즉 침대머리 교육이나 밥상머리 교육 등을 통해 가정교육은 물론 정체성을 회복하고 가문을 이어가는 베이스캠프를 형성하고 이야기를 통해 가족 모두의 꿈을 공유합니다. 그리고 학교에서는 베드타임 스토리가 아닌 레슨타임(Lesson Time-Lesson은 수업, 교실, 강의, 교훈, 수업하다 외에 성서일과란 의미를 내포하고 있다. 따라서 학과 수업시간에 이뤄지는 이야기와 경험은 물론 성서일과를 통해 이루어지는 신앙교육도 포함한다.) 스토리가 되겠지만 교실(가정, 학교)에서 이뤄지는 일체의 행동에 이야기가 살아있는 교육이 된다면 명문가를 길러내는 명문학교와 가정이 될 것입니다.

이야기가 있는 가정과 교실이란 살아계신 하나님의 이야기가 있는 곳입니다. 하나님의 계획과 사랑을 들려줍니다. 어둠과 절망 속에서도 희망을 노래합니다. 내일을 이야기하는 미래가 있습니다. 자녀만이 아니라 서로를 섬기는 사랑과 축복이 있습니다. 뜨거운 열정과 가슴, 안타까운 눈물과 영혼의 기도가 있습니다. 그래서 잠자리에서만 아니라 삶의 전 영역에서 이야기가 살아납니다. 저마다의 스토리가 있습니다. 그곳이 바로 천국을 경험하는 현장입니다.

바라기는 우리의 가정과 학교에 이런 이야기꽃이 피어나 추억을 심어주고 꿈과 비전을 키워갔으면 좋겠습니다. 더 나아가 우리들의 이야기가 우리만이 아니라 자녀들과 후손들에게 계속 이어져 가길 소망합니다. 그렇게 이야기 살아나면 어느 날 영화 〈베드타임 스토리〉에서처럼 우리들의 베드타임 스토리는 물론 우리의 레슨타임 스토리로 이루어진 우리의 꿈과 비전 역시 영화가 아닌 현실로 나타날 것이 분명합니다.

레슨타임 스토리(Lesson Time Story)

말씀 묵상

그러므로 당신들은, 내가 한 이 말을 마음에 간직하고, 골수에 새겨두고, 또 그것을 손에 매어 표로 삼고, 이마에 붙여 기호로 삼으십시오. 또 이 말을 당신들 자녀에게 가르치며, 당신들이 집에 앉아 있을 때나 길을 갈 때나, 누워 있을 때나 일어나 있을 때나, 언제든지 가르치십시오. 당신들의 집 문설주와 대문에도 써서 붙이십시오. 그러면 주님께서 당신들 조상에게 주겠다고 맹세하신 땅에서, 당신들과 당신들 자손이 오래오래 살 것입니다. 당신들은 하늘과 땅이 없어질 때까지 길이길이 삶을 누릴 것입니다. (신명기 11:18~21)

꿈을 이루려면(4)

적자생존의 법칙
- 적어야 살아남는다, 꿈을 가슴에 새겨라

대로의 법칙
- 꿈대로, 생각대로, 말대로, 기도대로, 믿음대로

생명의 법칙
- 알을 품으면 생명이 잉태하듯,
  싹이 트도록 매일 품어라

3마 법칙
- 망설이지 마, 포기하지 마, 지금 시작해 임마!

협력의 법칙
- 혼자 꾸는 꿈은 개꿈, 함께 꾸는 꿈은 현실

윤삼열 『묵상칼럼』 중에서

풍선의 원리, 믿음의 법칙

 풍선처럼 부풀었던 꿈과 눈부신 하늘은 누구나의 가슴에 남아있는 유년기의 추억이듯, 어릴 적 순수함과 아름다움이 가득 담겨있는 풍선은 추억이자 희망이었습니다. 풍선은 파티와 같은 즐거운 행사에 밝은 분위기를 조성해주기도 하고, 홍보나 상업적 광고 또는 응원 도구로 그리고 놀이용으로 쓰이는데 요즘은 풍선 아트로 불리며 어린아이뿐 아니라 남녀노소 불문하여 다양한 사람들에게 많은 추억과 즐거움을 주고 동심의 세계로 빠져들게 합니다. 풍선아트는 단지 게임이나 장식만의 기능이 아니라 요즘은 레포츠나 레크리에이션의 성격을 가지면서 사람다움의 본래적 활동 즉, 놀이문화와 여가 선용 나아가 예술 그리고 봉사와 섬김의 자리까지 이끌어가며 아름다움과 희망을 노래하며 삶의 의미와 가치를 가지는 고부가 가치를 창출하고 있습니다. 그런데 이런 풍선에도 법칙이 있음을 깨닫게 되며, 배우게 되는 믿음의 법칙이 있습니다.

 풍선은 왜 날아갈까요? 그것은 풍선 속에 있는 기체 때문입니다. 풍선이 높이 나는 것은 색깔이나 크기와 모양 때문이 아닙니다. 우리 인생도 가문이나 출신학교와 외모 그리고 재산 등의 외형적인 것에 따라 삶의 열매를 맺는 게 아니라, 내 안에 있는 하나님의 능력이 삶을 풍성하게 합니다. 그러기에 우리 안에 주님의 능력을 소유해야 할 것입니다.

 풍선에 공기를 불어 넣으면 풍선은 부풀어지고 위로 올라가게 됩니다. 그런데 입으로 불어 넣은 풍선은 오래가지 못하고 가라앉게 됩니다. 그러나 헬륨으로 부풀린 풍선은 손을 놓으면 바로 하늘로 올라가고 잡아 내리려 해도 뜨게 되지요. 왜 그럴까요? 그것은 과학의 원리이고 법칙의 차이입니다. 입으로 불어 넣은 풍선은 이산화탄소가 들어있어 공기보다 밀도가 높아 금방 가라앉게 되고, 헬륨은 공기보다 밀도가 작아 오랫동안 떠 있을 수 있게 됩니다. 풍선은 크기나 색깔 그리고 모양과 상관없이 부풀리면 위로 떠오릅니다. 하지만 같은 풍선이라도 안에 무엇을 불어넣느냐에 따라 하늘에 머무르는 시간과 떠오르는 모습은 다릅니다.

우리의 믿음도 인생도 그렇습니다. 일단 풍선은 무엇이든 불어 넣으면 부풀어 오르고 뜨기도 합니다. 믿음도 그렇습니다. 예수님만 믿으면 그리스도인이 됩니다. 그러나 예수님을 믿는 사람들도 제각각입니다. 어떤 이는 능력을 입고 감사하며 살지만, 어떤 이는 주님의 은혜를 체험하지 못하고 불평 속에 살지요. 우리들은 어떠합니까? 뭔가 부족하고 풀리지 않을 때가 있습니까? 처음엔 기대와 소망을 가지고 열정적으로 시작하였지만 얼마 가지 못해 풍선이 바람 빠지고 가라앉듯 의욕이 없어지고 희망이 사그라지지 않는가요? 그건 아마도 우리 속에 영의 생각이 아닌 육의 생각 때문일 것입니다. 우리 안에 육신의 생각이 들어 있으면 아무리 띄우려 해도 가라앉을 수밖에 없고, 우리 안에 영의 생각 영의 법칙이 작동하면 아무리 사탄이 잡아당겨도 가라앉지 않는 인생이 되는 것입니다. 육신의 법칙으로는 우리 인생을 바꾸려 해도 안 됩니다. 그러나 하나님의 법칙은 이 세상의 법칙을 지배합니다. 우리 그리스도인은 믿음의 법칙으로 사는 사람들입니다.

풍선은 혼자서는 커질 수 없습니다. 누군가 반드시 바람을 불어줘야 합니다. 그런데 어떤 풍선들은 자기 힘으로 커진 게 아닌데 점점 커지면서 자기 마음대로 날아가려고 합니다. 누군가가 도와주지 않으면 날아갈 수 없습니다. 부모님이 도와주시고, 선생님이 도와주시고, 친구가 도와주고, 이웃이 도와줍니다. 결코 혼자가 아니고, 혼자서도 할 수 없음을 알아야 합니다. 그러기에 감사하고 또 누군가의 도움을 받도록 손을 벌려야 합니다. 도움받는 것을 부끄러워해서도 안 되고, 도움받을 수 있는 겸손과 자세가 필요합니다. 바라기는 우리의 모든 것을 아시고 이끄시는 주님의 도움을 받길 소망합니다.

그리고 풍선은 어느 시간이 지나면 터진다는 사실입니다. 올라간 풍선은 보일의 법칙에 의해 터지게 되어 있습니다. 끝없을 줄만 알았던 팽창도 그만, 영원할 줄만 알았던 가득함도 그만, 결국은 터져버리는 게 풍선입니다. 우리는 유한한 존재임을 보여주지요. 언제까지 날아다닐 수 없습니다. 때가 되면 내려오거나 터지는 것입니다. 마지막이 있습니다. 마지막이 있음을 기억하고 준비하는 삶이 되어야 합니다. 그뿐만 아니라 펑 터질 때는 풍선 속에 있는 것들이 지상에 뿌려지기도 합니다. 풍선 속의 모든 것들이 낱낱이 드러납니다. 악취도 더러움도 드러나고 좋은 것들도 드러납니다. 바라기는 우리는 모두 아름답고 좋은 것 향기 나고 아름다운 흔적을 남기는 사람이 되면 좋겠습니다.

우리네 인생은 풍선과 같습니다. 우리의 가슴은 신기한 풍선과 같아서 공기를 가득 불어 넣어야 가볍게 떠 있을 수 있으며, 가슴으로 하루하루를 맞이해야 무너지지 않습니다. 풍선처럼 날고자 하는 소망도 들어있습니다. 하지만 풍선은 하늘로 높이 오를수록 빨리 터져 버릴 것입니다. 풍선은 부드럽고 말랑말랑합니다. 너무 세게 불면 터져버립니다. 이쪽을 누를 때는 다른 저쪽을 살펴야 하고, 저쪽을 누를 때는 이쪽을 살펴야 합니다. 우리는 풍선과 같아서 너무나 잘 긁히고 잘 터지기 때문에 조심해야 합니다. 그래도 풍선이 희망이고 아름다움이듯 우리네 인생도 누군가에게 즐거움을 주고 희망을 주고, 풍선처럼 부푼 꿈으로 살았으면 좋겠습니다. 우리 안에 보배를 품었기에 감사한 하루입니다.

풍선의 원리, 믿음의 법칙

말씀 묵상

우리는 이 보물을 질그릇에 간직하고 있습니다. 이 엄청난 능력은 하나님에게서 나는 것이지, 우리에게서 나는 것이 아닙니다. (고린도후서 4:7)

목소리를 높이는 것은?

고집이 세고, 목소리를 높이는 사람은
누군가에게 가슴 깊이 묻어둔 말을 털어놓고 싶은데
귀 기울여 들어줄 사람이 없기 때문입니다.
그것은 혼자 고립되지 않으려는 몸부림이며,
외롭다는 표현입니다.

윤삼열 『묵상칼럼』 중에서

믿음 알파라이징

 최근 소비자의 무의식을 공략하는 '뉴로 마케팅(Neuro Marketing)'이 뜨고 있습니다. 뇌에 정보를 전달하는 신경 뉴런(Neuron)과 마케팅(Marketing)을 결합한 단어로 무의식적 반응과 같은 두뇌 활동을 마케팅에 접목한 것입니다. 이 같은 광고는 간단한 기호와 논리구조를 활용하여 집중도를 높이는 게 특징이라고 하는데, 그림과 기호 등으로 화면을 단순화시켜 시청자의 눈을 화면에 고정시키는 효과를 얻을 수 있다고 합니다. 모 기업의 광고에 서로 다른 세상이 만나 더욱 살기 좋은 세상을 만든다는 '알파라이징'이란 CF가 그 대표적인 경우입니다. 알파라이징(Alpharising)은 그리스어의 알파와 떠오른다는 의미의 라이징(Rising)을 합성한 신조어입니다. 알파는 그리스어의 첫 글자로, 첫째가는 것, 처음이라는 의미를 뜻하며, 어떤 미지수의 뜻으로 $+\alpha$ (플러스알파)의 표현으로 쓰이기도 합니다. 따라서 알파라이징은 서로 다른 무엇과 무엇이 만나 새로운 가치를 창출한다는 의미를 나타냅니다.

 예컨대, 흙과 씨앗이 알파라이징 하면 꽃이 탄생한다는 자연의 섭리, 숲의 나무와 누에고치에서 얻어낼 수 있는 명주실이 알파라이징 하면 감동과 심금을 울리는 바이올린이 되는 과학적 원리, 돌과 다윗이 알파라이징 하면 무기가 탄생한다는 역사적 사실, 개구리와 공주의 키스가 알파라이징하면 왕자가 된다는 친숙한 동화나 이야기 등을 이용하여 일방적이고 추상적인 메시지 대신 기업의 목표를 소비자들이 공감하고 유추하도록 이끌어 갑니다. 또 다른 광고에서는 돌이 다른 것들과 만나 각기 다른 $+\alpha$ 를 만들어내는 것을 보여주는데, 돌이 시간과 알파라이징

하면 보석이 되고, 돌멩이가 규칙과 알파라이징 하면 바둑이 되고, 우주와 알파라이징 하면 별이 되고, 다윗과 돌멩이가 알파라이징 하면 골리앗도 쓰러뜨릴 수 있다는 등의 색다르고 재미난 해석으로 다른 세상들이 만나 다양한 +α 를 창출할 수 있다는 것을 보여 줍니다.

이렇듯, 다른 세계로 여겨졌던 두 가지가 알파라이징한 결과물의 위력은 대단합니다. 휴대폰과 음악 콘텐츠가 알파라이징해 음악을 즐기는 방법을 원천적으로 변화시킨 멜론 서비스가 탄생하고, 휴대폰과 컴퓨터가 알파라이징하여 스마트폰이 태어나듯, 의학과 IT산업이 만나고, 교사와 학생이 만나고, 친구와 친구가 만나면 무슨 일이 일어날까 더욱 궁금해지고 기대하는 맘을 갖게 됩니다.

우리의 가정과 학교는 물론 사회 구성원 모두가 이같이 알파라이징 하면 함께 더불어 사는 행복하고 아름다운 세상을 만들어갈 수도 있겠다는 생각을 하게 됩니다. 1+1이 2가 아니라 그 이상의 상승효과를 가져오는 시너지(Synergy)나 협업(Cooperation) 또는 상생(相生) 정도가 아니라 그보다 훨씬 뛰어난 것을 기대하는 것이 알파라이징이며 그 매력인 듯합니다.

실제로 우리가 그동안 무심코 지나쳐서 의식하지 못했던 알파라이징의 효과가 얼마나 대단한 것인지 보여주는 다음 몇 개의 역발상 질문을 통한 후속 광고를 보면 더욱 여실히 드러납니다. 예를 들면 만약 아빠와 엄마가 알파라이징 하지 않았다면, 수소와 산소가 알파라이징 하지 않았다면, 물감과 붓이 알파라이징 하지 않았다면, 양극과 음극이 알파라이징 하지 않았다면(어떻게 되었을까?). 물론 어디까지나 만약이라는 가상이고, 반드시 좋은 결과가 나오는 게 아니어서 황당한 이야기일 수도 있습니다. 그러나 서로 다른 둘이 만나 플러스알파 즉, 알파라이징한 결과물의 파워는 우리의 생각보다 대단하다는 사실입니다. 그런데 이런 발상은 새로운 제품과 서비스를 개발하는 기업에만 국한되는 것이 아니라 우리 사회의 곳곳에서 일어나고, 또 일어날 수 있다는 것입니다. 특히 신앙 생활하는 우리에게, 더 나아가 가르치는 직임을 가진 우리 교육자들에게는 많은 것을 시사해줍니다.

다윗과 돌멩이가 알파라이징하면서 양 떼를 노리는 짐승을 내쫓는 다윗의 물맷돌이 되었습니다. 그러나 이런 일차원적인 알파라이징이 하나님과 함께하는 알파라이징이 되면 거인 골리앗도 쓰러뜨릴 수 있는 무서운 경쟁력이 됩니다. 우리는 하나님께서 어느 누구와도 다르도록 독특하게 창조한 유일무이한 인격체이며 서로 다른 가치관과 세계관을 가지고 있습니다. 그런 사람끼리 모여서 믿음과 긍정의 알파를 만들어가는 세상이 알파라이징의 세상이라 할 수 있습니다. 그리고 그곳에 하나님이 함께하시면 그 알파라이징은 누구도 흉내 내지 못할 상상 이상의 것이 될 것입니다.

그래서 바울은 권면합니다. "마음을 같이하여 같은 사랑을 가지고 뜻을 합하며 한마음을 품어 아무 일에든지 다툼이나 허영으로 하지 말고 오직 겸손한 마음으로 각각 자기보다 남을 낮게 여기고, 자기 일을 돌볼 뿐더러 또한 각각 다른 사람의 일을 돌아보아 나의 기쁨을 충만하게 하라(빌립보서 2:2~4)." 그리고 한 가지 더 부탁하는데 그것은 "예수님의 마음을 품으라"(빌립보서 2:5)는 것입니다. 그것이 바로 주님이 바라시는 알파라이징이 아닌가 싶습니다. 그때 비로소 능치 못할 일이 없게 되고(마가복음 9:23) 산을 바다에 옮기는 믿음과 기도의 알파라이징 효과가 나타날 것입니다.

그런데 한 걸음 더 나아가 성령 알파라이징이 있습니다. 우리가 연약하여 마땅히 기도할 바를 알지 못할 때도 성령이 우리를 위하여 간구하실 뿐 아니라, 모든 것이 합력하여 곧, 알파라이징하여 선을 이루신다는 것입니다. 그러기에 하나님께서 우리를 위하시면 아무도 대적할 자가 없고, 우리를 하나님의 사랑에서 끊을 자가 없게 됩니다.(롬8:31-39)

이것이 바울이 십자가와 알파라이징하여 보여주는 위대한 고백입니다. 바라건대 우리들도 성령의 알파라이징으로 누리는 권세와 능력을 직접 체험(행1:8)해 보면 좋겠습니다. 어거스틴이 어머니의 기도와 알파라이징 하여 방탕한 삶에서 기독교 최고의 교부가 되었듯이, 우리의 삶이 십자가의 플러스와 알파라이징 되고, 우리 아이들이 하나님과 알파라이징 된다면 우리가 생각하지도 못한 놀라운 역사가 우리를 통해서 일어날 것을 확신합니다.

우리가 원하는 기독교학교교육은 바로 이렇게 학교와 하나님이 알파라이징하는 것입니다. 믿음과 기도의 알파라이징, 성령의 도우심을 받는 알파라이징, 그런 하나님의 개입을 기대하고 기도합니다. 학생과 교사, 교사와 교사, 학생과 학생, 부모와 자녀가 서로 그리스도의 마음을 품고 알파라이징 하면서 세상을 변화시키는 놀라운 결과를 창조하는 그 날이 오길 소망합니다.

상상력과 열정이 만나고, 눈물의 기도와 아이들의 꿈이 만나고, 수고의 땀과 비전이 만나고, 제자와 자녀를 향한 사랑과 아이들의 존경심이 만나 알파라이징 되는 가정과 학교를 꿈꾸어봅니다. 우리는 하나님을 사랑하는 사람들, 곧 하나님의 뜻대로 부르심을 받은 사람들에게는, 모든 일이 서로 합력하여 선을 이룬다는 것을 고백하는 그리스도인입니다. 힘들고 어려운 때이지만 서로 마음이 통하고 공감하며, 기도로 소통하여 십자가와 알파라이징 되어 선한 영향력을 발휘하는 우리와 아이들이 되었으면 좋겠습니다. 또한 부활의 주님과 알파라이징 하여 생명과 소망의 하나님의 나라가 확장되는 그리스도의 푸른 계절이 속히 오길 소망합니다.

제2부 한 번도 가보지 않은 길

말씀 묵상

이와 같이, 성령께서도 우리의 약함을 도와주십니다. 우리는 어떻게 기도해야 할지도 알지 못하지만, 성령께서 친히 이루 다 말할 수 없는 탄식으로, 우리를 대신하여 간구하여 주십니다. 사람의 마음을 꿰뚫어 보시는 하나님께서는, 성령의 생각이 어떠한지를 아십니다. 성령께서, 하나님의 뜻을 따라, 성도를 대신하여 간구하시기 때문입니다. 하나님을 사랑하는 사람들, 곧 하나님의 뜻대로 부르심을 받은 사람들에게는, 모든 일이 서로 협력해서 선을 이룬다는 것을 우리는 압니다.
(로마서 8:26~28)

사람이 점령해야 할 성은

사람이 점령해야 할 세 가지 마음의 성은
지성과 감성과 영성입니다.
지능이 있어야 하지만 감정의 교류도 중요합니다.
따뜻한 감정, 그리워하는 감정, 불쌍히 여기는 감정……
그러나 기뻐하고 감사하지 않으면 모두 헛됩니다.
하나님! 감사합니다.

윤삼열 『묵상칼럼』 중에서

담을 쌓는 사람, 단을 쌓는 사람

사람은 두 종류의 사람이 있습니다. 다리를 놓는 사람이 있고, 벽을 쌓는 사람이 있습니다. 다리 놓는 사람의 특징은 서로 평화롭게 만들고 화목하게 만드는 것입니다. 다리 하나가 생김으로서 절벽과 절벽을 거뜬히 건널 수 있으며, 육지에서 섬으로 들어갈 수도 있듯이 사람들 사이에 다리 놓는 사람은 교통하게 만들고 서로 하나 되게 만듭니다. 반면에 벽을 쌓는 사람의 특징은 서로 분쟁하게 만들고, 서로 쳐다보지 못하도록 만들 뿐 아니라 자기 것만 지키려는 욕심 때문에 담벼락을 높이높이 쌓습니다. 이웃 사이에 담을 쌓는 사람은 자기만 생각하고 남은 배려하지 않습니다. 그리하여 벽을 쌓는 사람은 이웃과 이웃 사이에 불신과 갈등과 증오심이 쌓이도록 만드는 사람입니다.

오늘 우리의 염려가 있다면 보수와 진보, 좌와 우, 청년과 노인, 인종과 인종, 남자와 여자, 권력을 가진 자와 가지지 못한 자, 부자와 가난한 자, 종교와 종교 사이의 벽은 점점 더 높아져 가는데 양극 사이에 다리 놓으려는 사람은 별로 없고, 양쪽 사이에 높다란 벽만 쌓으려는 사람들이 더 많다는 사실입니다. 상생(相生)이 아닌 상극(相剋)만 부추기는 사람들이 더 많다는 데 문제가 있는 것입니다.

벽은 단절을 의미합니다. 그것은 사람과 사람 사이의 단절을 의미하기도 하고, 나 자신과 외부와의 단절을 의미하기도 합니다. 또한 꿈과 이상으로부터의 단절을 의미하기도 합니다. 그러한 벽을 만든 것은 누구인가 하는 질문에 대답하는 것은 쉬운 일이 아닙니다. 하지만 기본적으로, 벽은 보호를 목적으로 만들어집니다. 그렇지만 벽은 보호하는 만큼 방해하며, 침투를 막는 만큼 소통도 막고, 방어하는 만큼 구속합니다. 만리장성은 침략을 일삼는 적을 막기 위해 지어졌습니다. 그 놀라운 성벽은 중국을 세계로부터 가두는 역할을 하게 되었습니다. 이렇게 성을 쌓고 탑을 쌓는 사람들은 가급적이면 새로운 도전을 피하고 현실에 안주하려는 특징이 있습니다. 다른 사람이나 다른 가족들이나 다른 그룹과 섞이는 것을 별로 좋아하지 않고, 특정한 사람들하고만 가깝게 지내는 사람들입니다. 마치 곧 무너질 바벨탑을 쌓는 일과 같습니다. 그것은 어설픈 하나 되기로 끼리끼리 모이는 묶기일 뿐입니다.

반면에 다리를 놓는 사람들이 있습니다. 고대 이집트와 중국 그리고 로마의 기술과 역량은 비슷했다고 합니다. 중국이 방어를 위해 만리장성을 쌓고, 이집트인이 한 사람을 위해서 피라미드를 만들 때, 로마는 개방을 위해서 15만km의 도로를 만들었습니다. 그래서 세계를 정복할 수 있었습니다. 예수님은 담을 허시고, 우리와 하나님 사이에 다리를 놓으셨습니다.(에베소서 2:14) 사울은 다메섹 도상에서 그리스도를 만나 개종했지만 그리스도인을 핍박한 사람으로 아주 나쁜 평판을 갖고 있어서 많은 제자가 그를 두려워하였고 그의 변화에 대해서도 의심하였습니다. 그때 바나바는 사울과 사도들 사이를 잇는 다리 역할을 하였습니다.(사도행전 9:26~27) 세례요한은 구약과 신약을 연결하는 선지자로서 주님이 오실 길을 준비하였습니다.(요한복음 1:23)

베드로는 우리 그리스도인들을 거룩한 제사장이라고 합니다. 제사장이라는 말은 본래 라틴어로 '다리를 놓는 사람'이라는 뜻입니다. 구약 시대에는 대제사장이나 제사장들을 통하지 않고서는 개인적으로 하나님 앞에 나아갈 수 없었습니다. 그러므로 제사장들은 곧 하나님과 이스라엘 백성들 사이의 중보자 곧 다리였습니다. 그렇지만 지금은 모든 그리스도인이 하나님 앞에 나아갈 수 있는 제사장이 되었습니다. 즉, 우리는 모두 다리 놓는 사람입니다. 우리는 예수님을 알지 못하는 사람과 하나님 사이에서 다리 역할을 할 수 있습니다. 또한 사람과 사람 사이의 다리 역할도 해야 합니다. 바람이 세차게 불면 담이나 벽을 쌓는 사람이 있지만, 우리는 바람을 이용해 풍차를 만드는 사람처럼 다리 놓는 사람이 되었으면 좋겠습니다.

다리를 놓는 사람은 '단순한 연락병'이 아닙니다. 연락만 하면 인간의 언어와 이해력이 한계가 있기 때문에 항상 오해가 생깁니다. 다리를 놓는 사람은 위로자가 되어야 합니다. 그래서 이쪽에 가면 저쪽을 세워주고, 저쪽에 가면 이쪽을 세워주어야 합니다. 서로 다른 것을 연결시킵니다. 그러다 보니 다리의 임무가 밟히는 것처럼 많은 고난과 역경과 희생이 따릅니다. 그러기에 다리 놓는 사람은 벽을 만들어 성이나 탑을 쌓는 대신 하늘을 향한 단을 쌓습니다. 머무는 곳마다 단을 쌓고, 고백과 간구의 기도를 통해 하나님 안에서 도움을 구하고 안정을 찾습니다. 그리하여 주님이 우리의 중보자가 되어 주셨듯이 사람과 사람 사이의 관계를 세워주고, 하나님의 나라를 세워주는 축복의 통로가 됩니다.

니코스 카잔차키스는 말합니다.
"교사는 자신을 하나의 다리로 사용하는 사람들이다. 교사는 그 다리 위로 학생들을 초대해 건너게 한다. 그렇게 해서 아이들이 건너간 다음에는 즐거운 마음으로 무너진다. 제자들로 하여금 그들 자신의 다리를 만들게 하고서."

교사만이 아니라, 우리 모두는 아이들을 건너게 하는 다리입니다.

프란체스코와 그의 제자들이 금식할 때의 이야기입니다. 10일 가까이 금식을 하고, 수도원에서 내려와 시장을 통과할 때, 제자 중의 하나가 굶주림을 참지 못하고, 시장에서 파는 죽을 막 퍼먹기 시작했습니다. 그러자 다른 제자들이 정죄의 눈초리로 쳐다보았습니다. 죽을 먹은 제자는 고개를 숙이고, 이제는 쫓겨났구나 하는 절망감에 사로잡혔습니다.

그렇게 어색한 침묵이 계속되고 있을 때, 프란체스코는 죽 파는 좌판에 뛰어들어 자기도 죽을 먹으면서 이렇게 외쳤습니다. "나도 배고파 죽을 뻔했다. 야, 너희들도 와서 먹어." 곤경에 처한 제자를 살리는 스승의 모습입니다. 우리는 모두 하나님과 세상 사이, 다리의 역할을 감당할 거룩한 의무가 있습니다. 그것은 먼저 믿은 자로서 입은 구원의 은혜, 그리스도의 생명에 대한 감사의 표현이기도 합니다.

우리는 물과 기름처럼 각기 다른 성질을 가지고 있습니다. 그래서 서로 화합하고 어울리기가 힘듭니다. 그러나 세제를 섞은 물이나 비눗물 같은 계면 활성제를 넣어주면 물과 기름이 섞일 수 있는 것처럼 누군가가 계면활성제처럼 서로 도와준다면 얼마든지 잘 어우러질 수 있습니다. 이웃과 이웃 사이를 가로막는 '담을 쌓는 대신 단을 쌓는' 사람이 되어 서로가 서로에게 이웃과 이웃 사이를 이어주고 하나 되게 하는 다리가 되었으면 좋겠습니다. 그것이 바로 단 쌓는 사람 곧, 베드로가 말한 제사장으로 사는 방법입니다.

그럼 지금 옆 사람의 손을 살짝 잡아보세요. 왜냐구요? 그게 서로를 이어주는 다리 놓는 사람, 곧 브릿지빌더(Bridge Builder)의 첫출발이기 때문입니다.

담을 쌓는 사람, 단을 쌓는 사람

말씀 묵상

주님께 나아오십시오. 그는 사람에게는 버림을 받으셨으나, 하나님께는 택하심을 받은 살아 있는 귀한 돌입니다. 살아 있는 돌과 같은 존재로서 여러분도 집 짓는 데 사용되어 신령한 집이 됩니다. 그래서 여러분은 예수 그리스도로 말미암아 하나님께서 기쁘게 받으실 신령한 제사를 드리는 거룩한 제사장이 되십니다. 성경에 이런 말씀이 있습니다. "보아라, 내가 골라낸 귀한 모퉁이 돌 하나를 시온에 둔다. 그를 믿는 사람은 결코 부끄러움을 당하지 않을 것이다." 그러므로 이 돌은 믿는 사람들인 여러분에게는 귀한 것이지만, 믿지 않는 사람들에게는, "집 짓는 자들이 버렸으나, 모퉁이의 머릿돌이 된 돌"이요, 또한 "걸리는 돌과 넘어지게 하는 바위"입니다. 그들이 걸려서 넘어지는 것은 말씀을 순종하지 않기 때문이며, 또한 그렇게 되도록 정해 놓으셨기 때문입니다. 그러나 여러분은 택하심을 받은 족속이요, 왕과 같은 제사장들이요, 거룩한 민족이요, 하나님의 소유가 된 백성입니다. 그래서 여러분을 어둠에서 불러내어 자기의 놀라운 빛 가운데로 인도하신 분의 업적을, 여러분이 선포하는 것입니다. (베드로전서 2:4~9)

나무가 자라는 것은

나무들은 쉼 없이 하늘 향해 팔을 벌려 기도합니다.
때론 팔을 들어 벌서기도 합니다.
차갑고 사나운 바람이 몰아쳐도 벌거숭이로 기도합니다.
하얀 눈을 뒤집어쓰고서도 기도합니다.
그래서 봄에 싹을 틔우고 가을에 열매 맺습니다.
저도 나무처럼 살고 싶습니다.

윤삼열 『가슴으로 말하는 사람』 중에서

제2부 한 번도 가보지 않은 길

엎드림은 업드림(Up-Dream)입니다

　사람의 삶을 보다 가치 있고 복되게 하는데 꼭 있어야 할 여러 덕목이 있고, 우리 그리스도인들이 하나님의 백성으로서의 신분과 의무에 충실하게 하는데 꼭 있어야 할 덕목도 있습니다. 그 덕목 중의 하나가 바로 '엎드림' 입니다.

　모세와 여호수아가 엎드림으로 하늘의 능력을 얻었으며, 엘리야가 갈멜산 꼭대기로 올라가서 땅에 꿇어 엎드려 그의 얼굴을 무릎 사이에 넣고(열왕기상 18:42) 기도하였으며, 다윗은 장로들과 더불어 굵은 베를 입고 얼굴을 땅에 대고(역대상 21:16) 엎드렸습니다. 로마의 백부장인 고넬료는 보잘것없는 어부 베드로에게도 엎드렸습니다.(사도행전 10:24~25) 이 엎드림으로 이방인에게도 구원이 임하고, 성령이 역사하고, 세례가 베풀어지는 위대한 역사가 일어났습니다.

　예수님은 죽음을 앞두고도 엎드려 기도함으로 십자가를 감당하셨습니다. 성프란시스를 비롯한 웨슬리, 조나단 에드워즈, 존 낙스, 루터, 조지 뮬러, 무디 등 수많은 믿음의 일군들은 엎드림의 기도를 체험한 사람들이었습니다. 이처럼 성경에 나오는 신앙위인들의 삶과 기독교 역사에 나타난 신앙위인들의 삶을 보면 그것은 한결같이 "엎드림의 삶"을 살았다는 공통점을 발견하게 됩니다.

엎드림은 업드림(Up-Dream)입니다

그들은 때로는 한숨짓고 가슴 아파하며 눈물지어야 했습니다. 때로는 동굴에 갇혀 있는 듯 캄캄함 속에서 울부짖기도 했습니다. 그러나 바로 그때가 '엎드림'으로 하나님께 나아가야 할 때임을 알았습니다. 그런데 엎드릴 때마다 하나님은 그들의 손에 쥐여 주신 것이 있었습니다. 바로 Up Dream(업드림)이었습니다. 엎드림은 기도를 의미합니다. 모세가 엎드린 것은 이스라엘 백성을 위해 기도하기 위해서입니다.(민수기 16:22) 엎드리면 하나님도 말씀으로 우리에게 다가오셔서(창세기 17:3) 우리의 문제에 개입하시어 해결해 주십니다.

낮추고 엎드리면 패하는 것 같습니다. 그러나 바람이 모래 기둥으로 일어서는 사막에서 길을 찾아 앞으로 갈 수 있는 것은 낙타뿐입니다. 낙타는 뜨거운 모래폭풍이 휘몰아칠 때 가던 발을 멈춥니다. 그리고 무릎을 꿇고 모래폭풍이 그치기를 하염없이 기다립니다. 거칠고 흉한 무릎이 거센 사막의 모래바람을 이겨낸 승리의 무릎이 되고, 목마름과 굶주림을 견뎌낸 생명의 무릎이 됩니다. 어렵고 힘든 광풍에서도, 고독하고 적막 같은 어둠 속에서도 무거운 짐을 버텨내는 것은 바로 무릎 때문입니다. 무릎 꿇음이 일어섬의 시작입니다. 엎드림이 우리를 일으켜 세우는 업드림이 됩니다. 엎드리는 것은 하나님 앞에 무릎꿇음이요. 하나님의 위대하심을 인정하고 우리의 죄된 모습들을 고백하는 것이요, 하나님 은혜에 대한 감사함이요 축복입니다.

엎드림은 자세를 낮춘다는 것입니다. 조금만 낮추어도 모든 것은 달라집니다. 조금만 낮추면 행복해지고, 자족하게 됩니다. 그래서 높은 데 마음을 두는 사람에게는 원망이 많지만, 낮은 데 마음을 두는 사람에게는 감사가 넘칩니다. 천양희 시인은 '나는 가끔 우두커니가 되어/ 무릎 꿇어야 보이는 작은 것들을 생각한다'고 노래합니다. 엎드리면 예전에 볼 수 없었던 것을 보게 된다는 시인의 고백처럼 엎드리면 영롱한 이슬 속에 담긴 우주의 신비를 볼 수 있습니다. 엎드리면 작은 풀꽃 속에 담긴 하나님의 창조 솜씨를 보게 되고, 어려움 중에 있는 사람들의 눈물도 보입니다. 엎드리면 쓰러져 고통 중에 있는 사람들의 아픔이 보이고, 엎드리면 엎드려 기도하고 계시는 예수님, 낮은 데로 임하신 예수님의 눈길을 마주 대하게 됩니다. 천주교에서는 사제서품 때나 수도자 허원식 때 엎드리는 것을 볼 수 있습니다. 엎드림은 무릎 꿇음보다도 낮은 자세입니다. 남을 자기보다 낫게 여기는 마음의 자세입니다. 그만큼 자세를 낮추어 겸손한 마음으로 헌신과 섬김의 자리에 있겠다는 서원일 것입니다. 그러기에 엎드릴 줄 아는 사람은 지혜로운 사람이요, 복된 사람입니다.

홍사성의 『채근담』이란 책에 "오래 엎드린 새가 높이 날고, 먼저 핀 꽃이 빨리 진다"는 말이 있습니다. 높이 날기 위해서는 그만큼 오래 엎드리는 시간이 필요하다는 말입니다. 하나님 앞에 귀하게 쓰임 받은 사람들일수록 오래 엎드리는 시간을 많이 가졌음을 깨닫게 됩니다. 요셉은 13년을 기다리면서 마침내 하나님이 사용하게 되었고, 모세는 출애굽을 하면서 40년을 광야에서 엎드리는 세월을 보냈습니다. 큰 저수지일수록 오래 채워야 합니다. 채울 사이도 없이 그저 내보내는 저수지는 쉽게 말라버립니다. 그러기에 엎드림은 기다림입니다. 우리의 모든 고난과 시련과 위기는 잠깐 지나가는 것입니다.(시편 30:5) 그러므로 우리는 어렵고 힘든 일을 만나면 들풀이 거센 바람이 지나가기까지 말없이 인내하면서 엎드려 기다리듯이 엎드려 있어야 합니다. 수많은 믿음의 사람들이 이처럼 답답하고 속상하고 고통스러운 사건 앞에서 엎드려 기다림으로 그들의 꿈과 비전을 세워갔습니다.

엎드림은 최고의 경배입니다. 경배란 하나님 임재의 영광 앞에 엎드리는 것을 의미합니다. 거룩한 엎드림이야말로 우리가 하나님께 대하여 가질 수 있는 최고의 신앙적인 행위이며, 동시에 신앙인의 본분입니다. 고개를 들어 하나님의 영광을 바라보는 순간, 우리는 주님을 경배하며 고개를 숙이고 땅에 엎드리게 됩니다. 엎드려 경배하는 것은 하나님 앞에서 낮아진 겸손한 심령의 자세요, 거룩하신 하나님 앞에 전적인 항복으로 절대 순종을 의미합니다. 예수님께서 십자가에서 죽으심은 곧 그가 하나님의 뜻에 자신을 복종시키고 아버지께 순종하신 엎드림의 결과였던 것입니다.(마태복음 26:38~42, 빌립보서 2:8) 엎드려 경배하는 것은 크신 하나님을 크신 하나님으로 높이는 것입니다. 그러기에 엎드림은 크신 하나님을 아는 지식에서 나옵니다. 하나님께 대한 분명한 고백과 인식이 있어야 바른 경배 즉, 엎드림이 가능합니다.

엎드림은 모든 것을 포기하는 항복 이상의 의미가 있습니다. "내가 그리스도와 함께 십자가에 못 박혔으니 그런즉 이제는 내가 사는 것이 아니요"(갈라디아서 2:20)라고 고백하는 바울처럼 그리스도인의 죽음을 상징합니다. "나는 매일 죽는다"(고린도전서 15:31)는 바울의 선언은 바로 그런 의미입니다. 엎드림의 절정은 날마다 죽는 십자가의 체험과 고백으로 나타납니다. 그래야 다시 일어날 수 있기 때문입니다. 저마다 그런 순간이 있습니다. 세 번씩이나 예수님을 부인하고 완벽하게 실패한 베드로는 그제야 자신이 하염없이 약한 존재임을 알게 됩니다. 그 끝에서 베드로는 피하지 않고 엎드려 울었습니다. 엎드려 울었기에 다시 기회가 온 것입니다. 이제 내가 육체 가운데 다시 살게 되었다(갈라디아서 2:20)고 고백할 수 있게 됩니다.

모세의 영력은 언변이 아니라 엎드림에 있었습니다. 엘리야의 영력은 경력이 아니라 엎드림에 있었습니다. 예수님의 영력은 권위가 아니라 엎드림에 있었습니다. 다윗과 베드로는 실패 속에서도 엎드림으로 다시 일어섰습니다. 엎드림 속에 관계의 최고 테크닉이 있습니다. 엎드리면 주님의 십자가가 보입니다. 엎드리면 주님이 일으키십니다. 엎드림이 기적을 가져옵니다. 사순절 마지막 고난주간입니다. 엎드려 통곡할 때입니다. 지금은 지식이나 재능이나 관계나 기술이 필요한 때가 아닙니다. 오직 엎드려 통곡해야 합니다. 엎드릴 때 주님은 우리를 다시 세워(Up Dream)주십니다. 엎드리는 순간 그렇게 부활의 환희와 기쁨의 날은 밝아옵니다.

제2부 한 번도 가보지 않은 길

말씀 묵상

그래서 그들에게 말씀하셨다. "내 마음이 근심에 싸여 죽을 지경이다. 너희는 여기에 머물러서 깨어 있어라." 그리고서 조금 나아가서 땅에 엎드려 기도하시기를, 될 수만 있으면 이 시간이 자기에게서 비껴가게 해 달라고 하셨다. 예수께서는 이렇게 말씀하셨다. "아빠, 아버지, 아버지께서는 모든 일을 하실 수 있으시니, 내게서 이 잔을 거두어 주십시오. 그러나 내 뜻대로 하지 마시고, 아버지의 뜻대로 하여 주십시오." (마가복음 14:34~36)

누가 여러분을 힘들게 합니까?

누가 여러분을 괴롭히고 힘들게 합니까?
가장 좋은 과일은 새가 먼저 쪼아 먹듯,
가장 존경받는 사람들이 가장 많이
모략중상에 의해 피해를 입는다고 합니다.
나무는 가지치기를 통해 더 많은 열매를 맺듯,
우리는 고난과 고통을 통해 성숙해집니다.

윤삼열 『묵상칼럼』 중에서

제 집을 공개 처분합니다

저는 이 어려운 시기에 짐이 셋이나 있습니다.

짐이 많으면 좋을 것 같은데 이 짐 때문에 어려움이 생깁니다.
이 알량한 짐 때문에 다른 사람에게 도움도 구하지 못합니다.
가까이 가지도 못하고 심지어 용서도 못합니다.
안 되는 줄 번히 알면서도 억지 부리다 망신만 당합니다.
그러니 친구도 떠나고 상황은 더욱 악화되고 맙니다.
그런데 이제 와서 버리려고 해도 팔리지도 않습니다.
쥐꼬리만도 못한 자존심 때문입니다.
필요 없는 짐으로 인해 마음고생이 얼마나 심한지 모릅니다.
버리고 비워야만 평안을 얻을 수 있는데,
오히려 어려울 때 갖고 있으니 정말 힘들기만 합니다.
이 짐은 갖고 있으면 있을수록 더욱 힘들어집니다.
제가 넘어지고 지치는 것도 바로 이 짐 때문인 게 분명합니다.
이 짐 때문에 일이 얽히고 꼬이고 복잡하게 되는 것을
수없이 경험하면서도 버리지 못합니다.
버려야지 하면서도 뒤돌아서면 잊어버립니다.
버려야 된다는 것을 알면서도 그게 마음대로 안 됩니다.
아니 분명 버렸다고 생각했는데 어느새 다시 갖고 있습니다.
얼마나 찰거머리 같은지 떼어내도 도로 달라붙습니다.
쓸모없는 짐이라 누가 가져가지 않으니 더 그렇습니다.
우리 집 식구도 이 짐을 몇 번이나 버리려 했지만 안됐습니다.

그게 그런 것이 누가 도와줄 수도, 도울 수도 없더라구요.
그래서 광야의 훈련이 필요하나 봅니다.
왜냐하면 이 집은
아무도 없는 막다른 곳에서만 버릴 수 있는 까닭입니다.
정말 힘들면 버릴 수밖에 없기 때문이지요.
그래도 그 집을 버리지 못하면
망하는 수밖에 없습니다.
그러기에 광야는 좋은 곳입니다.
비로소 그곳에서 집을 버릴 수 있으니까요.

지금 힘드십니까?
사람들이 떠나갑니까?
그렇다면 지금이 기회입니다.
아무도 모르기에 살짝 버리면 되니까요.
저도 경제가 어려운 이때에 꼭 해치우려합니다.
물론 쉽게 이루어지지 않겠지만 버리고 싶습니다.
그래야 비로소 참된 평안과 행복을 얻을 수 있기 때문입니다.

이 집을 공개 처분합니다.
그 집은 바로 고집과 아집과 트집입니다.

제집을 구입하는 분에게는
특별히 제가 키우던 애완견 두 마리도 덤으로 드립니다.
바로 편견과 선입견입니다.
함께하면 더욱 집이 빛이 날 것입니다.

연락처는 012 - 459- 7989 (영원히 싸우고 치고받고) 입니다.
연락주십시오.

제3부

희망의 노래를 부르며

제3부 희망의 노래를 부르며

페이지 터너

최고의 선수와 최고의 스포츠팀에는 코치가 있습니다. 스포츠의 세계에서 코치 없이 실력을 발휘하는 선수는 없습니다. 자기보다 실력이 못한 사람으로부터 무엇을 더 배울 수 있을까 싶지만 가장 뛰어난 골퍼 타이거 우즈, 테니스의 안드레 애거시, 농구의 마이클 조던 등 당시 최고의 실력을 소유한 그들에게도 코치는 있었습니다. 실력으로 그리고 나이와 경험만으로는 뭔가 부족함을 말해줍니다. 오히려 우리가 성숙해지는 가장 좋은 방법은 다른 사람들의 도움을 받는 것입니다.

음악회에서 종종 피아니스트 옆에 앉아 있는 사람이 있습니다. '페이지 터너(Page Turner)'로 악보를 넘겨주는 사람입니다. '악보를 넘기는 사람이 연주 전체를 망칠 수 있다'는 호로비츠의 말처럼 페이지 터너는 복잡하고 어려운 연주에서 특히 없어선 안 될 존재입니다. 그런데 페이지 터너에게는 반드시 지켜야 할 점이 있다고 합니다. 화려한 옷을 입거나 액세서리를 해서도 안 되고, 연주자를 건드려서도 안 되고, 악보를 넘길 때 소리를 내서도 안 됩니다. 또한 악보를 너무 빠르게 넘기거나, 너무 늦게 넘기면 연주의 흐름을 끊어 연주를 망칠 수도 있기 때문에 타이밍을 잘 맞추기 위해 피아니스트와의 호흡이 중요합니다. 언제나 연주자 다음에 무대에 올라야 하고, 연주가 끝난 후 우렁찬 박수갈채가 쏟아질 때도 의자에 앉아 연주자들을 지켜봐야 합니다. 그래서 〈페이지 터너〉란 영화를 감독한 드니 데르쿠르는 '페이지 터너의 역할은 일종의 자기소멸'이라고까지 이야기합니다. 객석에 앉아 느긋이 연주를 관람하는 관객들은 그 중요성을 쉽게 알 수 없는 무대 위의 또 다른 연주자,

드러나진 않지만 꼭 있어야 하는 사람이 페이지 터너입니다.

한 음악가가 유서 깊은 성당에서 연주회를 할 때였습니다. 휴식시간이 되어 오르간 뒤편으로 갔을 때 거대한 오르간에 공기를 넣기 위해 펌프질을 하던 한 늙은 남자가 담배를 피워 물고는 "우리의 연주회가 정말 대단하지요, 그렇지 않나요?"하고 말했습니다. 그 말을 들은 오르간 연주자는 기분이 언짢았습니다. 허드렛일을 하는 그가 연주자인 자신과 동등한 위치로 올라서려 하는 것이 못마땅하게 생각되었기 때문입니다. "노인장, 우리라니 그 말이 무슨 말이오? 연주하는 사람은 나란 말이오!" 휴식을 마친 뒤 무대로 나간 연주자가 힘껏 오르간을 쳤을 때 아무 소리도 나지를 않았습니다. 당황하여 오르간 뒤로 달려갔더니 펌프질을 하던 노인은 여전히 담배만을 물고 있는 것이었습니다. 그제야 연주자는 노인을 보고 말했습니다.
"어르신 말씀이 맞습니다. 이 연주회는 우리가 함께 하는 것입니다."

어느 시대나 영향력이 큰 스타와 영웅은 필요합니다. 그것은 제대로 된 리더 한 사람은 수많은 사람을 이끌 수 있기 때문입니다. 그런데 그러한 스타와 영웅 같은 리더는 저절로 되지 않는다는 것입니다. 키워주는 사람이 있어야 합니다. 스타는 빛나지만, 그를 키우는 사람은 빛나지 않습니다. 그런데도 스타를 키우는 사회가 건강하고 희망이 있습니다. 바나바는 착하고 성령과 믿음이 충만한 사람으로 좋은 코치이자 멘토였습니다. 그는 사울이 두려워 가까이하지 않는 제자들에게 기꺼이 변호해주고(사도행전 9:26), 안디옥으로 데리고 와서 함께 사역하고(사도행전 11:26), 선교사로 파송 받아 이번에는 도리어 사울을 돕는 조력자가 되고(사도행전 13:46), 15장 이후는 이름조차 나오지 않지만 그는 사울을 바울이란 스타로 키워낸 좋은 일군이었습니다. 바나바란 좋은 코치가 있었기에 위대한 사도 바울이 탄생한 것입니다. 스타는 코치가 키웁니다. 코치가 많은 사회, 코치로 살려는 사람이 많은 세상이 성숙한 사회입니다.

부모와 교사는 코치입니다. 코치의 어원은 마차(Coach)라는 말에서 유래되었습니다. 이는 마차에 타고 있는 사람들을 가고자 하는 목적지에 도착할 수 있도록 마부의 역할을 한다는 의미입니다. 그렇습니다. 우리는 마차가 목적지에 잘 도착하도록 돕는 마부입니다. 하지만 마부는 자기 맘대로 마차를 몰아가지 않습니다. 가지 못하는 사람에게 꼭 가야 하는 사명을 깨닫게 해주거나, 어느 길이 바른길인지 알려줍니다. 그러기 위해 마부는 마차의 상태는 물론 마차에 탄 사람들을 잘 파악해야 합니다. 가장 좋은 코치는 무엇보다 우리 아이들 속에 하나님의 형상이 있음을 기억합니다. 그들에게는 하나님이 주신 잠재력이 있음을 믿고, 그 잠재력을 발휘할 수 있도록 돕는 것입니다. 우리의 역할은, 페이지 터너처럼 드러내지 않으면서도 아이들 스스로 무언가를 해낼 수 있도록 그리고 스스로 해결책을 찾도록 도와주는 것입니다.

진정한 스타와 영웅이 필요한 시대입니다. 그런데 스타와 영웅은 바로 우리들에 의해 만들어진다는 사실입니다. 우리 아이들은 하나님의 형상을 가진 무한한 가능성이 잠재된 아이들입니다. 그들 중에는 대통령도 국회의원도 과학자와 예술가도 있습니다. 그러기에 우리의 역할은 더욱 중요합니다. 그들이 갖고 있는 내면의 잠재력과 은사를 끄집어내어 스스로 개발하고 발전시켜 나가도록 도와주는 코치이기에 그렇습니다. 그러므로 좋은 코치는 아이들과 더불어 생각하고 함께 뒹굴고 어울리기도 하면서 변화와 성장을 체험합니다. 나아가 그들의 아픈 마음을 공감하면서 영혼의 울부짖음에도 귀를 기울일 뿐 아니라, 서로 도와주는 코치입니다. 우리가 서로의 존재를 소중하게 여길 때, 서로의 마음속에 각각의 별이 뜨는 하늘이 있다는 것을 알게 될 때, 우리의 삶은 아름다움으로 일렁이게 될 것입니다.

말씀 묵상

사울이 예루살렘에 이르러서, 거기에 있는 제자들과 어울리려고 하였으나, 그들은 사울이 제자라는 사실을 믿을 수가 없어서, 모두들 그를 두려워하였다. 그러나 바나바는 사울을 맞아들여, 사도들에게로 데려가서, 사울이 길에서 주님을 본 일과, 주님께서 그에게 말씀하신 일과, 사울이 다마스쿠스에서 예수의 이름으로 담대히 말한 일을, 그들에게 이야기해 주었다. (사도행전 9:26~27)

무엇을 배우고 있습니까?

행복하게 살고 싶으면 행복을 배워야 합니다.
좋은 성적을 얻고 싶으면 열심히 공부해야 합니다.
부자 되고 싶으면 돈 버는 법을 배워야 합니다.
건강하게 살고 싶다면 운동하는 법을 배워야 합니다.
즐겁게 살고 싶다면 즐겁게 사는 법을 배워야 합니다.
성공하고 싶다면 성공하는 법을 배워야 합니다.
신나게 살고 싶다면 신나게 사는 법을 배워야 합니다.
말로만 해서는 소용이 없습니다.
너무 당연한 이야기이죠?
그럼 여러분은 지금 무엇을 배우고 있습니까?

윤삼열 『묵상칼럼』 중에서

지랄 총량의 법칙

경북대 김두식 교수의 『불편해도 괜찮아』에는 "모든 인간에게는 일생 쓰고 죽어야 하는 '지랄'의 총량이 정해져 있다는 법칙" 이른바 '지랄 총량의 법칙'이라는 것이 나옵니다. 김 교수의 '지랄 총량의 법칙'은 다음과 같은 두 가지를 전제로 합니다. 첫째, 우리는 성장하면서 '지랄'을 떨어야 한다는 것으로, 즉 욕망을 억누르지 말고 자연스럽게 분출하면서 에너지를 써야 한다고 합니다. 둘째, 그렇지 않으면 이 '지랄 총량의 법칙'에 따라 '훌륭한 어른'이 된 후에 (성장기에 떨지 않은) '지랄'을 떨게 된다는 것입니다.

그래서 어떤 사람은 정해진 양을 사춘기에 다 써버리고, 어떤 사람은 나중에 늦바람이 나서 남은 양을 소비하기도 하는데, 어쨌거나 죽기 전까지 그 양은 반드시 다 쓰게 돼 있다는 것입니다. 그러므로 사춘기 자녀가 이상한 행동을 하더라도 그게 다 주어진 '지랄'을 쓰는 것이려니 생각하고 마음을 편하게 가지라고 충고합니다. '지랄'은 마구 법석을 떨며 분별없이 하는 행동을 속되게 이르는 말로, 어릴 때 지랄을 떨면 "개구쟁이"라 하고, 젊어서 떠는 지랄은 "청춘"이라 하고, 중장년에 떠는 지랄은 "그냥 지랄"이라 하고, 늙어서 떠는 지랄은 "노망"이라고 한다는데, 언젠가 분출될 지랄이라면 어쩌면 개구쟁이가 되는 것이 좋을 듯합니다.

그런데 우리의 실상은 어떠합니까. 우리는 아이들에게 이른바 '훌륭한 어른'이 되기 위해서는 '지랄'을 억제해야 한다고 말합니다. 아이들을 위한다는 명목으로 여전히 '4당 5락', '선수학습' 등 할 수만 있으면 아이들을 경쟁 사회로 몰아붙이며 엉뚱한 행동(지랄)을 하지 못하도록 어렸을 때부터 점잖고 말 잘 듣는 아이로 양육하기를 원합니다. 그러다 아이들이 견디지 못하고 반항을 하거나 곁길로 조금이라도 갈려고 하면 부모들은 어찌할 줄 몰라 당황하며 큰일이라도 생긴 양 더욱 아이를 몰아붙이고 조이기 시작하며 갈등을 키워나갑니다.

우리가 어려서 자주 들은 말 가운데 쥐도 도망갈 구멍을 놓고 쫓으라는 말이 있듯이, 자녀들도 마찬가지로 조금 거리를 두고 오늘의 '지랄'이 내일의 '평화'를 위한 일시적 시련이라 생각하면 의외로 쉽게 답이 풀릴 터인데 우리는 그 시간을 기다리지 못하는 것입니다. 물론 어린 시절 지랄하지 않고도 겉으로는 멀쩡한 '훌륭한 어른'이 되기도 합니다만 언젠가는 그들의 내면에 억눌려 있던 '지랄'이 꿈틀거리기 시작하면 더 큰 낭패를 당하는 모습을 주변에서 얼마든지 볼 수 있습니다. 예를 들면 성공한 40~50대 남성들이 여성 편력을 자랑하고, 돈과 권력에서 자신들의 삶과 존재의 의미를 찾는 행태가 바로 그런 모습입니다.

그런 의미에서 '지랄 총량의 법칙'은 학문적인 입장을 떠나 많은 것을 우리에게 시사합니다. 꼭 모든 사람에게 동일한 지랄의 총량이 있다고 볼 수는 없겠지만 지랄하고 싶은 생각이 우리 마음속에 내재하여 있다는 것입니다. 사실 우리에게는 지랄 총량만 아니라 스킨십 총량, 대화 총량, 스트레스 총량 등 모든 것은 총량이 정해져 있어서 어느 정도가 넘어가면 반드시 폭발하게 되어있고, 그것을 못하게 막으면 엉뚱한 곳에서 반드시 터지게 되어있다는 것입니다. 예를 들어 스킨십도 육아에 시달리는 아내는 남편의 스킨십을 거부하게 되고, 스트레스도 쌓아두면 우울증이나 과격하고 공격적인 행동으로 나타납니다. 대화도 통상 남자는 하루 1만 5천 단어를, 여자는 2만에서 2만 5천 단어를 말하는데 직장에서 대화 총량을 다 사용한 남편은 집에서 대화를 거부하고, 아직 사용하지 못한 아내는 대화의 굶주림에 빠져 허우적거리다 채우지 못하면 우울증으로 고생하기도 합니다.

 특히 중학생 아이들을 상대하는 부모들에게 지랄 총량의 법칙이 주는 가장 큰 교훈은 지랄을 떨어도 희망이 있다는 것입니다. 아니 어쩌면 그들은 지랄을 떨 수 있는 특권을 가지고 있고, 지랄 떨지 않는 게 오히려 이상합니다. 오죽하면 '중2병'이 '위키 백과'에 올라 있고, '북한군이 남한에 쳐들어오지 못하는 결정적인 이유가 중2 때문'이라는 우스개가 있겠습니까? 그만큼 그들은 어디로 뛸지 모르는 가능성이자 불확실성입니다. 그러기에 지랄은 또 하나의 가능성이며, 희망의 다른 모습입니다. 왜냐하면 불량청소년이 인생불량품이 아니고, 모범학생이 인생모범생이 아닌 까닭이기도 하지만 오히려 틀을 깨고 사는 그들이 훨씬 창의적이고 모험심이 많고 도전적일 수 있기 때문입니다. 특히 어릴 때부터 가정에서 부모로부터 관심과 사랑을 받고 자란 사람은 일시적으로는 '지랄' 할지 모르지만, 그 지속 시간은 매우 짧을뿐더러 그 지랄의 경험이 스트레스를 풀고 방황과 지랄을 통해 개과천선을 하거나, 그들의 꿈과 비전 즉 인생의 방향을 더욱 분명하게 찾기도 한다는 것입니다. 그러기에 지랄을 떠는 자녀들을 볼 때 불안해하거나 아니면 더욱 조이기보다는 조금 더 많은 사랑과 관심을 아이들에게 보여주고, 그 '지랄'이 멈출 때까지 조금만 더 인내하면서 기다려주는 것이 가장 좋은 방법입니다. 결론적으로 '지랄'의 치유를 위한 특효약은 '사랑과 관심' 그리고 '기다림'이라는 말이 될 것입니다.

 레이몬드 릴리라는 흑인 청년은 성격이 매우 포악해서 동네에 있는 교회의 모든 목사를 죽이겠다고 벽돌 한 장을 들고 예배당에 찾아갔다고 합니다. 젊은 날 지랄을 떤 것입니다. 예배당에서 예배를 드리는데 목사가 혼자 남기까지 기다리다 그만 설교를 듣게 되었답니다. 그런데 그날 예수님을 만나 회개하고 예수님을 구주로 영접하고 그의 지랄은 끝이 났답니다. 릴리는 '선한 사마리아인'이라는 별명을 가진 훌륭한 목사가 되어 시카고에 카운티 병원을 세웠고, 그곳에서 돈이 없어서 치료를 받지 못하는 수많은 사람에게 치료해주고 복음을 전하였다고 합니다. 그는 그 벽돌을 간직하였고 장례식 때에도 진열해 놓았다고 합니다.

1865년 평양에서 출생한 이기풍도 괄괄한 성격으로 싸움과 술을 좋아해서 젊은 날을 허송세월하면서 서양선교사들을 박해하는 지랄을 떨던 어느 날, 평양 서문통 사거리에서 노방전도를 하던 마펫 선교사에게 돌을 던져 크게 다치게 합니다. 그 후에도 청일전쟁이 일어나자 원산으로 피난하여 그곳에서도 신자들을 박해하는 등 못된 짓을 골라 하던 중 바울처럼 꿈속에서 음성을 듣고 전도인 전군보(田君甫)의 전도로 결신(決信)을 하게 됩니다. 이후 1894년 스왈른 선교사에게 세례를 받고 1898년부터 매서인(賣書人) 자격으로 함경도 일대에서 성경 반포·전도사업을 하다가 평양신학교에 입학하여 한국인 최초의 목사가 되어, 제주 선교사로 파송되었으며, 1938년 일제의 신사참배 반대투쟁을 하다가 체포되어, 심한 고문을 받고 그 후유증으로 순교하게 됩니다.

이처럼 유난스럽게 지랄 떠는 사람도 예수님을 만나면 얼마든지 지랄에서 해방되고, 인격이 변화되고 새사람으로 거듭납니다. 문제는 지랄 떠는 모습 때문에 포기하지 않아야 합니다. 하나님께서 우리에게 주신 것은 재앙이 아니라, 평안이며 미래와 희망을 주는 것이기 때문입니다. 그러기에 지랄은 희망입니다. 그것 때문에 기도하고 관심을 가지고 기다릴 수 있게 되는 까닭입니다. 요즘 우리 아이들을 보면 정말 교사란 신분을 포기하고 싶을 때가 많습니다만 그것이 도리어 우리의 기도 제목이 되고, 우리의 따스한 손길을 거쳐 세상을 뒤흔드는 위대한 지도자로 탄생하는 기폭제가 되었으면 좋겠습니다. 우리에게는 누구든지 그리스도 안에 있으면 새로운 피조물(고린도후서 5:17)이 되게 하는 십자가의 능력이 있기 때문입니다. 바라기는 아무리 아이들이 짓궂고, 힘들게 해도 포기하지 않고 미래와 희망을 노래하는 부모와 교사가 되어지기를 소망합니다.

말씀 묵상

너희를 두고 계획하고 있는 일들은 오직 나만이 알고 있다. 내가 너희를 두고 계획하고 있는 일들은 재앙이 아니라 번영이다. 너희에게 미래에 대한 희망을 주려는 것이다. 나 주의 말이다. (예레미야 29:11)

행복을 잡는 비결

감사합니다.
고맙습니다.
사랑합니다.
미안합니다.
축복합니다.
이 말에 익숙해지는 것은
오늘의 행복을 잡는 비결입니다.

윤삼열 『골짜기의 은혜와 축복』 중에서

내비도

　아름다운 5월입니다. 5월이 아름다운 것은 아름다운 꽃들이 피어나고, 우리가 부모님의 사랑 스승의 은혜를 더 많이 생각하기 때문일 것입니다. "꽃이 피어나서 좋은 것은 보는 이들에게 아름다움을 전하기 때문이고, 우리가 태어나서 좋은 것은 다른 이들에게 사랑을 전하기 때문입니다." 그러기에 꽃 같은 아이가 있고 사랑이 있는 가정은 행복공장인 셈입니다. 사람들은 꽃을 보고 아름답다 하고 잎을 보고 대견해 하면서도 뿌리에서 가지로 올라와 꽃을 피우고 잎을 피워 낸 물은 생각하지 않습니다. 꽃이 피고 잎이 나는 것은 모두 물 덕분입니다. 이 세상 어느 누구도 무엇도 물 없이는 단 하루도 살 수 없습니다. 물은 곧 생명이기 때문입니다. 부모님과 스승의 사랑은 물과 같은 사랑입니다. 나를 태어나게 하고 나를 자라게 하고 열매를 맺게 하는 생명 같은 은혜이고 사랑입니다.

　그런데 오히려 그런 부모의 사랑이 자녀를 망치게 하는 경우도 있습니다. 이른바 '네비게이터형' 부모와 '헬리콥터형' 부모입니다. 네비게이터형 부모는 특목고와 명문대라는 목표 지점에 방향을 맞추고 가야 할 길을 일일이 알려주는 부모로 아이는 정작 자기가 어디로 가고 있는지 모르는 것이고, 헬리콥터형 부모란 헬리콥터의 프로펠러처럼 늘 자식 주위에 맴돌면서 간섭과 공급을 멈추지 않는 부모를 가리키는 신조어입니다. 그들은 모든 시간과 에너지를 자녀에게 다 쏟아부으면서 일일이 참견하고 해결하면서 뿌듯함을 느끼며 늘 이런 착각에 빠져있습니다. "내가 뒷바라지 한 만큼 잘 될 거야, 아직 어려서 할 수 있는 게 별로 없어, 고생은 우리 대에 족하고 자식까지 물려줘선 안 된다. 자식 잘 되는 것이 부모 잘 되는 일이야"라고. 그렇지만 이런 부모들 때문에 또래 친구들과 마음을 주고받는다는 것이 무엇인지 경험할 수 없고, 부모 없이는 아무것도 할 수 없는 성인 아이가 되어버리고 마는 것입니다. 부모가 자녀의 모든 것을 해주는 망치는 부모의 전형적인 부모입니다.

우리의 옛 어른들은 아이의 얼굴을 쳐다보며 고개를 흔들어댔습니다. 아이는 엄마의 눈길을 놓칠세라 서툴기만 한 고갯짓을 했습니다. 이른바 도리도리 교육이었습니다. 도리도리(道理道理)는 도(道)와 이(理)를 놓치지 말라는 엄마 아빠의 가르침입니다. 도(道)를 잃어버리고, 이치를 잃어버리면서부터 우리네 인생도 망가지기 시작한 것입니다. 도리를 가르치지 못하면서 고함을 지르게 되고, 집착을 하며, 매사 건건 간섭하려 들기 시작하지만 그럴수록 아이들은 반항을 하고 욕설을 퍼붓고 아무렇게나 행동합니다. 그러나 이러한 아이들의 이상행동도 실은 살아남기 위해서 선택한 최상의 선택입니다. 건강한 방식, 소통의 방식이 아니라 병리적 방법, 관계를 깨는 방식, 자신의 입지나 위치를 도리어 망가뜨리는 미숙한 방식을 사용한다는 것이 문제일 뿐이죠. 그래서 혹자는 말하길 자식이 속을 썩이는 건 부모더러 변화하라는 시위이므로 가장 좋은 방법은 도(道)중의 도인 "내비도(내버려 두라는 뜻)"라고 합니다. 그래서 부모는 가슴이 쓰리고 아파도 눈물을 머금고 이를 악물고라도 믿어주고 간섭하지 말고 내버려 둬야 합니다. 아이가 실수할 수 있도록 옆으로 살짝 빠져 줘야 합니다. 그러기 위해서 부모는 도를 닦기 시작해야 합니다. 그게 바로 내비도입니다. 부모가 내비도를 닦기 시작하면 아이는 자신의 인생길을 닦아나가기 시작할 것입니다. 내비도는 아이에게도 필요하지만 우리가 근심하고 설쳐대면 주님께서 하실 일이 없기 때문이기도 합니다.

내비도는 아이도 부모도 살리는 방법입니다. 자식에게 일일이 간섭하는 게 아니라, 자식으로 하여금 물고기를 잡게 하는 망(網)치게 하는 부모입니다. 그물(망)을 쳐서 고기를 잡게 하는 망(網)치는 부모는 고기 잡는 법을 가르치기도 하고, 고기 잡는 도구를 주기도 하는 데, 그것은 네트워크 즉 인간관계를 말하거나, 또한 스스로 낮아지는 법, 어느 정도는 망가지는 것을 선택할 수 있는 것을 말합니다. 실제로 우리가 뭔가를 하려고 할 때 잘되지 않는 이유는 먼저는 시도하지 않는 것이고, 다음은 실패를 두려워하기 때문입니다. 더 이상 내려갈 곳이 없이 망가지면 체면도 필요하지 않지요. 그래서 망가져야 망(網)을 가질 수 있습니다. 넘어지고 쓰러지는 실수도 하고, 이것저것 닥치는 대로 부딪쳐보고, 손해도 보고, 아파하기도 하고, 분노와 슬픔도 느껴보고, 모험과 도전을 해봐야 비로소 사용할 수 있는 망(그물)을 갖게 되는 것입니다.

『혼불』의 작가 최명희는 연 날리는 장면을 쓰기 위해 직접 방패연을 만들면서 깨달은 것이 있었다고 합니다. 연이 하늘 높이 치솟아 오를 수 있는 것은 연의 가슴에 뻥 뚫린 구멍 때문이라고 하는 것입니다. 뻥 뚫린 공허를 경험하지 못하면 우리는 날아오르지 못할지도 모릅니다. 김용태는 「야해야 청춘」이란 글에서 "물이 부족해야 땅속에 있는 물을 찾기 위해서 뿌리가 안간힘을 다해 뻗어갑니다. 그래야 꽃도 피지요. 화초가 꽃을 피우는 이유가 종자를 번식하기 위함인데 물이 부족해서 위기를 느껴야 종자를 번식할 생각을 하는 것이지요"라고 했습니다. 그런데 꽃이 피고 나무가 새 잎을 내려면 좋은 환경에 충분한 물이 필요할 것 같지요? 저도 화초를 키워 보았지만 꼭 그렇지는 않더라구요. 물이 약간 부족한 듯해야 위기를 느끼고 땅(흙)속에 있는 물을 찾기 위해 뿌리가 안간힘을 다해 뻗어간답니다. 그래서 화초에 물을 많이 주면 뿌리가 위기를 느끼지 못해 자라지 못하고 오히려 썩고 만다는 것입니다.

결핍이 창조를 낳습니다. 대부분의 사람은 불편함을 싫어하고 편안함을 추구하는 데 성공하는 사람들이 드문 이유가 여기에 있지 않을까 생각해 봅니다. 다 갖춰져 있으면 잘 될 것 같지만 오히려 반대입니다. 애벌레가 나비가 되어 하늘 높이 비상하기 위해서는 허물을 벗고 사투하는 과정을 통해서 날개에 힘을 얻어야 합니다. 허물을 벗고 나오는 시간은 애벌레에게 있어서 생존하기 위한 몸부림의 시간입니다. 피카소가 10분 그림을 그리고 수 천만 원을 청구할 때 "겨우 10분을 그리고는 너무 비싸지 않느냐?"는 질문에 피카소는 "무슨 소리냐? 나는 당신을 그리는 데 40년 걸렸다"고 말했다고 합니다. 10분 만에 엄청난 작품을 완성하기 위해 40년의 사투하는 과정이 있었다는 이야기입니다.

　자식을 망(亡)치는 부모가 될지 아니면 자식으로 하여금 망(網)치게 하는 부모가 될지는 부모 스스로의 선택입니다. 망(網)치는 자녀를 둔 부모는 죽을 때 안도와 보람의 웃음을 갖겠지만 자녀를 망친 부모는 후회와 불안, 탄식 속에 마지막을 맞이할 것입니다. 오늘부터라도 자식을 위해 모든 것을 다 해주겠다는 생각은 버리고 그 에너지를 타인들을 위해 사용하시기 바랍니다. 그러면 자식은 스스로 낮아지는 법, 조금 망가지는 법을 배워 망(網)가진 사람, 관계가 풍성한 사람이 되어 행복과 성공 두 마리 토끼를 다 잡을 수 있을 것입니다. 지식전달만을 위한 교육은 망(亡)치게 하는 교육이 되지만, '어떻게 기르며, 어떻게 행하리이까'를 주님께 물으며, 주님의 도를 따라 행하는 교육이 이뤄지게 한다면 행복한 사람의 본분을 다하는 충실한 교육 즉 망(網)치게 하는 교육이 될 것이 분명합니다. 그리고 그것이 우리 아이들을 지켜주는 안전망이 될 것입니다. 바라기는 우리의 수고와 섬김을 통하여 우리 아이들이 기도와 절제의 망 그리고 능력의 그물망을 소유하여 성공과 행복만 아니라 사람 낚는 어부가 되어지면 정말 좋겠습니다.

말씀 묵상

마노아는 그에게, 지난번에 한 그 말이 이루어질 때에 그 아이가 지켜야 할 규칙은 무엇이며, 또 그 아이가 할 일은 무엇이냐고 물었다. 주님의 천사가 마노아에게 일러주었다. 주님의 천사가 마노아의 아내에게 일러준 모든 것을 그 아이가 지켜야 하고, 마노아의 아내는 포도나무에서 나는 것은 어떤 것도 먹어서는 안 되고, 포도주와 독한 술을 마시지 않아야 하며, 부정한 것은 어떤 것도 먹어서는 안 되고, 주님의 천사가 마노아의 아내에게 명령한 모든 것을 마노아의 아내가 지켜야 한다고 말해 주었다. (사사기 13:12~14)

말만 많이 하는 사람은

새는 하늘을 날 수 있음을
말로 하지 않고 그저 하늘을 날듯이,
성공한 사람은 자신을 말로 대변하지 않고
업적과 열매로 보일 뿐입니다.
말이 많은 것은 잘못하거나,
업적이 없고, 별 볼 일 없을 때입니다.
앵무새는 말은 잘하지만 잘 날지 못합니다.
말만 많이 하는 사람은 앵무새 인간입니다.

윤삼열 『묵상칼럼』 중에서

브리꼴레르(Bricoleur)

학교 교육 특히 기독교교육은 붕어빵 찍어내듯 기술자를 만드는 것이 아닙니다. 스펙을 위한 과정도 아니고, 좋은 대학에 가서 좋은 직장을 얻기 위한 것도 아닙니다. 학교가 공부하는 곳이기는 하지만 공부의 목적이 성공이나 출세 또는 거부가 되는 것은 아닙니다. 그 목적이 잘못되면 모든 게 잘못됩니다. 가끔 공부는 어떤 목적을 이루기 위한 수단과 방법이 되기도 하지만 공부의 궁극적인 목적은 사람의 본분 즉 사람답게 살기 위함이 먼저입니다.(전도서 12;12~13) 공부를 잘 하면 선택의 폭이 넓어져 좋을 수 있어도 평균점수 올린다고 인생이 크게 달라지지는 않습니다. 오히려 공부를 통해 사람을 배우고, 사람의 예를 갖추고, 함께 더불어 살아가는 공동체 정신을 배우는 것이 더욱 중요합니다.

공부의 또 하나 중요한 목적은 나에게 숨겨진 달란트(재능)을 찾아내는 일입니다. 광부가 광산과 광맥을 찾듯 밭에 감추인 보화를 찾는 일이며(마태복음 13:44), 좋은 진주를 구하는(마태복음 13:46) 일입니다. 그리고 발견한 광산을 삽으로 파헤치듯 수고와 땀과 기도의 삽으로 원석을 캐내어 그것을 갈고 닦는 일입니다. 다시 말하면 꿈과 비전을 찾는 일입니다. 이 일은 돈이 없다고, 성적이 뒤떨어진다고 결코 포기할 수 없습니다.

학교는 꿈과 비전을 찾는 곳입니다. 그러기에 새로운 가능성을 찾아 다양한 경험을 시도하고 도전합니다. 그것은 교회도 마찬가지입니다. 아픈 사람이 교회에서 치유의 꿈을 꾸고, 가난한 사람이 부자되는 꿈을

브리꼴레르(Bricoleur)

꾸고, 포로된 사람이 자유함을 꿈꾸는 곳이 교회입니다. 그 꿈을 위해 무엇이든 도전해 보는 곳입니다. 그래서 실패해도 괜찮습니다. 아니 실패할수록 더 많은 것을 배우고 얻게 됩니다. 그래서 보잘것없어 보이는 사람에게도 관심을 갖습니다. 다양한 사람이 모여 사는 유기체인 까닭입니다. 학교와 교회는 스펙 쌓기가 아닌 브리꼴레르를 찾는 곳입니다.

유영만 교수는 그의 책에서 이상적 인재상으로 브리꼴레르(Bricoleur)를 이야기합니다. 브리꼴레르라는 인재상은 인류학자 레비 스트로스가 아프리카 원주민을 관찰하면서 나왔습니다. 레비 스트로스의 설명에 따르면, 브리꼴레르는 보잘 것 없는 판자조각, 돌멩이나 못쓰게 된 톱이나 망치를 가지고 쓸 만한 집 한 채를 거뜬히 지어내는 사람을 지칭하며, 굳이 번역하자면 '손 재주꾼' 입니다.

유영만은 브리꼴레르를 다음과 같이 설명합니다. 그들은 지식을 체계적으로 축적해서 실력을 쌓은 전문가라기보다 체험을 통해 해박한 식견과 안목을 갖게 된 실전형 전문가로, 첫째, 끊임없이 변화되는 분야 간의 차이를 탐구해나가는 인재입니다. 자기 분야에 대한 해박한 지식과 전문성을 갖추고 있어야 할 뿐 아니라, 분야 사이에 존재하는 차이에 주목해야 합니다. 둘째, 학문적 통섭보다 현실적으로 가능한 융합을 추구합니다. 융합형 전문가로서 세상의 모든 지식을 편집하고 가공해서 새로운 지식을 창조하는 지식 편집자이며, 이질적 정보를 융합해 새로운 지식을 창조하는 지식의 연금술사입니다. 셋째, 주어진 문제에 대한 모범답안을 찾는 모범생이기보다 모험가에 가깝습니다. 말을 잘 듣고, 시키는 일도 잘 따라 하지만 그보다 자신의 가능성을 발굴하기 위해 이제까지 해보지 않은 일, 가보지 않은 곳, 읽어보지 않은 책, 보지 않았던 영화 등을 보면서 다양한 경험을 축적합니다. 넷째, 책으로 배운 논리적 사고보다 몸으로 배운 야생적 사고로 무장합니다. 다섯째, 장인적 기질과 전문성에 머무르지 않고 상황에 따라 즉흥적으로 임기응변을 발휘해 관객의 요구하는 음악을 연주할 수 있는 재즈연주자입니다. 여섯째, 자

제3부 희망의 노래를 부르며

신이 재미있게 할 수 있는 재능을 찾아 최고 경지에 이르도록 최선을 다합니다. 일곱째, 야생의 사고와 실천적 지혜로 무장한 행동하는 인재입니다. 여덟째, 냉철한 판단력과 함께 따뜻한 가슴, 그리고 과감한 추진력을 겸비한 전문가입니다.(유영만『브리꼴레르』에서)

그럼 왜, 이러한 브리꼴레르가 필요한 것일까요? 앞으로 우리가 살아가면서 직면하게 될 위기는 한두 가지의 지식과 한두 번의 시도로는 극복하기 어려울 만큼 난해하고 복잡합니다. 따라서 책상머리에서 배운 좁은 지식에서 벗어나 과감한 추진력과 역발상으로 불가능에 도전해야 합니다. 어떤 상황에서든 역경을 뒤집어 남다른 경력으로 만들어가는 지식인 즉 브리꼴레르가 되어야 하는 이유입니다.

누가 브리꼴레르가 될 수 있을까요? 브리꼴레르의 특징은 하늘이 무너져도 빠져나갈 구멍은 있다고 생각하는 절대긍정의 사고방식과 궁리에 궁리를 거듭하면 주어진 문제를 반드시 해결할 수 있다는 도전정신입니다. 그러기에 주어진 조건이 갖춰져야 물건을 만들어내는 게 아니라, 다소 부족하고 관련 없어 보이는 재료들로도 새로운 성과물을 만들어낼 수 있는 능력이 브리꼴레르의 핵심역량인 셈입니다. 그러므로 한계에 도전하는 정신과 자세를 가진 그리고 그것을 즐기는 사람이 브리꼴레르가 될 수 있을 것입니다. 누구나 이런 리더와 인재가 되고 싶어 하는데 어떻게 가능할까요? 자신의 전문분야를 깊이 파고들어 튼튼한 기반을 닦고, 정보편집과 지식융합 그리고 다양한 도전을 통한 체험이 동시에 이루어져야 한다는 유영만 교수는 읽는 책을 바꾸고, 부딪히는 체험을 바꾸고, 만나는 사람을 바꾸라고 말합니다.

그렇습니다. 다양한 역량을 갖춘다고 스펙을 쌓아보지만, 그것도 천편일률적이어서 차별화가 되지도 않을 뿐 아니라, 상황은 안중에 없이 오로지 정해진 규칙과 관행대로 생각하고 행동하는 전문가들은 그다지 필요하지도 않습니다. 우리가 사는 세상은 당연한 것이나 원래 그런 것

브리꼴레르(Bricoleur)

은 없습니다. 단지 그렇게 보일 뿐입니다. 미꾸라지 사는 곳에 메기 한 마리를 집어넣으면 미꾸라지는 불편하지만 미꾸라지는 더 건강하게 더 오래 살 수 있고, 진주 속으로 들어온 불편한 모래알이 결국은 영롱하게 빛나는 진주를 만들어냅니다. 그렇듯 낯선 분야, 편하지 않은 사람, 뇌리에 주먹질을 해대는 책으로부터 받는 불편한 자극이 삶을 살아 숨 쉬게 만듭니다. 그런고로 브리꼴레르는 서로의 차이를 지식으로 만드는 융합형 인재이며, 역경을 경력으로 만드는 야생적 사고의 소유자이고, 하나의 정답이 아니라 다양한 현답을 찾는 실천적 지식인인 것입니다.

요즘의 학교 교육은 많이 변했습니다. 체험 위주의 테마학습과 나눔을 위한 봉사활동, 다양한 특기 적성 교육과 자유학기제 운영 등이 그 대표적 예입니다. 또한 장애인과 함께 하는 통합교육은 물론 다문화교육도 실시하고, 학교사회복지사와 전문상담사를 투입하여 사회적 약자를 배려하는 프로그램도 많습니다. 왜 그럴까요? 우리가 사는 사회는 전문가나 지식인만 필요한 사회가 아니라는 것입니다. 우리의 몸과 같은 유기체라는 것입니다. 뇌도 건강해야 하지만 눈도, 코도, 입도, 목도, 팔다리도 모두 건강해야 합니다. 잘난 사람을 위한 교육이 아니라 모두를 위한 교육이 되어 가고 있다는 증거입니다.

성경의 인물들은 어떻게 보면 소외되고 약한 사람들이었습니다. 그러나 하나님은 세상의 미련한 것들을 택하사 지혜 있는 자들을 부끄럽게 하려 하시고, 세상의 약한 것들을 택하사 강한 것들을 부끄럽게 하려 하시며, 세상의 천한 것들과 멸시받는 것들과 없는 것들을 택하사 있는 것들을 폐하려(고린도전서 1:26~28) 하셨습니다. 맞습니다. 우리의 교육은 잘난 사람 못난 사람, 있는 사람 없는 사람 구별 없이, 차별 없이 모두 함께 꿈을 꾸는 희망입니다. 바라기는 우리의 가정과 학교와 사회도 희망을 노래하는 수많은 브리꼴레르를 키워내는 주님의 학교고 가정이길 소망합니다.

교육현장에는 수많은 어려움이 있고, 장애가 있습니다.

누군가 말합니다. "피하면 회피, 부딪히면 해피"라고.

피하는 자는 황금을 피하는 것이지만, 부딪히는 자는 광맥을 발견합니다. 돌에 부딪히면 깨지지만, 삶에 부딪히면 면역으로 희망이 생깁니다. 기회에 부딪히고, 고난에 부딪히고, 어처구니에도 부딪혀야 합니다. 부딪혀야 브리꼴레르 아니 하나님의 귀한 일꾼이 나옵니다.

말씀 묵상

여러분은 그리스도의 몸이요, 따로 따로는 지체들입니다. 하나님께서 교회 안에 몇몇 일꾼을 세우셨습니다. 그들은 첫째는 사도요, 둘째는 예언자요, 셋째는 교사요, 다음은 기적을 행하는 사람이요, 다음은 병 고치는 은사를 받은 사람이요, 남을 도와주는 사람이요, 관리하는 사람이요, 여러 가지 방언으로 말하는 사람입니다. 그러니, 모두가 사도이겠습니까? 모두가 예언자이겠습니까? 모두가 교사이겠습니까? 모두가 기적을 행하는 사람이겠습니까? 모두가 병 고치는 은사를 받은 사람이겠습니까? 모두가 방언으로 말하는 사람이겠습니까? 모두가 통역하는 사람이겠습니까? 그러나 여러분은 더 큰 은사를 열심히 구하십시오. 이제 내가 가장 좋은 길을 여러분에게 보여드리겠습니다. (고린도전서 12:27~31)

천금매골(千金買骨)

　천금매골(千金買骨)이란 고사성어가 있습니다. 인재를 구하고 싶어 하는 전국시대 연나라의 소왕(昭王)을 위하여 곽외(郭隗)가 들려준 이야기에서 나온 말입니다. 옛날 말을 좋아하는 임금이 있었는데, 그는 천금을 주고 말을 구하려 하였습니다. 그러나 3년이 지나도록 아무런 소득이 없었습니다. 매일 불만에 차 있는 임금을 본 한 신하가 말하였습니다. '이 일을 제게 맡겨 주십시오.' 임금이 그 일을 맡기자 신하는 천리마를 구하러 길을 떠났습니다. 석 달이 채 지나지 않아 그는 하루에 천리를 달릴 수 있는 좋은 말을 찾았습니다. 하지만 막상 이 말을 사려고 했을 때 그 말은 그만 죽고 말았습니다. 그는 한참을 생각하다가 오백 금을 주고 죽은 말의 뼈를 사 가지고 돌아왔습니다.

　임금은 천리마의 뼈를 보고 매우 화가 나서 그 신하를 꾸짖으며 말했습니다. "내가 원하는 것은 살아 있는 말인데 너는 무슨 소용이 있다고 죽은 말의 뼈를 사 왔느냐? 오백 금을 낭비한 것이 아니겠느냐." 그러자 그 신하는 웃으면서 대답하였습니다. "전하, 노여움을 푸십시오. 오백 금을 낭비한 것이 아닙니다. 전하께서 죽은 말의 뼈를 아주 비싼 값에 사들였다는 소문이 널리 퍼지면 사람들은 전하께서 진심으로 좋은 말을 아끼는 군주로 믿게 되어 반드시 좋은 말을 바치는 이가 있게 될 것입니다." 과연 그의 말대로 1년이 지나자 어떤 사람이 세 마리의 천리마를 임금에게 바쳤습니다.

　이 고사는 인재를 육성하고 등용하기 위한 몇 가지 방법을 우리에게 시사합니다. 첫째는 인재를 찾으려는 노력입니다. 둘째는 과감한 투자입니다. 셋째는 아랫사람을 믿어주는 신뢰입니다. 넷째는 능력을 발휘할 수 있도록 하는 배려입니다. 그리고 끝까지 기다려주는 믿음입니다.

우리 학교(목포정명여중)의 설립목적은 잘 아시는 대로 그리스도의 인격을 닮은 인재 양성입니다. 이웃과 사회와 국가를 사랑하고 봉사하며 나라와 민족을 위한 하나님의 귀한 일꾼을 키워내는 것이 우리의 사명입니다. 그러나 인물이 나오려면 알아주고 불러주는 사람이 있어야 합니다. 보잘것없는 존재도 불러주면 가치 있게 됩니다. 알아주는 사람이 있으면 인생이 달라집니다. 죽은 말의 뼈를 비싼 값에 사들인 것처럼 하나님은 우리를 독생자의 보혈로 값을 치르시고 사셨습니다. 그것은 우리가 그만큼 귀하게 쓰임 받을 가치 있는 존재라는 것입니다.

우리는 하찮은 존재가 아닙니다. 하나님께서 우리를 부르셔서 일꾼 삼으시어 가치 있게 만들었듯이, 아이들의 사명도 알아주고 불러주어야 합니다. 지도자의 사명 중의 하나는 기대해 주는 것입니다. 동료들을 대할 때에 경쟁자나 직급으로 대하는 것이 아니라, 함께 비전을 이루어갈 기적의 주인공으로 기대하며 또한 하나님의 동역자로 인식합니다. 아이들을 대할 때에도 배우는 학생과 피교육자로만 아니라 하나님의 자녀로 대하고, 축복의 통로로 기대해 주고, 그렇게 불러줍니다. 그리고 보다 구체적으로 훌륭한 정치가와 과학자로, 예술계의 마에스트로와 거장으로 기대해주고 불러줍니다. 그러면 진정 훗날에 탁월한 헌신자와 일꾼이 되어 있음을 발견하게 될 것입니다.

천금매골(千金買骨)

말씀 묵상

나는 나에게 능력을 주신 우리 주 그리스도 예수께 감사를 드립니다. 주님께서 나를 신실하게 여기셔서, 나에게 이 직분을 맡겨 주셨습니다. 내가 전에는 훼방자요 박해자요 폭행자였습니다. 그러나 그러한 행동은 내가 믿지 않을 때에 알지 못하고 한 것이므로, 하나님께서 나에게 자비를 베풀어 주셨습니다. 우리 주님께서 나에게 은혜를 넘치게 부어 주셔서, 그리스도 예수 안에서 얻는 믿음과 사랑을 누리게 하셨습니다. (디모데전서 1:12~14)

뭘 잡고 싶나요?

낚시로 잡아야 하는 것이 있고
도무지 낚시로는 잡을 수 없어,
그물로 잡아야 하는 작은 물고기들이 있듯
땅으로 얻어야 하는 것이 있고
기도로 얻어야 하는 것이 있습니다.
밭을 갈고 씨를 뿌리는 것은 땅으로 하여야 하고
좋은 열매를 맺기까지
적당한 날씨와 계절을 위해서는 기도해야 합니다.

윤삼열 『묵상칼럼』 중에서

제3부 희망의 노래를 부르며

미소와 희망 메이커

며칠간 창문을 토닥이며 내리는 봄비 덕분에 물오른 나무들이 초록빛 기쁨으로 세상을 환히 물들이고, 덩달아 내 마음도 초록빛으로 밝아집니다. 꽃처럼 화사한 아름다움도 좋지만 5월의 신록은 푸릇푸릇하고 청순한 빛깔 때문인지 상큼하고 매력적입니다. 그래서 나는 푸른 소나무처럼 한결같은 마음을 지니게 해달라고 기도합니다. 병아리들이 어미닭의 목소리 들으며 봄나들이 나서듯이, 유치원 아이들 선생님의 눈빛을 따라 소풍 가듯이 어디론가 길을 나서고 싶습니다.

해리포터의 작가 조앤 롤링은 주인공을 고아로 설정한 이유에 대해 '아이들이 마음껏 자유를 누릴 수 있도록 하기 위해서'라고 합니다. 어머니는 창조와 사랑의 상징이기도 하지만 때때로 전능한 힘을 가진 억압적 존재일 수 있어서 아이들의 상상과 자유, 성장을 가로막는 장애가 될 수 있다는 것입니다. 그것은 어머니가 사랑이라는 명분 하에 아이들에게 끊임없이 간섭하고 자신의 요구를 강요할 수 있기 때문입니다. 그래서 사랑하고 헌신한다고 하지만 지나치면 오히려 독립성을 훼손하고 구속과 짐으로 여겨지는 부정적 요소가 되기도 합니다. 그러므로 부모는 결코 아이보다 앞서지 않아야 한다는 것입니다. 즉 욕심을 버리라는 것입니다. 아이들의 큰 꿈은 도리어 한 발짝 물러서서 감정적 지지를 보냄으로써 훨씬 아름답게 이루어지고 성숙해질 수 있습니다.

그리스 신화에 나오는 프로쿠르스테스의 침대 이야기가 있습니다. 프로쿠르스테스는 길가에 서서 지나가는 사람들을 붙잡다가 자신의 침대에 눕혀 봅니다. 그리고는 그 사람이 침대보다 작을 때에는 몸을 잡아당겨 침대 길이만큼 늘여놓고, 그 사람의 키가 침대보다 길면 긴 만큼 도끼로 잘라 버립니다. 키가 침대보다 작든 크든 모두 죽게 되고 맙니다. 어떤 때는 부모의 기대에 미치지 못해서, 어떤 때는 부모의 기대보다 지나쳐서 정신적인 죽임을 당하는 자녀들이 의외로 많습니다. 아이마다 다양한 가능성을 가지고 있는데, 부모가 들이대는 거의 유일한 잣대는 부모의 기대라는 잣대입니다. 아이들이 가지고 있는 꿈이나 재능이 기준이 되기보다는 부모의 기대가 절대기준이 되어, 어느새 아이들은 부모의 꿈을 이루기 위한 도구로 전락해 버리고 맙니다. 바로 그것이 자식 앞에 들이대고 있는 또 하나의 프로쿠르스테스의 침대라는 것을 부모는 모르고 있고, 그 결과가 얼마나 무서운 것인지에 대해서도 둔감하기만 합니다.

하인스 워드의 어머니는 우리에게 좋은 부모가 무엇인지를 보여주는 좋은 본보기입니다. 하인스 워드는 2006년 2월 미국 프로풋볼리그(NFL) 챔피언 결정전에서 최우수선수(MVP)로 선정된 한국계 스포츠 영웅입니다. 지금 이 영웅의 미소에 세인의 관심이 쏠리고 있습니다. 배용준의 미소보다 더 아름답다고 하는 사람들도 있습니다. 워드의 성장 배경이 화려했다면 사람들에게 미소의 감동을 주지 못했을 것입니다. 그러나 편모슬하에서 인종차별의 천대와 가난의 고통을 받으며 성장한 그였기에 해맑은 미소가 더욱 돋보이고 있습니다. 미소는 정신의 꽃입니다. 워드의 정신을 올바로 잡아준 최고의 스승은 어머니였습니다. 어머니는 아들을 당당하게 키우려고 정부의 지원금도 받지 않고 새벽 4시부터 밤늦게까지 휴가·휴일도 없이 세 가지 이상의 일을 했습니다. 아들의 미래를 위해 눈물로 기도했습니다. 인고의 세월이 지난 지금 그녀는 영웅의 어머니로 보석처럼 빛나고 있습니다.

미식축구 선수는 세 가지 혹독한 훈련을 받습니다. 상대 선수 앞에서 쓰러지는 법과 상대 선수와 맞부딪치는 법, 상대 선수를 넘어뜨리고 돌파하는 법입니다. 불우한 환경에 노출된 워드는 그 때문에 역경을 극복하는 내공을 연마했고 이 정신을 바탕으로 경기장에서 탁월한 경쟁력을 발휘했습니다. '나를 키운 건 8할이 바람'이라는 어느 시인의 말처럼 오늘의 영웅을 키운 건 고난이었습니다. 한국의 질경이 풀과 같은 어머니는 이국땅에서 아들에게 고난을 극복하는 치열한 생존방식을 스스로 보여주고 가르쳤습니다.

현대 사회에서 생존을 약하게 하는 일들이 많습니다. 그러나 절망할 일이 아닙니다. 약한 그때가 강해질 수 있는 때입니다. 하인즈 워드의 미소는 그걸 말해주고 있습니다. 어머니는 강하고 아름답습니다. 그의 어머니는 아들에게 미소를 만들었습니다. 진실한 어머니의 기도만이 아들을 변화시킵니다. 아들을 행복하게 만듭니다. 이 땅에 아름답고 강한 어머니를 주신 것은 하나님을 대신해서 세상의 모든 자녀에게 보내주신 하나님의 선물입니다.

아이들에게 희망이 되고, 인생에 도움이 되는 말은 의외로 소박합니다. "고맙다, 예쁘구나, 아름답다, 좋아한다, 사랑한다, 보고 싶다, 기다린다, 믿는다, 기대된다, 반갑구나, 건강해라." 너무 흔해서 인사치레가 되기 쉽지만 진심을 담은 말은 가슴으로 느껴집니다. "괜찮다, 넌 할 수 있어, 힘내라, 아자!, 널 위해 기도한다" 등 위로의 말은 금세 가지를 치고 새순 돋아나듯 금방 희망의 잎새를 틔우게 됩니다. 교사와 부모는 잣대를 가지고 재는 사람이 아니라 미소를 키우고 희망을 키우는 초록의 말을 건네는 사람입니다. 즉, 마음을 키워 가는 정원사, 누군가의 가슴 속에 꽃이 피게 하는 사람입니다.

엘바 자크리슨(Elva Zachrison)의 「나는 교사가 된 것이 매우 기쁘다」라는 글이 있습니다. 여러분도 교사가 되고 부모가 된 것을 기뻐하십니까? 우리의 발길 이르는 곳에 복음의 빛 드러나고, 우리의 기도가 하늘 보좌를 움직이고, 우리의 권면이 낙심 중에 있는 자에게 용기를 주고,

미소와 희망 메이커

우리의 찬송이 천국의 기쁨이 되면 좋겠습니다. 바라기는 화분에 물을 주어 고운 꽃을 피워내듯이 우리도 아이들에게 사랑이란 물을 주어 영혼의 예쁜 꽃을 피울 수 있기를 소망합니다. 아이들은 밥이 아니라 칭찬과 위로를 먹고 힘을 얻으며, 희망을 먹고 자라기 때문입니다. 사랑하는 여러분! 우리는 모두 누군가에게 정겨운 웃음과 위로와 평안함을 줄 수 있는 속 깊은 우물이 되어, 누구라도 두레박을 던지면, 빈 가슴 가득 샘솟는 사랑을 채워주는 미소와 희망 메이커가 되시길 간절히 기도합니다.

말씀 묵상

사람들은 내 말을 기다리기를 단비를 기다리듯 하고, 농부가 봄비를 기뻐하듯이 내 말을 받아들였다. 내가 미소를 지으면 그들은 새로운 확신을 얻고, 내가 웃는 얼굴을 하면 그들은 새로운 용기를 얻었다.(욥기 29:23~24)

산을 오르는 자

산을 오르는 자는 산에 걸려 넘어지지 않습니다.
꿈을 성취하려면 꿈 산을 올라야 합니다.
산이 오르는 사람에게 정복되듯,

윤삼열 『묵상칼럼』 중에서

제3부 희망의 노래를 부르며

공통분모를 가져야

   수학(?) 문제 하나 내보겠습니다. $\frac{1}{3}+\frac{2}{3}$는 =1, 같은 분모는 더하기가 쉬워 답이 빠릅니다. 그럼 하나 더 내보겠습니다. $\frac{1}{3}+\frac{1}{4}+\frac{1}{6}$은? 좀 시간이 걸리죠? 분모가 다르기 때문입니다. 그러므로 답을 얻으려면 공통분모를 만들어야 합니다. 그러면 $\frac{4}{12}+\frac{3}{12}+\frac{2}{12}=\frac{9}{12}$가 되고 약분하면 $\frac{3}{4}$이 됩니다. 그렇습니다. 공통점이 많으면 합하기가 쉽습니다. 그런데 수학만이 아니라 우리 인간관계도 그렇다는 것입니다. 그래서 자기와 비슷한 사람을 좋아하는 반면 자기와 공통점이 없는 사람들에 대해서는 반감을 느끼는 경향이 있습니다. 이처럼 서로 비슷한 점을 갖고 있는 사람끼리 호감을 느끼는 것을 '유사성의 원리' 라고 합니다.

   니콜라 게겐이 지은 『소비자는 무엇으로 사는가?』에서 나오는 사례입니다. 게걸은 통신 판매원이 전화를 하여 제품을 소개하는 사람이 그의 집에 직접 방문해도 좋을지 물었습니다. 그 통신 판매원은 고객에 대한 정보를 가지고 있어 자신의 이름을 상대방과 동일한 이름으로 소개했습니다. 동일한 조건에서 단지 이름이 같다는 이유 하나로 이름이 같지 않은 경우보다 4배 가까이 많은 사람이 자신의 집을 방문할 것을 승낙했다고 합니다. 통신 판매원이 남성이고, 피실험자가 여성일 경우는 그 여성의 이름과 동일한 이름으로 자신을 소개할 수 없어 그녀의 남편의 이름을 자신의 이름이라고 소개하였습니다. 이때에도 여성들은 회사원의 방문을 2.2배나 더 호의적으로 받아들이며 승낙했다고 합니다. 친숙함 혹은 비슷함은 상대방을 더 쉽게 도와주게 만든다는 것입니다. 그래서 어떤 사람과 공통의 무엇인가를 가지고 있으면 단지 공통분모가 있다는 이유 하나로 더 도움을 줄 가능성이 높다고 합니다.

초보 도둑이 어느 집에 들어가, "꼼짝 마! 손들어!"라고 말했는데 그 집 주인은 움직이지 않고 가만히 있습니다. 그래서 "너 왜 손 안 들어? 죽고 싶어?"라고 되묻자, 주인 왈 "저는 신경통 때문에 들 수가 없어요"라고 합니다. 그 말을 들은 도둑은 "그래! 나도 신경통에 걸렸는데……."하며 도둑은 자신이 도둑인 것도 잊어버리고 언제부터 그렇게 되었느냐, 어떻게 하니까 좀 괜찮더라는 둥 이야기하다 그냥 집을 나왔다는 것입니다. 물론 이 이야기는 꾸민 것인지 모릅니다. 하지만 이처럼 공통점이 있다는 것은 그만큼 서로가 마음을 열어 가까워지기 쉽다는 것입니다.

여러분들도 자신과 공통점을 가지고 있으면 상대를 더 좋아하게 되는 경험을 많이 하셨을 것입니다. 고속버스를 타고 가다 옆자리에 앉은 사람이 같은 고향, 같은 학교 출신이라고 말하면 마음의 빗장을 열고 친밀감을 갖게 됩니다. '팔은 안으로 굽는다', '가제는 게 편', '피는 물보다 진하다' 등의 우리 속담은 이런 인간의 마음을 반영한 것이리라 봅니다. 그러기에 함께 살아가는 우리들은 기왕이면 서로 다른 이야기로 피곤하게 사는 것보다 서로 같은 공통의 관심사를 나누며 함께 하는 것이 좋습니다. 사도 바울은 복음을 전하는 데 있어서도 상대편의 생각이나 행동을 비하하지 않고 그들과의 공통점을 사용했습니다. 그래서 유대인들에게는 유대인이, 헬라인들에게는 헬라인이 되었으며, 약한 자에게는 약한 자와 같이 되었습니다. 그것은 취미, 사고방식 등에서 공통점이 많으면 관계를 쉽게 형성할 수 있고, 공통점이 많으면 많을수록 서로를 이해해 줄 수 있는 사람이라고 생각하기 때문입니다.

그렇다면 우리는 자녀들과 그리고 우리 가족이나 동료 간에 찾을 수 있는 공통점은 무엇입니까? 아니 공통점을 찾으려고 노력한 적은 얼마나 됩니까? 우리도 사도 바울의 심정을 본받아 아이들은 물론 서로의 공통점을 찾아 서로에게 가까이 다가갈 수 있다면 교육의 효과는 물론 믿음의 효과도 더 많이 얻게 될 것이 분명합니다. 우선 우리는 예수님 안에서 한 가족이 되었습니다. 그리고 가족이라는 같은 브랜드를 가지고 있습니다. 또한 우리는 모두 끊임없이 배우는 사람입니다. 이런 몇 가지 공통점을 찾아간다면 우리는 자녀에 대해 그리고 서로에 대해 잘 이해할 수 있을 것입니다. 신학기입니다. 아직은 서먹하고 어색해서 조금은 불편하고 불안해할 때입니다. 이때 부모와 선생님들이 먼저 아이들과의 공통점을 찾아 나선다면 아이들은 쉽게 친해지고 친구가 될 것입니다.

트러블메이커는 공통점보다 차이점을 먼저 찾는다고 합니다. 샬롬을 외치며 평화를 사랑하는 우리는 차이점보다는 서로의 공통점을 찾기 위해 정성과 관심을 쏟는 한 주간이 되었으면 좋겠습니다. 누군가 작은 이름 하나라도 마음 끝에 닿으면 등불이 된다고 합니다. 삭개오는 자신의 이름을 불러주는 예수님의 그 한마디에 인생을 바꾸었습니다. 이름을 알고 불러주는 것만으로도 우리는 무엇인가 같이 공유할 게 생기게 되고 서로 통하는 친구가 될 수 있습니다.

말씀 묵상

유대 사람들에게는, 유대 사람을 얻으려고 유대 사람같이 되었습니다. 율법 아래 있는 사람들에게는, 내가 율법 아래 있지 않으면서도, 율법 아래에 있는 사람을 얻으려고 율법 아래 있는 사람같이 되었습니다. 율법이 없이 사는 사람들에게는, 내가 하나님의 율법이 없이 사는 사람이 아니라 그리스도의 율법 안에서 사는 사람이지만, 율법 없이 사는 사람들을 얻으려고 율법 없이 사는 사람같이 되었습니다. 믿음이 약한 사람들에게는, 약한 사람들을 얻으려고 약한 사람이 되었습니다. 나는 모든 종류의 사람에게 모든 것이 다 되었습니다. 그것은, 내가 어떻게 해서든지, 그들 가운데서 몇 사람이라도 구원하려는 것입니다. 나는 복음을 위하여 이 모든 일을 하고 있습니다. 그것은 내가 복음의 복에 동참하기 위함입니다.

(고린도전서 9:20~23)

근묵자흑의 원리

『법구비유경』에 나오는 이야기입니다. 부처님께서 어느 날 제자들과 함께 길을 가다가 헌 종이 조각 하나가 떨어져 있는 것을 보고 제자에게 물었습니다. "저 종이는 무엇을 하던 종이냐?" 제자는 종이를 살펴본 후 "이 종이는 아마 향을 쌌던 것으로 보입니다. 향긋한 향내가 납니다." 얼마쯤 더 걸어가다 보니 이번엔 새끼줄이 하나 떨어져 있었습니다. 부처님이 또 제자에게 물었습니다. "네, 이것은 아마 생선을 묶었던 새끼줄인가 봅니다. 비린내가 몹시 납니다."

이런 대답에 부처님은 다음과 같이 말합니다. "모든 것은 본래 정결한 것이었으나 인연에 따라서 죄를 짓기도 하고 복을 짓기도 한다. 현명한 사람을 가까이 하면 덕이 높아지고, 어리석고 우매한 자를 벗하면 근심과 죄가 늘어난다. 마치 저 종이나 새끼줄처럼 향을 가까이하면 향내음이 배어나고, 생선을 가까이하면 생선 비린내가 나는 것과 같아 차츰차츰 물들어가면서도 자신은 깨닫지 못하는 것이다." 이것을 다른 말로 말한다면 먹을 가까이하면 자신도 모르게 검어진다는 '근묵자흑(近墨者黑)'이란 고사성어로 표현할 수 있을 것입니다. 즉, 무엇을 가까이하느냐에 따라 사람이 달라질 수 있음을 보여주는 '접근의 원리'이기도 합니다.

인도네시아나 브라질에 가면 생명력이 충만한 열대 우림이 있습니다. 그곳의 나무는 10m~20m는 보통입니다. 반면에 북극이나 남극에는 만년설과 얼음이 있습니다. 그것은 저주받았기 때문이 아니라 태양과의 거리 때문입니다. 태양으로부터 거리가 멀면 얼음이고, 거리가 가까우면 열대 우림이 됩니다.

이처럼 미국의 문화인류학자 에드워드 홀은 사람과 사람 사이의 거리가 곧 관계의 정도를 나타낸다고 하며 거리에 따라 4가지의 거리로 나누었습니다. 먼저 '밀접 거리'인데 0에서 45cm 거리로서 부부나 연인 같은 친밀한 사람들 간의 거리입니다. 두 번째는 '개체 거리'로 45에서 120cm 정도의 거리인데 손을 뻗으면 잡을 수 있는 거리로 친구끼리의 거리입니다. 세 번째는 '사회적 거리'로 120에서 360cm 정도 거리인데 이는 업무적 형식적 의례적인 교제의 거리입니다. 그리고 '공적인 거리'가 있는데 360cm 이상으로 강의나 프리젠테이션 때 화자와 청중 사이의 거리로서 서로 관계없이 지나갈 수 있는 거리입니다.

그런데 거리의 법칙은 여기에 머무르지 않고 신앙생활에도 그대로 적용된다는 사실입니다. 하나님과의 거리에 따라 신앙의 정도와 깊이가 달라지는데, 하나님과의 거리가 멀어지면 예배를 등한시하게 되고, 가까우면 우리의 모든 삶의 문제들이 봄철 눈 녹듯 다 녹아내리고 삶은 축복의 자리가 되어 집니다.

사람들은 멀리 있는 것을 보기 위해서 망원경, 작은 것을 더 자세히 보기 위해서는 현미경 같은 기계를 사용합니다. 그리고 더 잘 보기 위해 기술과 능력을 키우려고 하고 또 그러한 사람들이 성공하거나 앞서는 경우가 많습니다. 그러나 특별한 능력이 없더라도 잘 볼 수 있는 길이 있습니다. 그것은 상식적이지만 가까이 가서 보는 것입니다. 아무리 기술이 없고, 기구가 없다고 하더라도 우선 가까이 가면 잘 볼 수 있습니다. 그렇습니다. 하나님을 잘 아는 방법은 하나님을 가까이하는 것이고, 그것이 곧 복(시편 73:28)이라고 말씀합니다. 그러므로 우리는 하나님을 가까이해야 합니다. 그러면 하나님도 우리를 가까이하시기 때문입니다.(야고보서 4:8) 가까이 가면 크게 보입니다. 하나님께 가까이 가면 하나님이 크게 보이고, 문제에 가까이 가면 문제가 크게 보입니다.

만날 때마다 어려움을 이야기하고 문제를 말하는 사람은 문제와 가까이 있기 때문입니다. 그러나 하나님과 가까이 있는 사람은 문제의 산을 보기보다 산을 움직이는 믿음을 봅니다. 이것은 능력이나 환경의 문제가 아니라 거리의 문제입니다. 능력이나 환경은 아무나 바꿀 수 없지만, 가까이 가는 것은 누구나 할 수 있습니다. 그러기에 우리는 무엇보다 하나님께 가까이 가야 하고, 우리 아이들과도 가까워지도록 노력해야 합니다. 그곳에 축복의 비밀이 숨어 있기 때문입니다.

우리 학교는 기독교학교입니다. 그러기에 우리의 방법도 기독교적이어야 합니다. 이 말은 기술을 말하는 것이 아니라 우리가 하나님과 '밀접 거리'에 있어야 한다는 것이고, 그러기 위해서 오늘도 우리는 예배의 자리에 나온 것입니다. 그리고 자기의 전공과 사명에 가까이하면 우리는 모두 꿈을 꾸고, 꿈을 이루며, 꿈을 나누는 아름다운 축복의 사람들이 되어 있을 것입니다.

말씀 묵상

하나님께 가까이 있는 것이 나에게 복이니, 내가 주 하나님을 나의 피난처로 삼고, 주님께서 이루신 모든 일들을 전파하렵니다. (시편 73:28)

제3부 희망의 노래를 부르며

조약돌이 되기까지

 일본의 고시마 섬에서 시작된 이모(Imo)라는 원숭이에 관한 이야기입니다. 이모 원숭이가 실험가들이 준 고구마를 냇가의 물에 씻어 먹자 나머지 원숭이들도 따라 하기 시작했습니다. 모방을 통해 학습이 된 것입니다. 더 고난도의 실험이 이어졌습니다. 원숭이들이 먹을 밀을 해변에다 던졌습니다. 원숭이들은 모래 때문에 밀을 먹는 게 힘들어집니다. 그러자 혁신가인 이모라는 그 원숭이가 그 밀을 물에다 던집니다. 모래는 가라앉고 밀만 뜨게 됩니다. 그렇게 해서 편안하게 먹는 것을 본 다른 원숭이들도 모두 따라 하더라는 것입니다.

 이를 리처드 도킨스는 문화적 유전자라 부르고, 그 이론을 '밈(Meme) 이론'이라고 합니다. 유전자가 정자나 난자를 통해 하나의 신체에서 다음 세대의 신체로 건너뛰어 퍼지는 것 같이, 문화도 모방의 과정을 통해 한 사람의 뇌에서 다른 사람의 뇌로 복제되어 전달된다는 것입니다. 한마디로 이것은 문화도 유전된다는 것으로, 이론의 핵심은 모방입니다. 그리고 이 밈은 좁게는 한 사회의 유행이나 문화 전승을 가능하게 하고, 넓게는 인류의 다양하면서도 매우 다른 문화를 만들어 나가는 원동력이 된다는 것입니다.

 교육과 문화 그리고 모든 환경과 분위기 등도 다음 세대로 전이됩니다. 그러나 요즘처럼 교육은 학원과 학습지에 맡겨버리고, 살림살이는 그득하지만 살림은 모두 집 밖의 일손에게 맡겨, 음식은 식당에서, 빨래는 세탁소에서 해결해버리는 시대에서 우리 자녀들은 무엇을 제대로 배우겠습니까? 기껏해야 부모는 오직 과외비를 잘 벌어다 주는 일이고, 교사의 임무는 그저 지식이나 전달하는 것으로 끝난다면 아이들은 모두 돈으로 해결하려는 물질만능주의와 획일적인 모습밖에 배울 게 없습니다.

우리 자녀와 후손들이 무엇을 배우기 원합니까? 그렇다면 우리는 그것을 보여주어야 합니다. 왜냐하면 아이들은 프로그램으로 배우거나 변화되는 것이 아니기 때문입니다. 게다가 말로 이루어지는 것은 더욱 아닙니다. 그러기에 우리는 요리하는 모습을 보여주고, 공부하는 모습을 보여주고, 이웃을 섬기고 함께 하는 모습을 보여주고, 기도하는 모습을 보여주어야 합니다. 바로 그런 모습을 통해 아이들이 배우고 따라 하기 때문입니다. 이런 것들은 돈을 주고 배울 수 있는 게 아닙니다.

우리 자녀와 아이들은 머리로 배우는 게 아니라, 그들은 느낌으로 배웁니다. 그래서 어떤 분은 'Learning is AHA feeling.'이라고 했습니다. 우리의 모습을 통해 배웁니다. 우리가 기뻐하고 즐거워하면 그들도 기뻐하고 즐거워합니다만, 우리가 쭈뼛거리고 망설이면 그들도 눈치만 봅니다. 우리가 열정으로 기도하고, 찬양하고, 우리의 몸과 마음을 드려야 하는 이유가 바로 여기에 있습니다. 그러면 그들은 자연히 따라 하며 배우게 됩니다.

바닷가의 조약돌을 그토록 둥글고 예쁘게 만드는 것은 무쇠로 된 정이 아닙니다. 더욱이 지식전달이나 프로그램으로 만들어지는 것이 아니라 오랜 기간 부드럽게 쓰다듬는 물결이듯, 우리의 보이지 않는 따스한 사랑과 보여지는 뜨거운 열정이 우리 아이들을 배우게 하고, 깨닫게 하고, 변화시키는 것입니다. 우리는 다음 세대에 무엇을 남겨 주길 원합니까? 그렇다면 우리는 과연 어떤 모방학습의 교사가 되어 있습니까?

제3부 희망의 노래를 부르며

말씀 묵상

내가 오늘 당신들에게 명하는 이 말씀을 마음에 새기고, 자녀에게 부지런히 가르치며, 집에 앉아 있을 때나 길을 갈 때나, 누워 있을 때나 일어나 있을 때나, 언제든지 가르치십시오. 또 당신들은 그것을 손에 매어 표로 삼고, 이마에 붙여 기호로 삼으십시오. 집 문설주와 대문에도 써서 붙이십시오. (신명기 6:6~9)

꿈을 가진 사람은

꿈을 가진 사람은 인생의 정원을
아름답게 가꾸는 정원사입니다.
이른 아침부터 일어나
자신감의 물을 주고
용기의 거름을 주고
　두려움의 가지를 잘라 내어
　마침내 아름다운 결실을 보는
　솜씨 좋은 정원사입니다.

윤삼열 『묵상칼럼』 중에서

겨울나무의 지혜

　인생은 사막과 같습니다. 그러나 사막에는 오아시스가 있습니다. 사랑은 사막의 오아시스와 같습니다. 생텍쥐페리는 어린 왕자에서 사막이 아름다운 것은 어디엔가 오아시스가 있기 때문이라고 말했습니다. 사막 같은 인생이 아름다울 수 있는 것은 우리 가슴에 있는 사랑과 그리움 때문입니다. 그런데 사랑에서 가장 중요한 것은 기다림입니다.

　겨울나무는 기다림의 교훈을 가르쳐줍니다. 겨울나무는 외롭습니다. 겨울나무는 고독합니다. 누구의 관심을 끌지 못한 채 한겨울을 나야 합니다. 우리는 인생 여정에서 가끔 겨울나무와 같은 시절을 만나게 됩니다. 외롭고 추운 겨울을 통과해야 할 때가 있습니다. 몸은 병들고, 힘은 쇠약해지고, 주위에 친구들은 멀리 떠나가고, 사업은 실패를 맛보아야 하는 때가 있습니다. 의심이 찾아오고, 생각이 혼돈스럽고, 초점이 흐려지고, 상처가 더욱 깊어져 갈 때가 있습니다. 그때 우리가 해야 할 일은 겨울나무가 봄을 기다리는 것처럼 기다리는 것입니다. 조용히 기다리는 것입니다. 차가운 인생의 겨울에 봄을 맞이하기 위해 해야 할 일은 기다리는 것입니다. 기다리는 중에 봄이 찾아오면 벌거벗은 겨울나무에는 저절로 꽃이 피고, 새 싹이 돋아나게 되어 있습니다.

　그러나 우리가 기억해야 할 사실은 겨울 속에 이미 봄이 와 있다는 사실입니다. 겨울나무 속에 이미 꽃이 담겨 있고, 푸른 싹이 담겨 있다는 사실입니다. 겨울나무가 기다리면서 하는 일은 추운 겨울 동안 뿌리를 가꾸는 일입니다. 보이지 않는 뿌리를 돌보는 일입니다. 겨울나무의 지혜는 기다림의 지혜입니다. 보이지 않은 뿌리를 가꾸며 기다리는 지혜입니다. 외로울 때 조금 더 기다리십시오. 힘들 때 조금 더 기다리십시오. 기다림이 지혜입니다. 기다림을 통해 우리 인생은 더욱 깊어집니다. 기다림이 사랑입니다. 기다림을 통해 우리의 사랑은 더욱 무르익습니다. 기다림이 기도입니다. 기다림을 통해 우리의 기도는 더욱 성숙해집니다. 기다림을 통해 우리의 사랑과 기도 그리고 인생이 더욱 깊어져 갑니다.

알렉산더 대왕이 한 친구로부터 잘 훈련된 두 마리의 사냥개를 선물을 받았습니다. 무척 기뻐하며 어느 날 사냥개를 데리고 토끼 사냥을 떠났습니다. 그런데 개들이 토끼를 물끄러미 바라보며 빈둥거리며 누워서 사냥을 할 생각이 전혀 없는 듯 보였지만 그냥 지나갔습니다. 다음 날, 왕은 사냥개를 데리고 사슴사냥을 갔는데 그때도 여전히 사냥개가 가만히 바라볼 뿐 움직이지 않자, 화가 난 알렉산더는 사냥개를 모두 죽여 버렸습니다. 나중 친구를 불러 뭐 그런 개를 주었냐고 호통을 치자 친구가 실망스런 표정을 지으며, "대왕님 그 사냥개는 토끼나 사슴사냥을 위하여 훈련된 개들이 아니라 사자나 호랑이를 잡기위하여 오랜 날을 훈련받은 값비싼 개들입니다"라고 말했을 때 알렉산더는 기다리지 못한 자신의 행동을 크게 후회했다고 합니다.

『모모』라는 소설이 지금까지도 생생하게 기억에 남는 것은 이름만큼이나 독특한 그가 하는 일 때문입니다. 모모는 남의 말을 가만히 들어만 주면 사람들은 스스로 문제의 답을 찾곤 합니다. 지금 우리에게는 바로 이런 사람이 필요합니다. 그런데 이러한 일보다도 더 중요한 것은 시간과 싸우는 과업이었습니다. 그는 시간을 도둑질하는 회색당과 맞서 싸우면서 잃었던 시간을 되찾기 위해 시간의 꽃을 찾아가는데 그 방법은 세상 법칙과 정반대였던 것입니다. 곧 빨리 서두르면 서두를수록 왔던 길로 다시 물러나지고, 천천히 가면 빠르게 앞으로 나아가는 것입니다.

기다릴 줄 아는 사람은 지혜로운 사람입니다. 기다릴 줄 아는 사람은 때를 알고 때의 흐름을 아는 사람입니다. 지혜란 때를 분별하는 것입니다. 때는 철을 의미하고, 철은 계절(季節)을 의미합니다. 사람이 철들었다는 것은 자연의 계절을 알고 인생의 계절을 알게 되었다는 것입니다. 사람이 철들었다는 것은 사리를 분별할 줄 아는 힘이 생겼다는 것입니다. 사리를 분별하는 힘은 바로 인생의 계절을 아는 데서 옵니다. 인생의 사계절을 아는 사람은 지혜로운 사람입니다. 사계절을 아는 사람은 전체를 볼 줄 아는 사람입니다. 사계절을 아는 사람은 인생 전체의 흐름을 볼 줄 압니다. 근시안적인 안목이 아니라 장기적인 안목을 가진 사람입니다.

전도서의 말씀처럼 만사에는 때가 있습니다(전도서 3:1~11). 인생에는 형통할 때가 있고 실패할 때가 있습니다. 승리의 때가 있고 패배의 때가 있습니다. 건강할 때가 있고 병약할 때가 있습니다. 항상 밝은 날만 있을 수는 없습니다. 때로는 어두운 날도, 슬픈 날도 있고, 때로는 눈물 흘리는 날과 나약함 때문에 흐느끼는 날도 있습니다. 인생에는 밀물의 때가 있고 썰물의 때가 있습니다. 밀물과 썰물의 때를 아는 사람은 밀물의 때를 만났다고 너무 좋아하지 않습니다. 그 이유는 곧 썰물의 때가 올 줄 알기 때문입니다. 또 썰물의 때가 왔다고 낙심하지 않습니다. 멀지 않은 날 밀물의 때가 올 줄 알기 때문입니다. 기다리면 반드시 밀물의 때가 옵니다. 밀물의 때는 노력함으로써 오는 것이 아니라 기다림으로써 찾아오기 때문입니다.

기다릴 줄 아는 사람은 하나님을 신뢰하는 사람입니다. 하나님을 신뢰하는 사람은 잠잠히 기다립니다. 하나님의 섭리를 믿기 때문에 기다리고, 하나님의 통치를 믿기 때문에 기다립니다. 기다리는 동안 하나님이 그를 위해 일하고 계심을 믿기 때문에 기다립니다. 카를 융이 말한 것처럼 마귀는 조급합니다. 그러나 하나님은 기다리십니다. 기다림은 하나님의 성품입니다. 기다릴 때 우리는 하나님을 닮게 되고, 기다릴 때 마음은 고요해집니다. 기다릴 때 마음은 맑아지고, 기다릴 때 하나님의 음성을 듣게 됩니다. 기다릴 때 하나님이 하시는 일의 결국을 보게 됩니다. 기다릴 때 곡식이 무르익는 것처럼 우리 인생도 무르익어 갑니다. 그러므로 하나님 앞에서 잠잠히 기다려야 합니다. 하나님이 우리를 위해 이루실 놀라운 일들을 기대하며 기다려야 합니다.

선진국과 후진국, 부자와 가난한 자의 차이는 결코 돈의 유무를 갖고 말하는 것이 아니라 오직 기다림의 여유가 척도가 됩니다. 무언가를 기다린다는 것은 그분 앞에 부끄럽지 않게 서도록 오늘 이 순간에 내일을 바르게 준비하는 것을 의미합니다. 오늘은 교회 절기로 대강절입니다. 대강 지키는 절기가 아니라, 주님의 오심을 기다리는 뜻의 강림절로 교회력의 관점으로 볼 때, 오늘이 새해의 시작이 되는 셈입니다. 우리는 '이미'와 '아직' 사이에 살아가고 있습니다. 이미 오신 예수님과, 아직 오시지 않은 예수님 사이에 살고 있다는 것입니다. 그러기에 이미 오신 예수님을 마음속에 모시는 일만 아니라, 이제 다시 오실 예수님을 바라보고 기대하고 기다리고 사모하는 삶을 살아가야 한다는 것입니다. 기다림은 삶의 빈 여백(餘白)입니다. 기다릴 줄 아는 사람은 그 빈공간 안에 세상 그 어디에도 찾을 수 없는 값진 보석들을 채우며 살아갑니다.

눈 내린 하얀 겨울에도 더욱 꿋꿋하게 살아 오랜 기다림과 그리움을 눈꽃으로 피워내, 마침내 휘파람 소리 날리는 작은 새 한 마리 쉴 수 있는 가슴 푸르른 겨울나무의 지혜를 배웠으면 좋겠습니다.

말씀 묵상

주님께서는, 주님을 기다리는 사람이나 주님을 찾는 사람에게 복을 주신다. 주님께서 구원하여 주시기를 참고 기다리는 것이 좋다. (예레미야 애가 3:25~26)

꽃들의 삶을 그리다

예수님은 공중의 새와 들의 백합화를 보라고 하십니다. 왜 그랬을까? 생각해봅니다. 우선 사람들이 자주 보지 않기 때문이라 생각합니다. 아니 보아도 잘 보지 못하거나, 하나님의 아름다운 세계와 좋은 것들을 보고도 감동이 없는 안타까움의 발로일 수도 있습니다. 아님 자연과 생명의 신비함과 환희에의 초대일까요? 꽃과 자연을 보며 그들의 이야기와 함성을 들으라고 하는 것 같기도 합니다. 너희들도 이 꽃처럼 아름답다고 말하며 감사와 소망과 기쁨과 평안의 신앙 꽃을 피우라는 애절함도 보입니다. 보이는 것을 통해 보이지 않는 것을 보고, 보는 대로 이루어진다는 것을 가르치는 것 같기도 하고, 감탄사가 그리워 너희들도 나를 따라 보기에 좋다고 고백하고, 새처럼 사랑 노래 부르자는 권유처럼 보이기도 합니다.

백합화를 보라는 말씀에 이동해 화백은 무엇을 보았을까요?
어느 시인은 '그리움이 꽃이 되었다'고 하지만, 그는 하나님의 사랑과 생생한 신비의 현상을 바라봅니다. 삶의 은총을 노래합니다. 그래서일까요? 그는 아름다운 서창호수가 한눈에 펼쳐지는 언덕 위의 하얀 집 푸른 호수 갤러리에 에코토피아의 실천적 작업공간을 마련하고, 직접 정원에 씨를 뿌리고 손수 수많은 꽃을 피워내며, 작은 씨앗이 위대한 형상으로 변모해가는 생명 현장의 한복판에 마주합니다. '내려갈 때 보았네, 올라갈 때 보지 못한 그 꽃'을 오르고 내려갈 때만 아니라 숨 쉬는 순간마다 삶의 일상 속에서 접하며, 나태주 시인의 고백처럼 '자세히 보아야 예쁘다. 오래 보아야 아름답다. 나도 그렇다.'고 몸으로, 그림으로

답합니다.

그는 "어느 날 집에서 키우던 야생화를 자세히 살펴보다가 꽃들도 제각기 표정이 다르다는 것을 보았다"고 하면서 그는 보이는 대로도 그리지만, 그들이 말하는 것을 듣고 또 그들에게 말을 걸면서 그들의 삶을 그립니다. 그렇게 그려지는 꽃은 사물로서의 꽃이 아니고, 단순히 보여지는 대로 그리는 아름다움의 표상이 아니라 '하나님 따라 하기'의 창조가 됩니다. 그들의 무수한 몸짓 속에서 솟구치는 영혼의 투명한 외침을 듣고 마침내 꽃들이 보여주고 말하고 춤추는 꽃들의 삶을 이야기합니다. 하지만 그것은 단지 그림이 아니었습니다. 하나님의 신비와 생명의 경이에 대한 신앙고백이며, 하나님의 은총에 대한 찬미이며, 세미하게 들리는 하나님의 음성을 들려주는 확성기입니다. 그러기에 그의 작품은 연필이나 화가의 손이 그리는 것이 아닌 마음으로 영혼으로 그리는 구원의 메시지이며 에덴동산으로의 회복입니다. 그의 행위는 인생과 예술과 신앙이 삼위일체로 통합되는 신명 나는 일로 세상을 향한 외침이고 경건하게 살려는 몸부림이고 간절함입니다.

같은 자연을 보고 꽃을 보지만 사람마다 받아들이는 정보와 느낌도 달라서 주님은 사람이 떡으로만 사는 것이 아님을, 수고와 걱정으로 사는 것이 아님을 말합니다. 누구는 '어여뻐라 순결한 흰 백합화야 그윽한 네 향기 영원하리라' '주는 저 산 밑에 백합 빛나는 새벽별 이 땅 위에 비길 것이 없도다' 처럼 노래와 시로, 어떤 이는 소설과 그림으로 나타냅니다. 세상은 물론 교회와 가정도 하나님의 동산입니다. 우리 하나하나가 이 동산의 장미같이 아름다운 꽃이 되고, 새가 됩니다. 이사야 선지자는 광야같이 황폐한 심령도 백합같이 아름답게 필 수 있다고 합니다. 들의 백합화를 보고 공중의 새를 보라는 것은 백합같이 아름다운 심령이 되고 새들처럼 하나님을 찬양하라는 것입니다. 마음도 성품도 행실도 아름답게 하여 하나님의 울림이 되고 향기가 되고 노래가 되라는 명령입니다. 그림이나 시가 아니어도, 노래나 예술이 아니어도 우리는 주

꽃들의 삶을 그리다

님의 도구는 될 수 있습니다. 아름다움의 세계를 접촉한다는 것은 스스로의 생활을 아름답게 가꾸는 계기가 되고, 우리의 괴로운 영혼이 간절히 희구하는 구원의 행복을 갖게 합니다. 나아가 생장의 신비와 생명력의 약동을 터득하여 모름지기 삶에 대한 의미와 보람을 깨닫게 합니다.

우리를 주님의 숨결과 손길에 섬세한 붓으로 다듬은 〈Flower's Talk #6〉에 초대해준 이동해 화백에게 감사드리며 함께 생명의 꽃밭을 만들어가길 소망합니다.

이동해 화백의 〈Flower's Talk〉 6번째 전시회 오프닝 축하 메시지

말씀 묵상

어찌하여 너희는 옷 걱정을 하느냐? 들의 백합화가 어떻게 자라는가 살펴보아라. 수고도 하지 않고, 길쌈도 하지 않는다. (마태복음 6:28)

꿈을 파는 학교
(Dreamketing School)

LG경제연구원이 발표한 2007년도 '기업경영 포인트 7가지' 라는 보고서에 '드림케팅' 이라는 신조어가 나옵니다. 드림케팅(Dreamketing)은 론지노티 비토니가 자신의 저서 '꿈 팔기' 에서 처음 사용한 말로 '드림과 마케팅' 을 합성한 단어입니다. '꿈을 판다' 는 드림케팅은 얼마나 많은 사람이 꿈에 굶주려 있는가를 보여주는 말이기도 합니다. 어쩌면 우리는 성공적이고 성취 지향적인 삶에 찌들어 있는지 모릅니다. 그래서 일부 성공하는 사람은 우쭐대지만 대부분 사람은 수많은 상처와 스트레스를 받으며 살고 있습니다.

지난 연말에 갤럽국제조사기구에서 세계 57개국의 4만 8,500명을 대상으로 실시한 여론 조사에서 새해에 경제가 나아질 것이란 희망적 의견을 가진 사람은 10명당 1명에 불과하다고 합니다. 그렇게 혐오하고 싫어했던 독재정권 하에서도, 민주화를 외치던 암울한 그 시대에도 미래는 현재보다 더욱 잘살게 될 것이라는 희망적인 생각이 지배적이었는데 반해, 지금은 엄청난 경제성장과 2만 달러가 넘는 소득수준을 이루었음에도 미래를 낙관하는 사람은 오히려 줄어들고 비관적이고 절망적이라는 사람이 늘고 있다는 보고입니다. 차라리 독재 타도와 민주화를 외치던 그 당시에는 국민들이 한마음으로 달려가던 꿈과 목표라도 있었는데 지금은 그것이 없다는 것입니다. 가슴 아픈 일입니다.

꿈을 파는 학교(Dreamketing School)

우리 시대의 가장 큰 문제는 '진짜 꿈이 없다'는 것입니다. 꿈이 없기에 열정도 없고 미래도 없습니다. 청소년들은 방황하며, 가정의 아름다움은 파괴되고, 인간의 존엄성도 소리 없이 무너지고, 비전을 상실한 문화는 허무와 절망의 종착역으로 달려갑니다. 그리하여 결국은 사람들은 진짜 꿈 대신에 허황된 가짜 꿈으로 자신을 포장합니다. 그래서일까요? 이제 기업들도 상품을 꿈으로 포장하여 팔려고 합니다. 스타벅스는 하찮은 커피를 스타벅스 라이프 스타일로 바꿔 사람들이 그곳에서 친구들과 이야기를 나누고 신문이나 책을 읽으며 경험과 꿈을 사게 합니다. 화장품을 파는 대신 아름다워질 수 있다는 꿈을 팔고, 책을 파는 대신 독서의 즐거움과 유익한 지식을 팔고, 옷을 파는 대신 매력을 팔고, 핸드폰을 파는 대신 사랑하는 사람이나 좋은 친구와의 접속을 팝니다.

그래서 여성들은 '상류사회의 귀족적인 우아함'을 꿈꾸어 루이비통 핸드백에 크리스챤디올의 립스틱을 바릅니다. 남성들은 '지성과 야성을 겸비한 세계 정복자'의 꿈을 꾸고 최고급 승용차를 타며, 아이들은 '문화와 스포츠의 영웅들'을 꿈꾸며 마이클 조던이 신는 나이키를 통해 꿈을 이루려 합니다. 그러나 여전히 사람들은 허전해하고 고통스럽다고 토로합니다. 기업들은 이렇게 제품 대신 우리에게 꿈과 즐거움과 자부심과 일상생활의 행복을 팔고 있습니다.

이제 우리 학교도 변해야 합니다. 더 이상 지식이나 학력을 파는 곳이 아니라 꿈을 팔아야 합니다. 이곳에서 내일의 희망을 찾고 미래를 꿈꾸도록 꿈을 팔아야 합니다. 꿈꾸는 자만이 관심이 생기고 열정이 있고 사랑이 있습니다. 꿈이 있으면 상처가 치유됩니다. 꿈을 기억하면 고난도 축복의 씨앗으로 만듭니다. 꿈이 있으면 유혹의 덫을 피할 수 있고, 힘든 훈련도 달게 받습니다. 꿈꾸는 자가 축복의 열매를 거둡니다. 그러기에 우리 학교가 드림마켓이 되게 하고, 이곳에서 우리 아이들이 꿈을 살 수 있도록 우리는 드림케팅의 전문가가 되었으면 합니다. 꿈과 희망을 잃어버린 이 시대에 십자가와 복음이라는 새로운 대안을 제시하며 우리

제3부 희망의 노래를 부르며

아이들에게 희망의 꿈을 팔아야 할 책임이 우리에게 있습니다.

말씀 묵상

그런 다음에, 내가 모든 사람에게 나의 영을 부어 주겠다. 너희의 아들딸은 예언을 하고, 노인들은 꿈을 꾸고, 젊은이들은 환상을 볼 것이다. (요엘 2:28)

꿈을 심는 사람

우리는 꿈을 심는 사람입니다.
농부가 씨앗을 뿌릴 때는
아무것도 없는 땅에 씨앗을 뿌리지만
언젠가 무성한 소출을 얻는 것처럼
믿음과 성실로 꿈을 심으면
믿음대로 꿈대로 이루어집니다.

윤삼열 『묵상칼럼』 중에서

일곱 번 넘어져도

　한 어린이가 야구모자를 쓰고 야구공과 야구 방망이를 들고 혼자 운동장으로 갔습니다. 그리고 자랑스러운 표정으로 혼자 이렇게 중얼거립니다. "난 세상에서 가장 뛰어난 야구선수다." 그런 다음 볼을 공중으로 던져 올리고 온 힘을 다해 방망이를 휘둘렀습니다. 그런데 헛스윙을 하고 말았습니다. 그래도 아이는 기가 죽지 않고 다시 공중에 볼을 던지며 소리칩니다. "난 세상에서 가장 위대한 선수야." 그렇지만 또 헛스윙이었습니다. 그런데 아이는 잠시 동작을 멈추고 서서 볼과 방망이를 자세히 살피더니 한 번 더 볼을 공중에 던져 올리며 "난 야구 역사상 최고의 선수야"라고 소리를 지르며 방망이를 힘껏 휘둘렀습니다. 하지만 불행히 이번에도 빗나가고 말았습니다. 그러자 이번에는 아이가 아주 감격스러운 목소리로 이렇게 말합니다. "오~ 난 역시 정말 대단한 투수야." 그렇습니다. 누구보다 우리 자신을 스스로 격려하고 위로할 필요가 있습니다. 왜냐하면 스스로 포기하면 어느 누구도 대신해주거나 기대해주지 않기 때문입니다.

　실제로 성공한 사람들은 쉽게 포기하지 않고 목표를 향해 도전한 사람들입니다. KFC의 창업자인 커널 샌더스는 자신이 고안한 닭튀김 제조법을 가지고 프랜차이즈 사업을 할 때 무려 1005번이나 거절당했으며, J.K 롤링은 『해리포터』를 내기 위해 8개 회사로 부터 거절당했다고 합니다. 영국의 추리소설가 존 크리시는 753번을 거절당한 뒤 첫 소설을 출간했고 그 뒤 563권의 책을 세상에 내놓았습니다. 대니얼 디포의 『로빈슨 크루소』는 20번 거절당한 후 21번째 출판사를 찾아가 마침내 세상에 나오게 되었으며, 막사이사이상을 수상한 김선태 목사는 대학에 들어가기 위해 '시각장애인에게도 대학입학시험자격을 달라고' 32번 거절을 당하고 33번 문교부의 문을 두드려 시험허가를 받고 당당히 시험에 합격하여 대학에 들어갔다고 합니다.

이처럼 아무리 작은 성공확률이라도 계속 시도하면 그 확률은 예외 없이 100%에 가까워집니다. 거절과 실패는 일상생활의 과정일 뿐입니다. 그러기에 성공 확률이 1%만 있어도 포기해서는 안 될 뿐 아니라, 특별히 힘을 주는 격려와 위로 그리고 권면은 한두 번으로 그치지 않고 계속되어야 하는 이유가 여기에 있습니다.

미국의 소매상협회에서 세일즈맨이 거래실적과 집념의 상관관계를 연구하여 공개했습니다. 물건을 판매할 때 세일즈맨 중 48%는 단 한번 권유하고 포기합니다. 25%의 세일즈맨은 두 번 권유하고 포기합니다. 15%의 세일즈맨은 세 번 권유하고 포기합니다. 세일즈맨 중 오직 12%만이 네 번 이상 권유합니다. 그러나 놀라운 사실은 네 번 이상 권유하는 12%의 세일즈맨이 전체 판매량의 80%이상을 차지하고 있다는 것입니다. 결국 88%의 세일즈맨이 판매한 상품은 고작 20%에 불과했습니다.

"대저 의인은 일곱 번 넘어질지라도 다시 일어나려니와 악인은 재앙으로 인하여 엎드러지느니라(잠언 24:16)"고 한 말씀처럼 우리는 실패나 거절을 두려워할 필요가 없습니다. 무슨 일을 하든 평균적으로 당하는 거절의 횟수가 있다고 생각하면 거절은 또 다른 방법으로 제안할 것을 요구하는 신호인 것입니다. 『두려움을 정복하라』의 저자 리사 히메네스는 '평균의 법칙'을 소개합니다. 즉 1번의 큰 성공을 거두려면 10번은 거절당해야 한다는 것입니다. 자신이 메리 케이라는 회사에서 일할 때 고객과 접촉하여 판매에 성공하려면 10번의 거절을 당하고 1번 성사를 이루었다는 것입니다.

하물며 이익만을 생각하는 세일즈가 그러할진대 우리가 부모와 교육자이며 나아가 주님의 사랑으로 영혼을 터치하는 사람이라고 한다면 10번이 아니라 10번씩 100번이라도 도전하고 사랑하고 격려해주어야 할 것입니다. 사실 요즘 우리 아이들은 이기적이고 쌀쌀맞고 냉정해서 좀처럼 감동하거나 감사하지 않는 아이들입니다. 정말 뭐하러 귀찮게 욕 먹어가며 잔소리할 필요가 있을까 회의가 들기도 합니다. 그렇지만 우리는 포기할 수 없습니다. 하나님의 기대와 사랑 그리고 그것이 우리의 사명이요 소명이기 때문입니다.

말로는 쉽지만 현실은 힘든 줄 압니다. 하지만 다시 한번 눈 찔끔 감고 시도해 보았으면 좋겠습니다. 먼저는 우리 스스로에게 용기와 격려를 해주십시오. "난 멋진 부모이고 선생이야.", "난 하나님의 신실한 일꾼이야.", "난 축복의 통로야." 그리고 우리 아이들에게도 이렇게 말을 건네 보세요. "넌 할 수 있어.", "넌 소중한 사람이야.", "00야 사랑해." 라고 말입니다. 처음엔 어색해할 것입니다. 그래서 처음 한 번 들을 때 그들은 '어라?' 두 번은 '아쭈?' 세 번은 '혹시?' 네 번은 '정말?' 하다가 거듭되면 거듭 될수록 기다리게 되고, 결국은 미안해하면서 사랑을 확인하게 되는 것입니다.

그들은 음식은 인스턴트를 좋아할지 모르지만, 사랑만큼은 잔잔한 파도처럼 밀려오는 감동을 원하기 때문입니다. 자신의 딸을 치료하기 위해 예수님께 나아간 이방여인이 예수님께 거절당했을 때 끝까지 좌절하지 않고 몇 번이고 간곡히 청원하듯, 우리에게 맡겨진 영혼을 위해 일흔 번씩 일곱 번이라도 용서하고 힘을 주는 격려와 위로와 권면을 아끼지 말았으면 합니다.

말씀 묵상

마침, 가나안 여자 한 사람이 그 지방에서 나와서 외쳐 말하였다. "다윗의 자손이신 주님, 나를 불쌍히 여겨 주십시오. 내 딸이, 귀신이 들려 괴로워하고 있습니다." 그러나 예수께서는 한 마디도 대답하지 않으셨다. 그 때에 제자들이 다가와서, 예수께 간청하였다. "저 여자가 우리 뒤에서 외치고 있으니, 그를 안심시켜서 떠나보내 주십시오." 예수께서 대답하셨다. "나는 오직 이스라엘 집의 길을 잃은 양들에게 보내심을 받았을 따름이다." 그러나 그 여자는 나아와서, 예수께 무릎을 꿇고 간청하였다. "주님, 나를 도와주십시오." 예수께서 대답하셨다. "자녀들의 빵을 집어서, 개들에게 던져 주는 것은 옳지 않다." 그 여자가 말하였다. "주님, 그렇습니다. 그러나 개들도 주인의 상에서 떨어지는 부스러기는 얻어먹습니다." 그제서야 예수께서 그 여자에게 말씀하셨다. "여자여, 참으로 네 믿음이 크다. 네 소원대로 되어라." 바로 그 시각에 그 여자의 딸이 나았다. (마태복음 15:22~28)

실패자는

뭔가 실패하는 사람들의 공통점은
우선 절실함이 없으며,
왜 안 되는지 그 이유를 잘 알고 있고,
또한 완벽한 핑계거리를 가지고 있는데,
그 핑계는 정말 논리적이고 합리적이라는 것입니다.

윤삼열 『묵상칼럼』 중에서

축복 사역자

츠첸보의 『인생 실험실』에 나오는 이야기입니다. 유리 크롤로프란 과학자가 '정서간섭'이란 재미있는 실험을 했습니다. 자신이 못생겼다고 생각해서 늘 고개를 숙이고 다니는 페름시의 공업지대에 사는 30세 여성 루드밀라를 대상으로 한 실험이었습니다. 그녀는 성격도 내성적이고 직장에서의 업무태도도 좋지 않았습니다. 그런데 크롤로프는 루드밀라의 동료를 시켜 그녀에게 스커트를 선물하게 하고, 다른 동료들에게는 "그 스커트 정말 예쁘네요, 25살밖에 안 돼 보이네요"라는 말을 하게 했습니다. 그렇게 며칠이 지나자 루드밀라는 점점 그늘진 모습을 벗어 버리고 밝아졌으며, 길을 걸을 때도 고개를 든 채 가슴을 펴고 다녔습니다. 그 후 루드밀라의 업무태도는 점점 좋아졌고 전보다 어려 보이게 될 뿐 아니라 자신감을 회복하였다는 것입니다.

남아프리카 정글의 바벰바족은 가끔 누가 범죄하면 그를 마을 광장에 세우고 모든 마을 사람들은 그 주위에 큰 원을 이루어 섭니다. 그리고 한 사람씩 돌아가며 그 죄인의 장점이나 그가 과거에 했던 선행을 큰소리로 외칩니다. 그때 과장이나 농담은 일절 금지되고, 비난이나 욕이나 책망은 한마디도 해서는 안 되고, 진지하게 칭찬만 해야 하는데, 칭찬이 바닥날 때까지 며칠이라도 하다가 칭찬이 다 끝나면 그때부터 그가 새사람이 되었다는 의미로 축제를 벌입니다. 그러면 그다음부터는 정말 새사람이 되고, 그래서 그 부족 사회에서는 범죄가 거의 없다고 합니다. 칭찬과 격려의 힘이지요. 그런데 정서간섭도, 칭찬도 무언가 부족하다는 생각이 듭니다. 거기엔 삶의 방향과 목적 그리고 무엇보다 생명을 살리는 복음이 없기 때문입니다. 그러므로 우리는 칭찬과 격려의 말도 해야 하지만 그들이 삶의 분명한 비전을 찾을 수 있도록 그리고 목적이 이끄는 삶을 살아갈 수 있도록 축복해 주어야 합니다.

수돗물은 수도관을 타고 와 우리네 살림살이를 돕고, 전기는 전선을 타고 들어와 어둠을 밝히듯. 축복은 바로 우리의 입술을 통해 전해집니다. 그것은 우리는 말씀으로 천지를 창조하신 하나님을 닮았기 때문입니다. 하나님께서 가라사대(이르시되) 말하는 모든 것이 그대로 되었습니다.(창세기 1장) 그러기에 우리가 하는 말은 능력이 있으며, 크롤로프의 실험처럼 정서 간섭을 이루고 나아가 복을 낳는 씨앗이 되고 열매가 되지만, 축복은 말로 표현하기 전까지 축복이 아닙니다. 야곱은 12명의 아들을 모아놓고 하나하나 축복해 줍니다. 심지어 곡식을 얻으러 간 사람이 곡식을 주는 바로 왕까지 축복합니다.(창세기 47:10) 다윗은 자기 가족에게 축복하러 돌아갔고(사무엘하 6:20), 주님은 제자들을 보내며 집마다 방문하여 평안을 빌어 축복하도록 하였으며(누가복음 10:5~6), 또한 친히 아이를 안고 축복하셨습니다. 그것은 말씀을 통해 축복하듯 입술의 열매를 통해서도 축복하시는 까닭입니다.

시골에 살던 열여섯 살 된 소년이 가슴에 큰 꿈을 안고 뉴욕 도시로 올라왔습니다. 그는 뉴욕의 바닷가에 거닐다가 한 그리스도인을 만나게 되었습니다. 그는 소년에게 예수 그리스도의 복음을 전했습니다. 그리고 의미 있게 삶을 사는 방법까지도 가르쳐 주었습니다. "너는 무슨 재주가 있니?", "저는 시골에서 아버지와 함께 비누나 양초를 만들었던 경험이 있어요.", "그러면 비누 만드는 공장에 취직하면 좋겠구나. 그리고 일해서 돈을 벌게 되면 하나님께서 너에게 복을 주신다는 것을 잊지 말고 정성과 함께 십일조를 드리거라.", "아저씨, 고맙습니다. 그렇게 해볼게요." 그 그리스도인은 소년에게 축복기도를 해주고 떠났습니다.

그 후 소년은 그의 축복기도와 격려에 힘입어 비누 공장에서 일하면서 돈을 벌기 시작했습니다. 그리고 그 그리스도인의 말대로 꼬박꼬박 하나님께 정성껏 십일조를 드렸습니다. 그가 하는 일은 조금씩 잘 풀려나가 조그만 비누공장을 인수하게 되었고, 하나님의 계속적인 축복으로 그의 사업은 번창하게 되었습니다. 그래서 그의 사업은 비누 공장뿐 아니라 양초와 치약까지 만드는 공장으로까지 확장했습니다. 이 소년이 바로 콜케이트 치약을 만든 월리암 콜케이트입니다.

바울 서신의 서두와 말미에는 '주님의 은혜와 평강이 함께 하시기를' 축복하는 문장이 공통적으로 기록되어있습니다. 그것은 편지의 목적이기도 하지만 그리스도인들의 특권이 축복하는 것이기에 그러합니다. 그러므로 우리의 가정도 일터도 학교와 교회도 모두 축복의 사역입니다. 누구나 하는 말이지만, 하나님은 말이 들려지는 대로 행하시기에(민수기 14:28) 우리는 모두 말로 복을 짓고 평화를 만드는 축복 사역자가 되어야 합니다.

더욱이 부모와 선생 된 우리는 가르치는 것과 권하는 것은 물론 격려와 칭찬을 아끼지 말아야 하며, 나아가 우리에게 맡겨진 귀한 생명들을 품고 축복해야 할 것입니다. 비행기를 타면, 비상상황에 대한 대처법을 알려주는데, 그중에 하나가 산소마스크가 떨어지면 먼저 어른이 착용하라고 합니다. 그리고 그다음에 아이나 노약자가 착용하라고 합니다. 노약자를 먼저 돌보는 것이 당연하다는 상식을 깨는 방법입니다. 왜 그래야 할까요? 그것은 성인이 먼저 건강해야, 약자를 제대로 돌볼 수 있기 때문입니다. 그러므로 부모와 선생 된 우리가 먼저 우리를 칭찬하고 축복하고 우리 아이들을 축복해 주어야 하는 것입니다. 아이들을 축복하는 기도보다 더 귀중하고 값진 가르침과 사랑의 감동은 없습니다. 우리가 아이들을 잘 이끄는 대로 아이들은 잘 자랄 것이고, 우리가 축복하는 대로 아이들은 하나님의 축복을 받게 될 것입니다.

사랑하는 여러분, 바라기는 여러분들의 수첩이나 기도노트에도 우리 아이들의 이름과 기도제목 그리고 축복으로 가득하길 원합니다. 리더십도 중요하지만 아이들을 사로잡는 것은 진정으로 그들의 영혼을 품고 사랑하는 것입니다. 그것은 다른 말로 마더십(Mothership)이라고 할 수 있습니다. 마더십은 정화수를 떠놓고 간절하게 기도하는 어머니처럼 품고 안고 기도하며 축복해주는 것입니다. 아이들을 사랑하는 진정한 축복기도 그리고 그들을 반기는 미소와 따뜻한 격려는 신선한 봄날 아침의 햇살처럼 사람들의 마음을 사로잡아 아름다운 꽃으로 물들게 할 것입니다.

말씀 묵상

주님께서 모세에게 말씀하셨다. "너는 아론과 그 아들들에게 말하여라. 그들이 이스라엘 자손에게 복을 빌 때에는 다음과 같이 빌라고 하여라. '주님께서 당신들에게 복을 주시고, 당신들을 지켜 주시며, 주님께서 당신들을 밝은 얼굴로 대하시고, 당신들에게 은혜를 베푸시며, 주님께서 당신들을 고이 보시어서, 당신들에게 평화를 주시기를 빕니다.' 그들이 나의 이름으로 이스라엘 자손에게 이렇게 축복하면, 내가 친히 이스라엘 자손에게 복을 주겠다." (민수기 6:22~27)

"누군가를 향한 축복의 말이 가슴속에서 울려 나올 때
지체하지 말고 상대방을 향해 나아가십시오.
그 사람이 누구이고,
나와 어떤 관계에 있는가 하는 것은 중요하지 않습니다.
마음의 확신이 없어도 괜찮습니다.
다만 기도하는 마음으로 분명히 축복하십시오.
사랑의 메시지를 전하는 일을 미뤄두지 마십시오.
우리가 전하는 한 마디 축복의 말이
누군가에겐 생명줄 같은 위로와 격려일지 모릅니다."

붕어빵에는 붕어가 없지만

한 남자가 레스토랑에서 식사를 하던 중 어떤 노신사의 구두에 시선을 빼앗겼습니다. 그 남자는 실례를 무릅쓰고 노신사에게 다가가 그 구두에 대해 물으니, 신사는 자신의 구두가 악어 구두라고 말합니다. 그런데 이 남자는 악어에 대해 전혀 모르고 있었습니다. 나중에 알아보니 악어는 아마존 정글의 늪지대에 사는 매우 위험한 동물임을 알게 되자, 남자는 이 악어 구두를 꼭 갖고야 말리라는 결심을 하고는 여행자금을 마련하여 아마존의 정글에 도착했고 며칠 밤낮을 헤매다 결국은 악어를 발견하게 되었습니다. "야!, 악어다." 생전 처음 보는 악어는 매우 살벌하고 괴상하게 생겼지만 그는 그 악어와 한판 싸움을 벌여 몇 시간에 걸친 사투 끝에 그는 악어를 잡고야 말았습니다. 사투 끝에 얻은 귀중한 승리였습니다. 그는 기진맥진한 상태에서 마지막 힘을 다해 죽은 악어를 뒤집어엎었습니다. 그리고는 그만 비명을 지르고 말았습니다. "맙소사! 이놈은 구두를 안 신었잖아! 어떤 놈이 구두를 신은 거야?"

이 예화는 본질과 현상을 잘못 이해하고 오류와 착각에 빠져 사는 우리의 모습을 보여주기 위해 누군가가 꾸며낸 재미있는 이야기라 생각됩니다. 붕어빵에는 붕어가 없다는 말이 있습니다. 붕어빵에 붕어가 없어도 붕어빵입니다. 하지만 그리스도인에게 예수님이 없으면 그것은 그리스도인이 아닙니다. 악어는 구두도 핸드백도 만들 수 있습니다만 악어 자체가 구두이고 핸드백은 아닙니다. 예수 믿는다는 것 즉, 구원받는다는 것은 그저 필요한 어떤 것을 얻는 것이 아닙니다. 만사가 형통하고 행복하게 된다는 것도 아닙니다. 그것은 어떤 체험을 갖는다는 것도 아닙니다. 구원의 본질은 우리가 하나님과 올바른 관계 안에 있다는 것입니다. 교회에 다니고, 예배를 드리고, 헌금을 드리고, 기도를 한다고 그리스도인이 아닙니다. 그것은 무늬만 그리스도인일 수 있습니다. 그리스도인은 그 속에 아들이 있는 사람입니다. 또한 아들이 있는 사람만이 생명 곧 영생이 있습니다.

혹, 오늘 우리는 예수 이름을 말하고, 십자가를 말하지만 그것이 악어 구두를 찾는 젊은이의 모습은 아닌지요? 행복을 찾고, 평안을 찾고, 직장이나 명예를 얻기 위해 악어를 찾는 우리는 아닌지요? 우리는 얼마든지 악어를 찾기 위해 열정과 정열을 쏟아부을 수는 있습니다. 하지만 그것만으로는 한 가지 부족한 것이 있습니다. 우리는 주님이 세우시고 주님의 뜻을 위해 부름을 받은 그리스도인입니다. 그러기에 그리스도가 없이는 빈껍데기에 불과합니다. 진실한 그리스도인은 그 속에 아들이 있습니다. 다시 말해 예수가 그리스도이심을 믿고 고백하는 것입니다. 주님을 모시고 고백하는 믿음 속에 행복도 평안도 축복이 있습니다. 악어에는 구두도 있고 핸드백도 있는 것처럼 복음에는 생명도 축복도 있습니다. 그러므로 신앙교육의 첫걸음은 무엇보다 생명이신 그리스도를 내 안에 모시는 일입니다. 그리고 날마다 주님이 나의 주되심을 고백하는 삶 속에서 비로소 신앙교육은 이루어집니다.

말씀 묵상

그 아들을 모시고 있는 사람은 생명을 가지고 있고, 하나님의 아들을 모시고 있지 않은 사람은 생명을 가지고 있지 않습니다. 나는 하나님의 아들의 이름을 믿는 사람들인 여러분에게 이 글을 씁니다. 그것은 여러분이 영원한 생명을 가지고 있다는 것을 알게 하려는 것입니다. (요한1서 5:12~13)

칠면조를 찾아라

먼저 아주 상식적인 물음으로 시작하겠습니다. 100-1은 얼마일까요? 그렇다면 100+1은 얼마일까요? 상식은 99와 101이 정답이라고 생각할 것입니다만 과연 그럴까요? 중국 정부가 최근 들어 대대적인 세무감사에 나서면서 내건 캐치프레이즈는 '100-1=0'이라는 것입니다. 이 말은 100건 가운데 1건만 잘못돼도 전부 잘못된 것으로 간주한다는 중국 각 세무공무원의 비장한 결의를 촉구하는 강력한 메시지입니다. 즉 백번 잘 하다가도 단 한 번의 잘못으로 모든 것이 수포가 될 수 있다는 것입니다. 그것은 사소한 실수 하나가 전체를 무너뜨리기 때문입니다. 그렇다면 역으로 100+1도 101이 아닌 200 또는 그 이상의 수가 될 수 있음은 두말할 필요가 없을 것입니다. 그래서 '하나를 보면 열을 안다'는 속담이 있는지 모르겠습니다.

토머스 프리드먼의 책 『베이루트에서 예루살렘까지』라는 책에 소개된 베두인족의 민화입니다. 한 노인이 천막 근처에서 칠면조를 키웠습니다. 어느 날 누군가 칠면조를 훔쳐갔습니다. 노인은 아들들을 불러 칠면조를 찾으라고 했습니다. 하지만 아들들은 "칠면조 한 마리가 뭐 그렇게 중요하냐"며 무시했습니다. 몇 주 뒤 낙타를 도둑맞았습니다. 아들들이 "어떻게 하느냐"고 묻자 노인은 "칠면조를 찾으라"고 했습니다. 몇 주 뒤 이번에는 말이 없어졌습니다. 이번에도 노인은 "칠면조를 찾으라"고 했습니다. 몇 주 뒤 노인의 딸이 강간당했습니다. 노인은 이렇게 말했습니다. "모든 것이 칠면조 때문이다. 놈들이 칠면조를 빼앗아 가도 괜찮다는 것을 알았기 때문이다."

1982년 미국의 범죄 심리학자 제임스 윌슨(James Q. Willson)과 조지 켈링(Georgy Kelling)은 「깨진 유리창」이란 논문을 발표했습니다. 이 논문을 통해 저자들은 가게 주인이 깨진 유리창과 같은 사소한 피해를 방치하면 절도나 폭력, 살인과 같은 더 큰 강력 범죄가 발생한다는 사실을 밝혔습니다. 그리고 2005년 마이클 레빈(Michael Levin)은 이러한 이론을 경영에 적용하여 『깨진 유리창의 법칙』이란 책을 썼습니다. '깨진 유리창의 법칙' 이란 어떤 건물에 유리창이 깨어져 있으면 사람의 심리상 그 건물은 관리가 안 되겠지 라는 생각으로 도둑과 폭력을 비롯한 범죄들이 일어날 확률이 높다는 것입니다.

그런데 이 법칙은 개인의 삶에서만 발견되는 것이 아니라 조직이나 단체에도 존재한다는 것입니다. 사소한 실수로 개인의 인생을 망치듯이 한 사람의 구성원의 잘못으로 조직 전체를 혼란에 빠뜨리는 경우가 많다는 것을 저자는 여러 사례를 통해 보여주고 있습니다. 페인트가 벗겨진 벽, 지저분한 화장실, 한 명의 불친절한 직원 등 작고 사소한 실수를 방치하면 결국 기업이나 조직의 존립 여부까지 좌우하게 된다는 것입니다.

반대의 경우도 있습니다. 미국의 라토가스 대학의 겔링 교수는 이 '깨진 유리창의 법칙' 을 역으로 이용하여 뉴욕 시의 지하철 흉악 범죄를 줄이기 위한 대책으로 낙서를 철저하게 지우는 것을 제안합니다. 낙서가 방치되어 있는 상태는 창문이 깨져있는 자동차와 같은 상태라고 생각했기 때문이었습니다. 이에 당시 교통국의 데빗 간 국장은 겔링 교수의 제안을 받아들여서 지하철 낙서 지우기 운동을 대대적으로 시작합니다. 대다수의 교통국의 직원들은 우선 범죄 단속부터 해야 한다고 반발했지만 간 국장은 지하철 낙서 지우기 프로젝트를 진행했습니다. 지하철이 얼마나 더러운지 개시한 지 5년이나 지난 1989년에야 드디어 모든 낙서 지우기가 완료되었습니다. 그런데 놀랍게도 낙서 지우기를 하고 나서 그때까지 계속해서 증가하던 지하철에서의 흉악 범죄 발생률이 75%나

급감했다는 것입니다. 그 후, 1994년 뉴욕 시장에 취임한 루돌프 줄리아니 시장은 지하철에서 성과를 올린 범죄 억제 대책을 뉴욕시 경찰에 도입하여, 낙서를 지우고, 보행자의 신호 무시나 빈 캔을 아무 데나 버리는 등 경범죄의 단속을 철저하게 계속한 결과, 범죄 발생 건수가 급격히 감소했고, 마침내 범죄 도시의 오명을 불식시키는 데 성공했다는 것입니다.

우리의 가정과 학교의 잃어버린 칠면조와 깨진 유리창은 무엇입니까?
개인의 발전과 공동체의 발전을 위해 우리는 반드시 깨어진 유리창을 갈아 끼우고 잃어버린 칠면조를 찾아야 합니다. 하지만 유리창을 갈아 끼우고 칠면조를 되찾는 일은 대단하고 복잡스러운 일이 아니며 엄청난 용기를 필요로 하는 것도 아닙니다. 그렇다고 대충 경제적이라고 생각되는 강력 접착제나 투명 테이프로 붙여서는 해결되지 않습니다. 우선은 경제적으로 손해를 보는 것 같지만 깨진 유리창을 새 유리로 갈아 끼우는 것이 최선의 방법입니다. 깨진 유리창을 가지고 새롭게 출발할 수는 없기 때문입니다. 우리들의 삶에 그리고 우리 학교에 멋진 스테인드글라스는 없을지라도 깨진 유리창만큼은 갈아 끼워야 할 것입니다. 또한 칠면조가 없어지거나 유리가 깨지지 않도록 관리하는 일에도 최선을 다해야 할 것입니다.

깨진 유리창이나 도둑맞은 칠면조는 솔직하게 말하면 우리의 무관심 속에 발생하기 때문에 더욱 그러합니다. 그러므로 우리는 지식전수의 업무만 아니라 환경과 인성교육에도 관심을 가질 수 있는 배려하는 마음이 필요합니다. 전인교육 특히 신앙교육은 그러한 의지와 바탕이 없이는 불가능하기에 더욱 우리들의 끊임없는 기도와 관심과 열정이 요구되는 것입니다.

말씀 묵상

형제자매 여러분, 어떤 사람이 어떤 죄에 빠진 일이 드러나면, 성령의 인도하심을 따라 사는 사람인 여러분은 온유한 마음으로 그런 사람을 바로잡아 주고, 자기 스스로를 살펴서, 유혹에 빠지지 않도록 조심하십시오. 여러분은 서로 남의 짐을 져 주십시오. 그렇게 하면 여러분이 그리스도의 법을 성취하실 것입니다.
(갈라디아서 6:1~2)

맛을 아는 사람

노래 부르는 사람이 노래의 맛을 알고,
음식 만드는 사람이 음식의 맛을 알고,
장사하는 사람이 장사의 맛을 알고,
공부하는 사람이 공부의 맛을 알면
그것은 행복입니다.
왜냐하면,
맛을 안다는 것은
경지에 이르렀다는 뜻이기 때문입니다.
삶의 맛,
그것은 최선을 다할 때 느낄 수 있습니다.

윤삼열 『묵상칼럼』 중에서

핵심자극

세상에는 보이는 세계가 있지만 보이지 않는 세계도 있습니다. 사람에게도 보이는 세계가 있지만 보이지 않는 세계도 있습니다. 정신의 세계는 보이지 않지만 인생에 지대한 영향을 미칩니다. 그래서 내면의 질서가 불안한 사람은 겉으로 포장하여 가정이 잘되고 직장이 잘 되는 것 같지만 시간이 지나면 언젠가 내면의 부실이 드러나게 되어 있습니다. 그런데 내면세계의 중심이 되는 것은 영혼입니다. 영혼의 세계를 인정하지 않는 사람도 있지만 정신의 세계를 인정하지 않는다고 정신의 세계가 없는 것이 아니듯 영적 세계도 인정하지 않는다고 존재하지 않는 것이 아닙니다. 바람이 보이지 않는다고 바람을 부인하고, 사랑이 보이지 않는다고 사랑의 존재를 부정하는 사람이 없듯 정신으로만 설명할 수 없는 세계가 분명 있습니다. 과학 이상을 초월하는 초월의 세계, 인간의 논리나 합리로 설명할 수 없는 영적 세계가 존재한다는 사실은 굳이 증거를 말하지 않아도 우리는 역사를 통해 삶을 통해 수없이 경험하고 있습니다.

핵심자극이라는 말이 있습니다. 동물들이 아무런 학습 과정을 거치지 않아도 삶에 꼭 필요한 것을 찾아낼 수 있는 본능을 말합니다. 예를 들면 동물들이 태어날 때 엉뚱한 곳에서 젖꼭지를 찾아 헤매기도 하지만 결국에 젖꼭지를 찾고 그다음부터는 절대로 헤매지 않는 것과 같은 본능입니다. 많은 동물이 젖을 빨 때 모성본능이 생기지만, 어떤 동물은 냄새를 처음 맡는 것으로 시작된다고 합니다.

코끼리와 누는 갓 난 새끼의 냄새를 한번 들이마시는 순간 어미와 새끼는 뗄 수 없는 끈으로 묶이게 된다고 합니다. 특히 누는 이때 마법처럼 어미에게는 모성본능이 발동하고 새끼는 어미만을 따르게 된다고 합니다. 만약 인위적인 방해로 새끼가 다른 누의 냄새를 맡았다면 평생 낯선 암컷을 어미로 알고 따른다고 합니다. 심지어는 자동차 배기가스를 처음 맡으면 자동차를 어미로 알고 따라온다고 합니다. 그러나 아무리 누 새끼가 어미의 냄새를 잘못 맡고 따른다 하여도 자기 새끼가 아닌 누에게 젖을 주지 않을 뿐 아니라 뿔로 밀어 멀리 쫓아낸다고 합니다. 결국 첫 번 냄새를 잘못 맡아 낯선 암컷을 어미라고 생각한 갓 난 새끼는 독수리 밥이 되고 만다고 합니다. 동물의 어미와 새끼는 첫 번 접촉이 참으로 중요합니다. 첫 번 냄새, 첫 번 접촉이 누구냐에 따라 그들의 생은 달라집니다. 첫 번 접촉으로 프로그램화되면 자동적으로 그 프로그램이 적용되는 까닭입니다.

그런데 그것은 동물만이 아니라 우리 사람들도 마찬가지입니다. 첫 접촉, 첫 만남, 첫 시작을 어떻게 하느냐에 따라 삶의 태도와 결과가 달라집니다. 살다 보면 먼저 해야 할 일과 나중에 해야 할 일이 있습니다. 이 우선순위가 바뀌면 우리의 삶은 황폐해지고 빈곤해지기 마련입니다. 운동선수가 빠르게 뛰어야 하지만 바르게 뛰어야 하고, 축구 선수가 골을 넣어야 하지만 자기편에다 골을 넣으면 안 됩니다. 속도의 열심보다 더 중요한 것은 방향과 우선순위입니다. 아무리 배고프다 하여 쓰레기통에 밥 담아 먹을 수 없고, 아무리 급하다 하여 넥타이 매고 그 위에다 Y셔츠를 입을 수는 없는 것입니다.

그러므로 주님은 우리에게 '너희는 먼저 그의 나라와 그의 의를 구하라' 고 말씀합니다. 분명히 먼저 해야 할 것과 나중에 해야 할 것이 있다는 뜻입니다. 이것이 인생 승리와 충만을 위한 비밀 코드입니다. 아침에 일어나면 제일 먼저 무엇을 하십니까? 몸이 아프시면 제일 먼저 하는 일이 무엇입니까? 돈이 떨어지거나 어려움이 생기면 무엇을 먼저 하십니까? 대답은 각자의 몫입니다. 우리 인체에 DNA의 신비가 숨어 있어 우리의 육체적 삶을 결정하듯 우리 영혼에는 하나님이 정해 놓으신 영적 코드가 있습니다. 이 비밀을 먼저 깨달은 요한은 다음과 같이 고백합니다. "사랑하는 자여 네 영혼이 잘 됨같이 네가 범사에 잘 되고 강건하기를 내가 간구하노라(요한3서 1:2)"

단돈 50달러로 미국 27위의 부자가 된 텔레 비디오의 황규빈 회장은 『버티지 못할 시련은 없다』라는 책에서 자신의 성공비결을 신앙의 힘이라고 고백합니다. 신앙의 힘은, 그에게 '할 수 있다' 는 믿음을 주었다고 합니다. 피난 시절 한 천막교회에서 우연히 만난 군목을 통해 신약 성경을 알게 되었고 '구하라 그러면 얻을 것이오, 찾으라 그러면 찾을 것이요, 두드리라 그러면 열릴 것이다' 라는 말씀을 접하는 순간 뭔가 서늘한 줄기가 머리끝에서 발끝까지 등골을 타고 내려오는 느낌을 받았다고 합니다. 그는 신앙은 자신에게 세 가지 선물을 주었다고 고백하고 있습니다. 첫째는 리더십입니다. 십 대 후반부터 주일학교 선생님을 하며 다른 사람을 가르치고 이끄는 법을 배우다 보니 아무리 많은 수의 사람들 앞에서도 주눅이 들지 않았다고 합니다. 둘째로는 경영주로서 회사 직원들과의 화합을 이끌어내는 자질입니다. 매일 아침을 기도로 시작하다 보니 직원들을 위해 기도하게 되고 자연스럽게 직원들과의 거리감이 좁혀지고 그들을 이해하려는 마음이 생기게 되었다고 합니다. 셋째로는 기도 중에 얻는 영감에 관한 것입니다. 기도 시간 동안 머리를 스치는 번득이는 영감은, 경험해 보지 못한 사람에게는 쉽게 설명할 수 없는 일이라고 합니다.

우리가 바쁜 가운데 예배로 한 주간을 시작하고, 기도로 하루를 여는 것은 결코 형식이 아닙니다. 그것은 우리 삶의 태도를 결정하는 핵심자극이며, 하나님과 함께하겠다는 고백이기도 합니다. 마더 테레사는 "모든 것은 기도에서 시작한다. 기도하면 사랑할 수 있고, 사랑하면 실천할 수 있다"라고 합니다. 기도로 시작하여 하나님의 은혜를 받고 깨닫게 되면 삶에 대한 태도와 결과가 달라지기 때문입니다. 그러기에 인간의 삶에 있어 참 평강과 행복을 누리려면 우리의 영혼이 먼저 잘 돼야 합니다. 기도하고 은혜를 받으면 모든 것이 은혜로 생각되어지고 은혜로 행동하게 됩니다. 골방의 승리가 하루를 좌우하고 첫 시간의 승리가 하루를 결정짓습니다. 주여, 하루를 시작하기 전 기도가 먼저 시작이 되게 하소서!

말씀 묵상

너희는 먼저 하나님의 나라와 하나님의 의를 구하여라. 그리하면 이 모든 것을 너희에게 더하여 주실 것이다. (마태복음 6:33)

예배를 드리는 것은

예배를 드린다는 것은
하나님의 거룩하심에 의하여
양심을 살리는 것이며,
하나님의 진리를 마음에 공급하는 것이고,
하나님의 아름다우심에 의하여
상상을 정결케 하는 것이며,
하나님의 사랑에 마음을 여는 것이고,
하나님의 목적에 의지를 바치는 것이다.

―윌리엄 템플―

비비디바비디부

　우리 인간의 삶을 한자로 날 생(生)자를 씁니다. 이 말을 풀이하면 소(牛)가 외나무다리(一)를 건너는 것이라고 합니다. 그러니 한번 넘어지면 끝입니다. 연습이나 리허설이 없습니다. 실패해서는 절대 안 되는 것입니다. 하나님은 우리가 실패하지 않도록 아름다운 계획을 가지고 계십니다. 올해가 소띠해입니다. 그래서 선생님들 가정에 소를 세 마리씩 드리고자 합니다. 그 소는 옳소, 맞소, 미소입니다. 아내가 남편을 향해 '당신이 옳소', 남편이 아내를 보고 '당신이 맞소', 이런 부모를 바라보는 모든 가족의 얼굴엔 '미소', 이 소 세 마리만 잘 길러도 우리들은 행복할 것입니다.

　요즘 너무 힘들어하는 우리에게 웃음을 주고 힘을 주는 CF가 있습니다. 한 통신회사에서 월트디즈니사에 저작권료를 지불하고 광고에 사용했다는 「비비디바비디부」라는 노래입니다. 이것을 모르면 60대 이상이고, 어디선가 들어본 것은 같지만 무슨 의미냐는 질문에 고개를 갸웃거리는 사람은 50대, 무슨 의미인지 아는 사람은 40대, 버벅거리며 따라 부르면 30대, "살라카둘라 메치카불라 비비디바비디부"를 음정과 리듬에 맞게 부를 수 있으면 20대라는 우스갯소리가 있습니다.

　이 노래는 신데렐라에 등장하는 요정이 호박을 마차로, 누더기를 멋진 드레스로 바꾸는 마법 주문을 차용한 것으로, 생각대로 하면 된다는 희망과 믿음의 주문입니다. 이 노래의 원작자인 알 호프만은 "할머니가 특별한 의미 없는 단어를 민요 멜로디에 얹어 자장가를 불러주시곤 했다"며 그런 어릴 적 기억에서 차용해온 것이 「비비디바비디부」라고 합니다. 그저 중얼중얼하는 의미 없는 말이지만 할머니가 어린 손주에게 힘과 용기를 주기 위해 불렀던 노래, 그런 노래는 「비비디바비디부」가 아닐지라도 우리 모두의 추억 속에 남아있을 것입니다. 우리에게 지금 필요한 것은 옛 어른들이 우리에게 들려주었던 희망의 노래를 찾는 일입니다.

요즘 들어 특정 부분을 쉽게 기억하게 만드는 후크송(Hook song)이 유행합니다. 후크송이란 전체적인 맥락보다는 한순간의 강조가 중요하고, 그 순간의 강조를 위해 독특한 표현을 사용하는 것을 말합니다. 예를 들면 원더걸스의 「노바디」나 손담비의 「미쳤어」는 강한 표현으로 사람들의 귀를 자극합니다. 그리고 소녀시대의 「Gee」는 아예 의미를 알 수 없는 단어이지만 거기에 밝고 활기찬 무대가 더해지면, 사람들은 「Gee」와 기분 좋은 느낌을 동일시하게 됩니다. 「비비디바비디부」 역시 후크송과 비슷한 효과를 노린 듯합니다. 「비비디바비디부」가 반복되는 사이, 뜻을 몰라도 「비비디바비디부」만 외우면 다 잘 될 거라는 믿음. 「Gee」나 「비비디바비디부」는 순간이나마 현실을 탈출하게 만드는 현대판 주문인 것입니다.

제가 이 광고를 처음 접할 때는 매우 부정적이었습니다. 우선은 광고의 특성상 듣는 사람들에게 샤머니즘적인 주문을 의미도 모른 채 따라하게 한다는 것, 그리고 아무런 노력이나 수고의 대가 없이 무엇이든 생각대로 하면 될 수 있다는 위험한 발상 때문이었습니다. 하지만 그보다 안타까운 것은 세상을 바라보는 시각 때문인지도 모릅니다. 사상 최악의 경기불황으로 서민들의 살림살이가 하루가 다르게 힘든 것이 현실인 이런 와중에 소망을 이루기 위해 의미 없는 주문이나 외우라고 하는 광고를 어떻게 받아들여야 할까? 하는 것입니다. 차라리 「비비디바비디부」 주문을 따라 외우는 것보다 어려운 현실을 극복하기 위해 무엇인가 실천하는 삶을 사는 것이 희망에 더 가까울 거라는 편협하고 좁은 생각이 머리를 스쳤습니다.

하지만 시간이 좀 흐른 지금은 달라졌습니다. 물론 '수리수리 마하수리' 같은 종교적 주문이나 주술 그리고 요술이나 요행은 여전히 배격하고 반대합니다. 하지만 어렵고 힘들 때에 생각보다 전염성이 강하고, 주문을 외우면서 새로운 꿈을 실현할 수 있다는 가능성에 긍정적인 평가를 하고 싶습니다. 광고라는 것은 좋든 싫든 간에 귀에 들리게 되고 차츰 익숙해지면서 긍정적이고 낙천적인 사고를 사람들에게 갖게 합니다. 포기하는 것이 아니라 현실을 수용하면서도 밝게 내일을 살 수 있는 힘을 부여하고 있는 까닭입니다.

분명 지금은 신데렐라의 마법이나 꿈꾸며 주문을 외우고 살 수 있는 세상이 아닙니다. 그러기엔 너무도 척박한 현실 속에 있는 사람들이 많습니다. 그런데도 생각대로 하면 된다는 「비비디바비디부」를 우리 함께 불러야 할 것만 같습니다. 왜냐하면 불가능처럼 보이는 꿈 앞에서도 왠지 기운이 나게 하고, 힘이 쭉 빠지는 상황에서도 왠지 기분 좋아지는 메시지이기도 하지만 그보다 작금의 현실은 생각대로 될 수 있다는 용기와 위로가 더욱 필요한 시기이기 때문입니다.

다만 바람이 있다면 생각대로 하면 된다는 신념을 뛰어넘어서는 믿음으로 "내게 능력주시는 자 안에서 모든 것을 할 수 있다"(빌립보서 4:13)는 신앙의 고백이었으면 좋겠습니다. 주기도문 같은 것을 반복해서 드리는 묵주기도를 통해 묵상의 단계를 뛰어넘어 관상의 기도에 이르는 것처럼, 언어의 힘을 넘어선 침묵에 이르는 믿음의 기도가 되었으면 합니다. "사람은 할 수 없으나 하나님은 하시기 때문입니다."(마태복음 19:26) 너도나도 어려운 때입니다. 그럴수록 마음으로부터 일어나야 합니다. 서로 용기와 위로를 북돋아 주어야만 합니다. 당장 회복의 기미가 보이지 않고 사방이 꽉 막히고 암울하여 절망의 순간일수록 더욱 희망의 메시지를 선포해야 합니다. 그것이 하나님께서 우리들에게 바라는 것이라면 더욱 그렇습니다. "여호와를 힘입고 용기를 얻었더라"(사무엘상 30:6)는 말씀처럼 좋은 일이 일어날 거야! 기적이 임할 수 있어! 라고 믿고 기대하고 선포하는 삶이 필요합니다. 그것이 용기와 위로를 가져다줄 뿐 아니라 그렇게 긍정적으로 생각하고 행동할 수 있는 사람이 축복을 받습니다. 왜냐하면 실력보다 삶의 태도가 더 중요하기 때문입니다.

사랑하는 여러분, 모두가 절망이라고 말할 때 우리는 오히려 하나님이 주신 더 크고 새로운 비전을 품고 이야기합시다. 상황이 좋은 쪽으로 변하기를 기도하고 기대합시다. 생각을 바꿔 기대수준을 높이고 하나님의 능력을 이끌어내는 것은 우리의 믿음입니다. 우리의 작은 사고로 하나님을 제한하지 말고 크고 놀라운 일을 행하시는 하나님을 신뢰하길 원합니다. 하나님의 은혜 한 방울이면 일순간에 바뀔 수 있습니다. 그런 고백이 바로 "할 수 있거든이 무슨 말이냐 믿는 자들에게는 능치 못할 일이 없느니라"입니다. 이런 고백이 우리로부터 우리에게 맡겨진 아이들과 우리 가족 그리고 고통가운데 힘들어하는 우리 이웃들에게 흘러 들어가 모두가 희망을 노래할 수 있게 되기를 소망합니다.

말씀 묵상

나에게 능력을 주시는 분 안에서, 나는 모든 것을 할 수 있습니다. (빌립보서 4:13)

제4부

송축과 승리의 골짜기

제4부 송축과 승리의 골짜기

골짜기의 은혜와 축복

　사람이면 누구나 찬란한 행복을 꿈꾸지만 그보다는 힘들고 어려운 눈물골짜기를 지날 때가 많음을 경험을 통해 실감합니다. 우리 사는 인생이 순풍에 돛단 듯 계획대로 이루어지고 좋은 일만 있으면 얼마나 좋겠습니까? 하지만 삶의 현실은 계속되는 파도와 험난하고 암담한 길을 걷게 됩니다. 저도 몇 번의 오르막과 내리막을 반복하며 인생의 파도타기 중입니다. 저의 십 대와 이십 대 중반까지의 삶은 거칠 것 없는 오르막이었습니다. 분명한 목표와 뜨거운 열정 게다가 유복한 가정환경과 타고난 건강까지……. 살면서 겪어야 할 여러 가지 질병과 가난에 따른 고난과 사춘기의 반항 등 그런 것들은 제게 전혀 없었습니다.

　좋은 선생님을 만나고, 어려서부터 시작한 신앙생활의 덕택이기도 했고, 뛰어난 리더십과 모범으로 학교의 모든 모범과 선행상은 독차지할 정도였지만 사춘기 시절 맞이한 친구의 죽음이 가장 큰 전환점이 되어 목사가 되었습니다. 그런데 지랄총량의 법칙이란 게 있다고 하지요. 그 후로 결혼을 하고 제 인생은 꽃길만 남은 듯하였습니다. 행복한 가정을 꿈꾸며 시작한 결혼생활은 오히려 깊은 수렁으로 빠지기만 하였고 빠져나오려고 하면 할수록 더 깊이 빠져드는 늪과 갯벌이 되는 것 같았습니다. 수차례의 위기와 어려움 속에서도 하나님을 향한 열정과 사랑으로 저를 지탱할 수 있었고, 그때마다 베풀어주시는 주님의 은혜로 살 수 있었습니다. 그게 제 인생의 첫 번째 골짜기였습니다.

　첫 골짜기를 지나며 주님은 내 인생의 물줄기를 바꾸어 놓았습니다.

골짜기의 은혜와 축복

그렇게 시작된 학원 사역은 어쩌면 처음부터 예정되어 있었는지 모릅니다. 그 골짜기에서 인생의 맷집도 키우고, 공부도 하고, 색다른 경험들도 하며 마침내 복 주시는 주님을 알게 되었습니다. 어릴 적 부모님 손을 꼭 붙잡고 밤길 걷듯 주님 손 꼭 붙잡고 희망의 노래를 부르며 골짜기를 벗어나고 있었습니다. 그렇게 기쁘고 즐거웠습니다. 얼마 남지 않은 인생 경주의 마지막 릴레이 주자가 되어 바톤 터치만 하면 되는 순간 그만 바톤을 놓치고 말았습니다. 아니 바톤을 받지도 못하고 그만 쓰러지고 만 것입니다.

환호 대신 탄식이 터져 나오고 주변의 비난과 야유도 내 귀를 맴도는 듯했습니다. 청천벽력 같은 부비동암 3기라는 판정과 수술과정의 설명을 들었을 때는 솔직히 살 소망도 끊어지는 것 같았습니다. 그런데 이제 끝났구나 생각하는 그때 가족과 친지들과 교우들의 응원과 격려 소리도 함께 들렸습니다. 그렇게 두 번째 골짜기를 지나는 중입니다.

저는 지금도 생각하면 좋은 추억이 있습니다. 어렸을 때 가족과 함께 자주 갔던 무등산장의 계곡입니다. 당시는 교통과 모든 게 불편하여 무등산장까지 음식을 챙겨 이동하는 일은 결코 쉽지는 않아 때로는 짜증도 나고, 가기도 싫었지만 도착하는 순간 모든 것을 잊고 즐겁게 됩니다. 그곳은 집과 도시에서는 절대 맛볼 수 없는 골짜기의 시원함과 상쾌함이 있었기 때문입니다. 그래서 나중엔 일부러도 찾아가고픈 무등산 골짜기가 되었습니다. 일부러 찾기에는 너무도 불편하고 고통스럽지만 저는 지금 두 번째 골짜기를 지나고 있습니다.

한번 지나온 골짜기와 전혀 다른 골짜기이지만 이젠 두려움 따위는 잊었습니다. 주님이 제 손을 붙잡고 계시는(사도행전 41:10) 까닭이기도 하지만 깊은 골짜기 일수록 더 많은 샘이 있고, 이른 비와 늦은 비로 복을 채워주시는(시편 84:6) 축복과 은혜의 골짜기임을 아는 연고입니다.

제4부 송축과 승리의 골짜기

누구나 골짜기를 지나갑니다. 골짜기에서 하나님의 은혜를 발견합니다. 골짜기에서 겸손을 배우게 됩니다. 골짜기에서만 배울 수 있는 것이 있습니다. 그래서 골짜기는 축복입니다. 골짜기는 험한 길이기도 하지만 낮은 길이고, 한 번도 가보지 않은 길이기에 두렵고 떨립니다. 그러기에 더욱 믿음이 아니면 어렵습니다. 사랑은 시가 되고 노래가 되고 이야기가 되고 축복이 되듯 골짜기의 고난은 눈물이 되고 기도가 되고 은혜와 축복이 됩니다. 샤론 골짜기의 샘물이 수선화와 백합을 피우고 들판의 이름 없는 꽃이 샤론의 꽃이 되는 것처럼 보잘것없는 나로 골짜기를 지나게 하여 솔로몬 왕이 노래하는 술람미 여인같이 나의 연인 되신 주님을 찬양하게 하시고, 골짜기로 다닐지라도 해를 두려워하지 않고 오히려 나와 함께하시는 주님을 노래하며 주님의 지팡이와 막대기로 나를 푸른 초장으로 인도하시는 귀한 은혜와 축복을 고백하게 하시니 감사할 따름입니다.

쇠는 풀무불 속에서 더 강해지고, 아무리 큰 조개도 그 속에 모래가 들어가야 아름다운 진주가 만들어지고, 거센 파도와 풍랑 속에서 진정한 마도로스가 만들어지듯 우리는 골짜기를 통해 성숙해지는 것 같습니다. 아골 골짜기에 아간을 묻음 같이 육신의 죄를 묻어 하나님의 진노를 그치게 하고 가나안으로 진군하는 소망의 문을 삼으신 것처럼 오늘도 나는 나의 골짜기에서 죄의 고백과 회개를 통해 그리고 눈물의 감사와 찬양을 통해 칠흑 같은 어둠 속에서 더욱 빛을 발하는 환상과 계시의 골짜기를 만들어 가고자 합니다. 바라기는 시편 기자처럼 저도 고난당한 것이 내게 유익이라고 고백하길 원합니다.

두 번째 골짜기를 통과하며 깨닫습니다.
지금 지나는 골짜기는 아무도 모르는 낯선 길이 아니라 주님이 이미 앞서가며 발자국 남기신 골짜기임을. 나만 알고, 나만 겪는 고통과 고민이 아니라 하나님이 허락한 고난이기에 주님은 나를 외면하지 않으시고 지켜보고 계심을. 거기에는 곳곳에 감추어진 샘이 있음을. 그래서 불평하지 않습니다. 원망하지 않습니다. 왜냐하면 내가 가는 이 길이 두려움의 골짜기가 아니라 능력과 사랑과 근신의 골짜기로(디모데후서 1:7) 축복의 골짜기요, 은혜의 골짜기요, 송축과 승리의 브라가 골짜기(역대하 20:26)로 역사하실 것이기 때문입니다.

신명기에 따르면 이스라엘에게 주어진 땅도 젖과 꿀이 흐르는 넓고 비옥한 들이 아니라 산과 골짜기의 협착한 모래나 돌밭이었습니다. 하늘에서 내리는 비가 아니면 밀 한 포기 거둘 수 없는 불모의 협곡. 행여 비가 내린들 하루도 가두어 둘 수 없는 메마른 골짜기. 사실 목사님뿐 아니라 모든 인생은 젖과 꿀이 흐르는 땅에 대한 호기로운 꿈을 갖고 인생을 출발합니다만 빠르든 늦든 인생의 산과 골짜기를 만나지요.

지금의 목사님이나 우리들의 경우이군요. 그나마 다행인 것은 목사님은 첫 번째 골짜기를 무사히 건너오셨네요. 그 경험과 교훈. 그리고 모태로부터 다져진 불굴의 신앙 열정으로 이 골짜기에서도 값진 승리를 얻으시기 바랍니다.

정상에 오르는 길은 두 개의 길이 있지요.
능선 길과 골짜기 길.
골짜기 길은 능선 길에 비해 전망이 어둡고 힘은 들지만 계곡이 비장하고 있는 생명의 약동과 생태계의 신비와 천고의 비밀이 숨겨 있습니다. 해서 조금만 인생에 대한 세심한 안목과 성찰의지만 있으면 이 값진 보화를 무진장 누릴 수 있다는 것이지요.

더 중요한 것은 골짜기 친구들에게는 천수답 농사꾼이 오로지 하늘에서 내리는 비만 의지하듯 위로부터 내리시는 정갈한 은혜만 사모케 하셨음이네요.

아! 이 타락한 세대를 거스르는 순수 믿음의 열정을. 바로 지금 윤 목사님 가슴에 일렁이고 있는 맑고 밝은 그것! 맞죠? 목사님! 결국 골짜기의 마지막 한 걸음은 정상을 딛게 됨을 우리는 알기에 우리는 기도하고 응원할 것입니다. 골짜기 친구의 투병 여정을……. 우리 함께 갑니다. 안심하소서.

(임병근 목사님의 댓글 중에서)

고난이 오는 것은

불이 없이 도자기는 존재하지 않습니다.
불을 만나야 흙이 아닌 도자기가 됩니다.
불같은 시험과 어려움은 아픔이지만
창조를 위한 기회가 됩니다.
고난은 이유 없이 우리를 힘들게 하지만
설명서는 나중에 찾아와 그 의미를 알려줍니다.

윤삼열 『묵상칼럼』 중에서

영혼 무지개

겨우내 움츠렸던 어깨를 활짝 펴고 아지랑이 아롱아롱 피어오르며 새 생명이 꿈틀거리는 3월의 들녘처럼 아이들이 재잘거리는 우리 정명동산은 생동감이 넘쳐서 좋습니다. 해마다 맞이하는 봄이지만 미소짓는 얼굴에 수줍은 처녀처럼 기분이 들뜨고 설레는 마음은 왜일까요? 싱그러움으로 마음마저도 하늘을 날듯 가뿐해지는 새로운 생명이 약동하는 3월에는 쌍무지개 뜨는 파란 들녘 넘어 봄의 향연 속으로 빠져들고만 싶습니다. 바라기는 따사로운 햇살에 기지개를 켜고 한껏 물오른 꽃망울처럼 우리들의 꿈과 사랑도 소담스럽게 피어나면 좋겠습니다.

요즘은 무책임, 무목적, 무감동, 무관심의 4무(四無) 시대라고 합니다. 그만큼 우리 사회가 깊은 병에 빠졌다는 이야기입니다. 그러므로 이제 그동안 외면해왔던 삶의 목적을 다시 발견하고, 우리 자신을 먼저 치유하고 회복해야 합니다. 그런 의미에서 사순절은 좋은 기회입니다. 주님의 고난과 이웃의 아픔에 동참하는 경건과 절제의 생활을 통해 나를 찾고, 이웃을 찾을 수 있기에 그렇습니다. 게다가 내어놓을 수 없었던 마음의 고백들이 눈물과 함께 터져 나오며 비로소 아픈 마음과 영혼이 치유되기에 더욱 그러합니다.

모니카의 눈물의 기도가 탕자 어거스틴을 성 어거스틴으로 변화시켰듯이, 아름다운 눈물이 가정을, 세상을, 역사를 지켜줍니다. 그래서 저는 기도합니다. 내 허물과 내 욕심으로 흘리는 눈물이 아니라 진정 사랑하는 사람들을 위해 소리 없이 함께 울어줄 수 있는 맑고 따뜻한 눈물을 배우게 해달라고 말입니다. 그것은 뜨겁게 흘리는 눈물일수록 더 높은 하늘의 메시지가 담겨 있기 때문입니다. 참으로 저는 여러분과 함께 눈물의 프리즘 속에서 영혼의 무지개를 보고 싶습니다.

눈물은 감동입니다. 참고 참다가 나오는 눈물은 격정이며, 순수입니다. 눈물은 속으로 삭이고 삭이다가 나올 때 순수의 의미를 갖습니다. 그래서 우리는 눈물을 사랑하고 믿게 됩니다. 눈물은 소중합니다. 그것이 참회의 눈물이든, 기쁨의 눈물이든 눈물은 가치가 있습니다. 눈물은 정직하여 강퍅하고 완악한 마음에는 눈물이 고일 수 없습니다. 오히려 짓밟힘을 당하고 억누름을 당하고 낮아지려 할 때 눈물이 고입니다.

미국의 작가 중에 '오 헨리'라는 사람이 있습니다. 그의 본명은 '윌리암 시드니 포어터'인데 텍사스주의 오스틴 은행에 근무하고 있을 때 은행공금을 횡령한 죄로 5년형을 받은 죄수가 되었습니다. 그는 죄수가 된 자신을 원망하고 후회와 고통의 눈물을 쏟으며 생활하였습니다. 그의 빵은 언제나 눈물에 젖었고, 그의 수프는 언제나 눈물이 섞였고, 그의 베게는 언제나 눈물에 적셔있었다 합니다. 이 눈물 속에서 오 헨리는 소설을 쓰기 시작했습니다. 그러나 사랑하는 딸에게는 자신이 감옥에 있다는 것을 알리지 않기 위해 윌리암 시드니 포어터라는 본명 대신에 오 헨리라는 필명으로 소설을 발표했고 200여 편의 소설을 남겨 오늘날 미국 국민들이 자랑하는 작가의 한 사람이 된 것입니다. 그의 인생 승리는 절망 속에서 쏟은 뜨거운 눈물의 결과입니다. 그래서 성경은 "애통하는 자는 복이 있나니 저희가 위로를 받을 것임이요"라고 말씀합니다.

이처럼 눈물에는 힘이 있습니다. 자신의 감정을 정화하는 힘이 있습니다. 눈물은 아리스토텔레스가 말한 것처럼 정서 순화를 뜻하는 '카타르시스' 효과가 있습니다. 비극(悲劇)을 보면서 눈물을 흘리면 불안, 긴장감 따위가 해소돼 정서가 순화되며 마음의 정화(淨化)가 일어납니다. 프로이드에 따르면 현대인이 마음의 병에 걸리면 울어야 할 때에도 울지 못하게 된다고 합니다. 그래서 눈물이 없는 사람은 불행하다고도 말합니다. 눈물에는 감정 냉각 효과가 있습니다. "비누로 몸을 씻고 눈물로 마음을 씻는다"는 말처럼 눈물을 많이 흘리면 마음이 깨끗해집니다. 울고 나면 가뭄에 기다리던 비가 내린 것같이 마음이 촉촉이 젖고 희망이 움트고 삶의 윤기가 넘쳐흐릅니다. 눈물은 더러운 마음을 깨끗하게 해 주는 세정제와 같습니다. 눈물이 많은 사람은 대부분 긍정적인 사고를 지니고 뇌에 더 많은 산소가 공급되어 정신을 맑게 해준다고 합니다.

눈물은 다른 사람의 마음을 움직이는 힘이 있습니다. 사람의 마음을 움직이는 위력은 총과 칼, 번뜩이는 예지와 분별력보다 눈물입니다. 눈물은 흡인력과 영향력이 있습니다. 눈물은 마음 가장 깊은 곳에서 우러나오는 영롱한 새벽이슬과 같아서 굳은 마음을 녹이는 힘이 있고, 각오와 결심을 새롭게 하는 힘이 있으며, 비전과 꿈을 선명하게 합니다. 메마른 가슴에 긍휼과 사랑, 인애를 채우는 힘이 있습니다.

나아가 눈물은 영적인 힘이 있습니다. 눈물은 종종 천국을 볼 수 있게 해주는 망원경입니다. 스펄전 목사는 "마른 눈으로는 천국에 들어가기가 어렵다"고 했습니다. 순수한 눈물은 하나님의 마음을 움직이게 합니다. 자신의 죄를 뉘우치며 흘렸던 다윗의 눈물(시편 6:6), 고난 속에서 흘렸던 욥의 눈물(욥기 16:20), 죽음의 절망 속에서 흘렸던 히스기야 왕의 눈물(사도행전 38:5), 고난당하는 민족의 아픔 때문에 흘렸던 예레미아 선지자의 눈물(예레미야 애가 1:2), 죄인들을 위해 흘리신 주님의 눈물(히브리서 5:7) 등이 하나님의 마음을 움직이어 눈물 흘리는 자들에게 용서와 치유, 회복, 기쁨을 가져다주었습니다.

가슴과 눈물을 통해 세상을 보면 더 영롱하고 찬란하게 보입니다. 오늘도 기도의 눈물과 수고의 땀방울로 사람들에게 희망의 아름다운 영혼 무지개를 비추는 귀한 한 주간 되시길 소망합니다.

말씀 묵상

슬퍼하는 사람은 복이 있다. 하나님이 그들을 위로하실 것이다. (마태복음 5:4)

피가 고이면

피가 고이면 고름이 되고,
물이 고이면 웅덩이가 되듯이
문제가 고이면 응어리가 되고,
상처가 고이면 한이 됩니다.
물은 흘러야 하고,
피는 순환되어야 하듯이
응어리는 풀어야 하고,
상처도 드러내야 합니다.
모든 것을 주님께 고하십시오. (벧전 5:7)

윤삼열 『묵상칼럼』 중에서

카운트다운

"저는 뒤끝이 없는 사람입니다. 작은 일에 가끔 폭발을 하지만, 금방 풀어버리기 때문에 뒤는 없습니다. 마음에 두고 꿍하고 있지는 않지요. 1분도 안 걸려 그 사람하고 그 자리에서 다 툭툭 털어버리고 끝납니다. 그런데 왜 사람들은 그것을 이해하지 못하는 거죠"라고 말하며 사람들과 잘 어울리기 힘들어하는 사람이 카운셀러를 찾았습니다. 괜히 겉으로 안 그런 척하지만 속으론 꿍하게 있는 사람들보단 화가 났어도 오래 가지 않고, 싸우더라도 모든 것을 그 자리에서 해결하는 자신이 훨씬 더 좋은 성격 아니냐는 것입니다. 잠시 생각에 잠겼던 카운셀러가 그의 눈을 들여다보면서 정중히 말합니다. "엽총도 그렇습니다. 오래 안 걸립니다. 한 방이면 끝나지요. 그러나 그 결과는 엄청납니다. 그래서 총을 쏘기 전에는 카운트를 하는 겁니다. 하나, 둘, 셋" 카운트하며 마음을 가다듬고, 결과를 예측하기도 하고, 준비하기도 하고 점검하기도 합니다. 다시는 돌이킬 수 없기에 카운트는 필수적입니다.

저는 수에 대해서 매우 우둔한 편입니다. 복잡하게 배열되어 있거나, 단위가 높아지면 머릿속이 멍해집니다. 그래서 복잡한 수보다는 단순한 수에 친밀감을 느낍니다. 실제로 제가 절실하게 느끼는 것도 결코 큰 수가 아닌 작은 수 앞이었습니다. 그리고 그 절실함은 수를 더해 갈 때보다는 역으로 내려갈 때 더욱 심각해집니다. 수가 있는 이상 모든 것은 유한합니다. 그러니까 숫자에서 탈출하는 자만이 꿈꾸는 영원을 얻게 될 것입니다. 타의든 자의든, 우리는 제로를 향해 나아갑니다. 유한한 목숨을 지녔기에, 그리고 모든 것은 유한하기에 그렇습니다.

그런데 신기한 것은 완벽한 제로 상태에 이르게 되면 숫자에서 탈출한 것 같은 해방감을 느낄 수 있습니다. 제게 있어 그런 첫 경험은 군 생활 제대를 앞두고 하루하루 카운트하며 지내다 마침내 전역신고 후 집으로 돌아오는 그 시간이 가장 절정의 순간이었습니다. 물론 그런 일은 보고서를 작성하거나 밀린 숙제를 끝내는 때도 가끔 경험하긴 했지만 그런 상태는 실로 한순간에 있을까 말까 어느새 저는 또 다른 숫자에 골똘히 빠져 있는 것을 발견했습니다.

먹거리가 귀하던 어린 시절에 건빵이나 알사탕은 매우 맛있고 인기 있는 간식이었습니다. 어쩌다 먹을 게 생기면 부모님은 형제들이 많던 시대라 싸우지 않도록 늘 골고루 나누어 주곤 하셨습니다. 그때는 그게 너무 귀해 깨물어 먹지도 못하고 입에 넣고 오물오물하며 남은 수를 헤아리며 아껴 먹었던 기억이 새롭습니다. 왜? 하나씩 꺼내어 먹을 때마다 먹은 사탕의 숫자를 헤아리는 것이 아니고, 봉지 속에 남아 있는 사탕의 숫자를 헤아렸을까요? 먹은 것이 더 많아지는데도 아홉 개, 여덟 개 수가 줄어드는 남은 개수를 헤아렸던 것은 이미 어렸을 때부터 아름다움, 젊음, 기쁨, 행복, 사랑……. 말만 꺼내도 단맛이 우러나는 그런 것들은 손에 쥐어졌다고 생각하는 그 순간에 사실상 카운트다운에 들어간 것을 일찍 깨달았기 때문일까요? 그런데 오히려 빨리 지나갔으면 하는 괴로움과 고통의 순간들은 어찌 그리 더디고, 밤새워 뒤척이며 지새우는 불면의 밤은 얼마나 길던가요?

저는 요즈음, 시간의 흐름이 아무것도 이룬 게 없어 아쉽기도 하지만 한편 감사합니다. 잘 다스려지지도 않고, 꼼짝하지도 않는 아픔들을 다독거리면서 그 무게를 조금씩 가볍게 해주는 세월, 그 손길에서 이제 얼마 남지 않았음을 카운트다운하며 남은 날을 살아갑니다. 시간은 모든 것을 삼킵니다. 불꽃보다 더 이글거리던 격정, 환희, 분노들, 그리고 바위보다 더 무겁게 짓누르던 절망, 고통, 슬픔들도 시간이 지나면 끝이 납니다. 결국 우리들 삶의 흔적이란, 시간의 벌판에 잠시 어른거렸다 사라지는 신기루 같은 게 아닐까 싶습니다. 유한한 목숨들이 영원의 문으로 들어설 때, 가장 가벼운 몸짓으로 날아들 수 있도록, 시간은 친절하게도 카운트다운을 하는지 모릅니다.

저는 요즘 은퇴할 날을 계산하는 제 모습을 종종 보면서 깜짝 놀라기도 하고 벌써라는 생각에 허무해지기도 합니다. 저보다 선배님들은 더 하시겠지만 아마도 은퇴 후의 생활이 염려되거나 불안하기 때문일 것입니다. 그것은 은퇴 후의 생활이 적게 남아서가 아니라 갈수록 많아지기 때문에 더욱 그러합니다. 아님 어쩌면 우리는 모두 유한한 삶을 살기에 어쩔 수 없이 의식적 무의식적으로 카운트다운하며 사는지도 모릅니다. 그렇게 우리는 작은 일에는 따지고 계산하면서도 실상 우리의 생에 대해서는 무감각하게 사는 것을 발견합니다.

다윗은 두 가지 기도를 드리고 있습니다. 첫째는 "여호와여 나의 종말과 어떠함을 알게 하사 나로 나의 연약함을 알게 하소서."(시편 39:4), 두 번째는 "주여 내가 무엇을 바라리요 나의 소망은 주께 있나이다."(시편 39:7), 우리가 살아가는 시간은 그렇게 길지 않을 뿐 아니라, 인생의 카운트다운이 이미 시작되었다는 사실입니다.

영화에서 보면, 주인공이 이미 작동된 시한폭탄의 타이머를 멈추기 위하여 목숨을 걸고 모험을 하는 장면을 볼 수 있습니다. 영화에서는 주인공이 대개 카운트다운 되던 그 타이머를 멈추고 위기에서 벗어납니다. 하지만 인생의 카운트다운은 누구도 멈출 수 없습니다. 누구도 멈출 수 없는 인생의 타이머는 이미 카운트다운을 시작했습니다. 우리는 지금 인생의 카운트다운에 들어간 존재들입니다. "한번 죽는 것은 사람에게 정해진 것이요 그 후에는 심판이 있으리니"(히브리서 9:27)라고 성경은 증언합니다. 내가 알지도 못하는 순간 우리는 벌써 카운트다운 속에 있습니다. 이 긴장감 속에서 우리들은 살고 있습니다.

제4부 송축과 승리의 골짜기

　사순절은 부활절을 앞두고 십자가의 고난에 동참하며 경건과 절제의 생활을 통해 주님과 더 가까이하는 기간임과 동시에 죽음이란 절정의 순간을 체험하는 것입니다. 십자가는 바로 그 절정의 상징입니다. 기실 우리의 삶은 날마다 죽는 삶이긴 하지만 십자가의 체험 없이는 영원한 시간을 누릴 수 없습니다. 예수를 믿는다고 하면서 아직도 주님 앞에 겸손히 자신의 연약함을 고백하지 못하고 세상의 낙에 취해서 한발은 세상에 걸치고 한발은 예수님께 걸치는 우리의 이중성을 주님 앞에 내려놓아야 합니다. 왜냐하면 하나둘 분초를 헤아리는 카운트다운이 이미 시작되었기 때문입니다.

　오늘날 그리스도인의 가장 큰 문제는 지켜보기도 하고 관찰도 하지만 참여는 하지 않는 것입니다. 그런 사람들을 '발코니 사람들'이라고 하는데 발코니에서 지켜보기만 한다는 의미입니다. 지켜보는 것으로는 역사는 일어나지 않습니다. 희망은 바라보는 것으로 이뤄지지 않습니다. 바라보는 것은 목표설정에는 도움이 되겠지만 그것만으로는 아무것도 이루지 못합니다. 오히려 부딪쳐야 합니다. 모세가 홍해에, 여호수아가 요단강에 발을 들여놓은 것처럼 부딪쳐야 합니다. 다윗이 골리앗을 향해 큰소리만 치는 게 아니라 물맷돌을 던져 부딪치듯 우리는 십자가와 부딪쳐야 합니다. 직접 참여하고 더 나아가 헌신해야 진정한 변화가 일어납니다. 또한 그런 사람만이 은혜의 깊은 맛을 체험할 수 있습니다. 사순절은 그것들을 경험하는 시간입니다.

　사순절은 카운트다운되는 시간을 경험하는 것입니다. 일종의 죽음 예행연습입니다. 인생은 연습이 없지만 "나는 날마다 죽노라"(고린도전서 15:31)라고 고백한 사도바울처럼 사순절을 통해 십자가를 체험하고, 죽음 직전 겟세마네 동산의 예수님의 심정을 경험하는 것입니다. 본디 카운트다운은 인공위성 우주선 등의 로켓 발사 준비 작업을 정확하게 진행시키기 위하여 발사 예정시간을 기준으로 해서 거꾸로 시간을 읽어가는 것을 말합니다. 초(秒) 단위로 진행하게 되므로 '초읽기'라고도 합니다. 거대한 로켓을 발사하기 위해서는 수많은 복잡한 준비 작업이 수반되므로 그 절차를 빈틈없이 진행하기 위해 준비 작업을 초 단위로 단계화한 것입니다. 그러기에 우리 인생도 철저한 준비를 위해 초읽기에 들어가야 합니다.

국립암센터 윤영호 박사팀은 서울대병원 등 11개 대학병원에서 18세 이상 말기 암환자 481명과 가족 381명을 대상으로 조사한 연구결과를 발표했습니다.(매일경제 2010년 3월 16일) 그중 하나가 환자가 말기임을 모르거나, 상태가 악화돼 짐작으로 말기라는 사실을 알게 된 환자보다 의사나 가족에게 직접 들은 환자의 신체적, 정서적, 사회적 기능과 전반적인 삶의 질이 더 좋았으며 피로나 통증, 식욕부진 등도 더 적고, 삶의 질이 긍정적으로 나타난다는 것입니다. 그만큼 자신의 생을 계수하는 사람의 삶의 질이 더 좋다고 하는 것입니다.

제 가족 이야기를 한다는 게 좀 그렇습니다만 가친은 작년부터 갑자기 몸이 좋지 않아 요양 중에 계시는데 최근 들어 주변 정리하시는 아버지의 모습을 봅니다. 통장과 집문서를 정리하고, 장기기증 서약서를 확인시키려는 듯 보여주시며 이제 갈 때가 된 것 같다고 말씀하시는데 너무 가슴이 아리고 아팠습니다. 누구나 한번은 왔다가 가는 길이지만 그것이 사랑하는 가족일 때는 남다른 감정이 북받쳐 옵니다. 아버지의 급작스러운 행동에 당황하기는 하지만 한편으론 가는 줄 모르고 가는 것보다 서서히 때를 알아가며, 돌아갈 곳이 있다는 종말론적 삶을 예비하는 모습이 존경스럽기까지 합니다. 카운트다운 그것은 우리 날을 계수한다는 것이며, 남은 인생을 계산해 보는 것으로 끝나는 게 아니라 보다 철저한 준비를 한다는 뜻입니다.

카운트다운은 시한부 인생임을 고백하는 것이며, 삶의 지혜입니다. 수험생이 카운트하듯, 로켓 발사 카운트하듯 인생을 준비하고, 이 땅만이 아닌 영원히 본향을 향한 겸손한 삶을 살겠다는 다짐입니다. 끝까지

성실한 삶으로 최선을 다한다는 각오입니다. 날마다 죽고 날마다 사는 은혜의 삶을 사려는 서약입니다. 긴장을 늦추지 않고, 깨어 기도하는 신부로 살겠다는 약속입니다. 특히 사순의 카운트는 "내가 그리스도와 함께 십자가에 못 박혔나니 그런즉 이제는 내가 사는 것이 아니요, 오직 내 안에 그리스도께서 사시는 것이라. 이제 내가 육체 가운데 사는 것은 나를 사랑하사 나를 위하여 자기 자신을 버리신 하나님의 아들을 믿는 믿음 안에서 사는 것이라"(갈라디아서 2:20)고 고백하는 순종의 삶입니다.

앙상한 양팔 벌려 빈손 치켜들고 기도하는 나무처럼, 누가 시키지 않아도 기도하며 새순을 키워가듯 십자가에 못 박힌 예수님의 모습을 보며, 화해와 용서를 구하며 초읽기에 들어가는 은총의 사순절이 되어지길 간절히 소망하며 기도합니다.

> ### 말씀 묵상
>
> "주님 알려 주십시오. 내 인생의 끝이 언제입니까? 내가 얼마나 더 살 수 있습니까? 나의 일생이 얼마나 덧없이 지나가는 것인지를 말씀해 주십시오." 주님께서 나에게 한 뼘 길이밖에 안 되는 날을 주셨으니, 내 일생이 주님 앞에서는 없는 것이나 같습니다. 진실로 모든 것은 헛되고, 인생의 전성기조차도 한낱 입김에 지나지 않습니다.(셀라) 걸어다닌다고는 하지만, 그 한평생이 실로 한오라기 그림자일 뿐, 재산을 늘리는 일조차도 다 허사입니다. 장차 그것을 거두어들일 사람이 누구일지는 아무도 모르는 일입니다. 그러므로 주님, 이제, 내가 무엇을 바라겠습니까? 내 희망은 오직 주님뿐입니다. (시편 39:4~7)

진홍색 드레스

　18세기 프랑스의 계몽 사상가 드니 디드로는 어느 날 절친한 친구로부터 멋들어진 진홍색 가운 하나를 선물 받았습니다. 너무나도 멋있고 우아한 가운이었지요. 그래서 그는 자신의 서재에 고이 모셔 두게 되었는데 시간이 흐를수록 문제가 보이기 시작하는 것입니다. 즉, 진홍색 가운이 놓여 있는 서재가 너무 낡고 초라해 보입니다. 그 후 디드로는 멀쩡한 서재의 물건들을 하나씩 새것으로 바꾸기 시작했습니다. 책상, 의자, 책꽂이, 시계, 심지어 벽걸이의 장식까지 진홍색 가운과 어울릴만한 것들로 교체하였지요. 바로 진홍색 가운 하나가 주위의 모든 것을 바꿔 버린 것입니다. 이렇게 새로운 물건을 갖게 되면 그것을 둘러싼 다른 물건도 그것과 어울리는 것으로 원하게 되는데 이를 심리학 용어로 디드로 효과라고 합니다.

　이 효과에 대한 말을 들으면서, 문득 '내 인생에 있어서 진홍색 가운은 무엇일까?' 라는 생각을 하게 됩니다. 겨자씨가 작지만 나무가 되어 공중의 새들이 깃들게 하고, 누룩처럼 나의 인생 전체를 완전히 교체하게 만든 것은 무엇일까? 아무리 생각해도 내 삶에 '진홍색 가운'은 예수그리스도 주님이십니다. 그래서 세상의 기준들을 하나씩 버리고, 주님의 기준으로 살도록 나를 바꾸어 가십니다. 따라서 그 움직임에 우리를 온전히 맡길 수 있어야 합니다. 그리고 이는 나 자신이 계속해서 바뀔 가능성이 많다는 것으로, 우리 각자의 노력과 의지가 얼마나 중요한지를 깨닫게 합니다. 또한 나의 변화 가능성을 무시하고 포기하지 말아야 합니다. 포기하지 않고 노력하여 주님의 뜻을 따를 때, 분명 지금보

다 더 나은 나를 만들 수 있기 때문입니다

 하지만 반대의 경우도 있습니다. 웰스(Wells)의 단편소설 중에 「무덤」이라는 소설이 있습니다. 인도에 아름다운 왕비가 있었는데, 결혼을 한 지 1년 만에 병으로 세상을 떠나고 맙니다. 왕비를 잃은 왕은 너무도 슬퍼 부인의 무덤 옆에 기념이 될 만한 것을 세우기로 하였습니다. 무덤의 동쪽에 자기 자신을 형상화한 멋있는 남자의 동상을 세웠습니다. 그러나 시간이 지나면서 뭔가 아쉬운 생각이 들었습니다. 1년이 지난 뒤 왕은 무덤의 서쪽에 왕가를 상징하는 호랑이상을 세웠습니다. 세월이 지나며 다시 허전해진 왕은 1년 후 무덤의 남쪽에 자신의 재력을 나타내는 호화로운 별장을 세웠습니다. 그래도 허전하긴 마찬가지였습니다. 이제는 북쪽에 자신의 권력을 상징하는 웅장한 성을 지었습니다. 성까지 지은 왕은 맞은편 언덕에 올라가서 왕비의 무덤을 바라보며 흡족한 표정을 지었습니다.

 동쪽엔 아름다운 남자의 동상, 서쪽엔 용감한 호랑이, 남쪽엔 호화로운 별장, 북쪽엔 웅장한 성이 서로 멋진 조화를 이루고 있었습니다. 그런데 무덤을 바라보니 아무래도 눈에 거슬리는 것이 있었습니다. 주변은 더없이 아름답고 멋진 조화를 이루고 있는데 가운데 있는 무덤이 전체의 아름다움을 깨뜨리고 있었습니다. 그래서 왕은 신하에게 명령을 내립니다. "가운데 있는 저 무덤을 당장 치워버려라!" 무덤 주변에 동상을 세우기 시작한 것은 왕비를 사랑했기 때문이었습니다. 그러나 마침내 왕비의 무덤은 주변의 아름다움을 깨뜨리는 거추장스러운 것으로 전락하고 맙니다.

 우리는 어느 쪽입니까? 어떤 하나 때문에 다른 것도 바꾸는 쪽입니까? 어느 하나 때문에 시작했다가 그것을 버리는 쪽입니까? 성경에 밭에 감춘 보화를 발견한 후 자기의 소유를 팔아 밭을 산 사람과, 역시 값진 진주를 발견하고 자기 소유를 다 팔아 진주를 산 장사꾼의 이야기가 나옵니다.(마태복음 13:14~46) 보화와 진주 그것이 귀하기 때문에 모든 재산을 포기한 것입니다. 그 보화와 진주는 천국을 가리킵니다만, 예수 그리스도라고 바꿔 생각해보고 싶습니다. 그분이 우리의 생명이요 구원이요 보화이기 때문입니다. 우리는 예수님 덕분에 가치관도 인생관도 세계관도 모든 것을 바꾼 크리스천입니다. 그러나 많은 경우 예수님 덕분에 취업하고, 예수님 덕분에 병이 낫고, 예수님 덕분에 문제가 해결되었지만 종국에는 예수님을 빼버린 무늬만 크리스천임을 고백하지 않을 수 없습니다.

한 방송사의 특집방송인 〈한국인, 성공을 말한다〉를 본적이 있습니다. 방송은 아무 소망이 없다고 고백하는 노숙자 한 명에게 실험을 제안했습니다. 깨끗하게 목욕하고 별 두 개의 계급장을 단 장군 복장을 한 그를 카메라가 몰래 쫓아가는 것입니다. 먼저 광화문으로 갔습니다. 장군으로 위장한 노숙자에게 어린이들이 몰려들고, 사람들이 말을 시키고, 함께 사진을 찍자고 합니다. 호텔에서는 웨이터가 정중하게 인사를 하고 좋은 자리로 안내해 줍니다. 이번에는 길거리에서 일부러 쓰러집니다. 그러자 1분이 채 지나지 않아 사람들이 구조를 요청합니다. 이제 노숙자는 원래의 모습으로 돌아가 다시 자신의 누추한 옷을 입고, 다 떨어진 가방 뒤에는 신문지 같은 장판을 메고 다닙니다. 그 상태로 호텔에 갔는데 호텔은 들어가는 것조차 할 수 없고, 길거리에 쓰러져도 거의 10분 가까이 되도록 도움의 손길이 오지 않았습니다. 그가 어디를 가든 사람들이 피합니다. 이런 실험을 하고 나서 노숙자가 스스로 깨닫습니다. 더 나은 모습으로 살려는 노력도 하지 않고 세상만 원망하며 희망 없이 지낸 과거를 후회하는 내용이었습니다.

하나만 바꾸면 모든 게 바뀝니다. '진홍색 가운' 하나가 모든 것을 바꿔버립니다. '장군 복장' 하나가 모든 것을 바꾸어 놓습니다. 옷 하나의 힘이 그렇게 큽니다. 그래서 '옷이 날개'란 말도 있습니다. 집만 하나 바꿔도 대부분의 가구와 인테리어도 함께 바뀝니다. 하물며 우리의 마

제4부 송축과 승리의 골짜기

음이 바뀐다면 어떠할까요? 바라기는 겉모양만 아닌 우리의 속사람이 바뀌길 소망합니다. 어떠한 상황에서도 희망을 보는 사람이 되었으면 합니다. 중요한 것 하나만 바꾸면 인생은 달라집니다. 우리도 그리스도로 옷 입길 원합니다. 주님 한 분만으로 우리의 신분이 바뀌고, 인격이 바뀌고, 꿈과 비전이 바뀌고, 인생이 바뀌는 우리가 되었으면 좋겠습니다. 나를 송두리째 바꾸어버리는 그것, 그분은 오직 예수 그리스도이십니다.

말씀 묵상

밤이 깊고, 낮이 가까이 왔습니다. 그러므로 우리는 어둠의 행실을 벗어버리고, 빛의 갑옷을 입읍시다. 낮에 행동하듯이, 단정하게 행합시다. 호사한 연회와 술취함, 음행과 방탕, 싸움과 시기에 빠지지 맙시다. 주 예수 그리스도로 옷을 입으십시오. 정욕을 채우려고 육신의 일을 꾀하지 마십시오. (로마서 13:12~14)

민들레 신앙

온 세상의 꽃 소식과 함께 땅바닥에 붙어서 피는 꽃이 있습니다. 볕이 잘 드는 길가와 들판에서 소리 없이 노란색으로 피는 민들레입니다. 민들레는 따뜻한 햇볕만 있으면 길가의 어디에서나 흐드러지게 피고, 우마차가 지나가도 사람들이 밟고 지나다녀도 다시 일어나 끈질긴 생명력으로 땅 바닥에 바싹 달라붙어서 방긋 웃는 모습으로 꽃을 피우고, 일찍 핀 꽃들이 하얀 홀씨가 되어 이리저리 앉을 곳을 찾아서 날아다니는 민들레꽃을 보면, 모진 인생을 꿋꿋이 견디며 살아가는 민들레 인생을 생각하게 됩니다.

한 정원에서 난리가 났습니다. 갑자기 정원을 아름답게 장식하던 나무들이 죽겠다는 것이었습니다. 슬픔이 정원에 안개처럼 드리워졌습니다. 정원의 여왕이라는 별칭이 있는 장미꽃의 하소연입니다. "나는 열매도 맺지 못하고, 꽃이 시들면 가시덩굴에 불과합니다. 나는 죽어야 합니다." 맛좋기로 소문난 포도나무의 하소연입니다. "나는 사과나 배나 오렌지처럼 열매가 크지도 않고, 나는 나 혼자 내 몸 하나 지탱할 수 없어 누구에게나 기대어 살아야 합니다. 나도 죽어야 합니다." 정원지기처럼 장엄하고 우람한 사시사철 늠름한 전나무도 죽겠다고 합니다. "나는 꽃도 피지 못하고 그렇다고 열매도 맺지를 못합니다. 오히려 몸집이 큰 나 때문에 작은 풀들만 고통을 겪고 있습니다."

그때 누구에게도 주목을 받지 못하던 민들레가 찬란한 햇빛을 받으며 활짝 웃는 얼굴로 슬픈 얼굴로 하소연하는 나무들에 속삭입니다. "나는 비록 내 땅도 없이 조그만 틈새가 나의 집이지만 나는 비록 포도나무처럼 소담한 열매를 맺지 못하여도, 나는 장미꽃처럼 화려한 꽃을 피우지 못하여도, 나는 전나무처럼 사시사철 우람한 모습으로 푸르지는 못하지만 나는 이대로 자랑스럽습니다. 나는 내 대롱에 피어있는 황금빛을 내는 꽃이 사랑스럽고 나는 어린아이들이 내 모습에 기뻐하는 그것이 자랑스럽고, 나는 내가 꿈꾸는 곳에 어디든 날아갈 수 있어 감사합니다!"

작고 보잘것없지만 있는 모습 그대로 스스로를 사랑하며 제자리를 지키며 보란 듯이 피어나는 민들레는 그래서 별명도 감사하는 마음, 사랑의 사도입니다. 감사하는 마음이 붙여진 이유는 노아홍수 심판 때의 일입니다. 하늘에서 계속 퍼붓던 장대 같은 비로 인해 얼마나 애가 탔던지 민들레는 머리가 하얗게 세어 버렸습니다. 그래도 민들레는 포기하지 않고 다급하게 기도했습니다. "하나님, 이 보잘것없는 식물을 살려 주십시오. 저를 구원해 주옵소서." 그때 하나님은 민들레의 기도를 듣고 바람을 불게 하여 민들레 씨를 노아의 방주지붕 위에 살짝 내려앉게 하였습니다.

민들레 씨는 노아방주의 조그만 구멍으로 방주 안을 들여다보았습니다. 방주 안에서 노아의 가족 그리고 동물들이 모두 하나님께 감사하고 있었습니다. 마침내 비가 그치고 물이 빠지자 민들레 씨는 산 중턱 양지바른 곳에 내려앉아 자리를 잡고 방긋 웃는 노란 꽃을 피우게 되었습니다. 그 이후 민들레는 낮에는 어여쁜 얼굴로 하나님의 은혜에 감사하였으며, 해가 없는 밤이면 고개를 숙이고 조용히 잠이 들게 된 것을 하나님께 감사하며 살게 되어 감사하는 마음과 사랑의 사도라는 별명을 얻었다고 합니다.

민들레는 '앉은뱅이 꽃'이라고 하는데, 그 잎이 바닥에 달라붙다시피 하여 자라는 탓에 붙여진 이름인 듯합니다. 예로부터 아이들이 공부하던 서당을 '앉은뱅이 집'이라고도 했는데, 그것은 예전엔 서당 주변에 앉은뱅이 꽃인 민들레를 많이 심어 두었기 때문이라고 합니다. 우리 선조들은 지식만이 아니라 정서와 함께 정신의 영역까지 생각하며 민들레를 곁에 두고 소중히 여기며 자연을 통해 삶의 지혜를 가꾸어 나간 것입니다. 이렇듯 교육의 좋은 덕목을 두루 갖추고 있으니 옛날 서당 마당에 이 들꽃을 옮겨 심어 조석으로 쳐다보고 인성을 닦게 한 것은 조상들의 생활 속에서 우러난 슬기가 아닐 수 없습니다. 그래서 포공영(蒲公英)이라 부르는 민들레의 이름을 따서 서당의 훈장도 '포공(蒲公)'이라 하였고, 아이들에게는 '포공구덕(蒲公九德)'을 배우게 했다고 합니다. 민들레가 구덕초라 불리는 것도 여기에서 유래하는데 그것은 사람들이 흠모하는 아홉 가지 덕을 갖추었다하여 얻은 이름이며 그 9가지 덕은 다음과 같습니다.

제1덕은 민들레는 앉은 곳에서 꽃을 피우는 억척스러움으로 모진 환경을 이겨냄이 있고(忍), 제2덕은 뿌리를 뽑아 몇 날을 방치하거나, 뿌리가 상해도 심으면 싹이 나는 생명력이 있고((剛), 제3덕은 한 뿌리에서 한 송이씩 차례를 기다렸다 꽃을 피우는 장유유서가 있고(禮), 제4덕은 밤에 꽃잎을 닫고 비가 오거나 구름이 끼면 꽃잎을 닫아 명암과 천기를 알고, 선악을 헤아리는 지혜가 있고(智), 제5덕은 꿀이 많고 향이 진해 멀리서까지 벌들을 끌어들이는 정이 많고(情), 제6덕은 새벽 먼동이 트면 가장 먼저 꽃을 피우는 시계와 같은 정확한 근면함이 있고(勤), 제7덕은 홀씨는 제각기 바람을 타고 멀리 날아가 자수성가하여 군락을 이루는 모험이 있고(勇), 제8덕은 민들레 하얀 즙이 흰 머리를 검게 하고(孝), 종기와 학질을 고치는 치유함이 있고(仁), 제9덕은 여린 잎은 쌈이나 삶아 나물로 먹고(用), 유즙은 다른 생명의 기운을 돋우는(愛) 살신성인까지 갖춘 것이 민들레라고 합니다.

민들레는 보통 강인한 생명력의 화신으로, 화해와 사랑과 신앙의 상징으로 그려집니다. 1480년 스트라스부르의 한 묘비석의 민들레는 인생의 모든 단계를 나타내 주고 있습니다. 비문에는 이렇게 적혀 있습니다. "오 나약한 인간이여, 꽃의 본성을 생각해 보라." 민들레를 보면서 하나님은 하찮은 들꽃 하나도 그냥 만들지 아니하셨음을 깨닫게 됩니다. 그래서 주님께서도 솔로몬이 입은 영광이 이 세상 어느 누구보다 더 크지만 이 들꽃 하나만도 못하다고 말씀하셨나 봅니다.

　모진 환경과 역경을 극복하는 가운데 자신을 희생하여 남을 이롭게 하는 모습을 보며 우리의 신앙을 돌아보며, 민들레가 주는 9가지 덕목과 같이 우리의 신앙도 성령의 9가지 열매가 풍성하기를 바라며, 새봄과 함께 활짝 핀 꽃들처럼 우리도 민들레 신앙으로 활짝 피어났으면 좋겠습니다. 그래서 우리가 모두 민들레 같은 덕목으로 어떠한 환경과 고난 가운데서도 신앙의 절개와 믿음을 지키고, 하나님의 질서를 알고 예의를 지킬 줄 알며, 선과 악 빛과 어둠을 바로 볼 수 있는 영적 분별력과 인자와 자비로 모두를 사랑하면서, 새벽을 깨워 섬김의 도를 배우고, 땅끝까지 이르러 복음을 전하면서, 어진 모습으로 겸손히 주를 위해 봉사하되, 나 자신을 희생하여 이웃을 섬기는 민들레 신앙이기를 간절히 소망합니다.

　민들레 신앙이란 민들레처럼 끈질기고, 강인하고, 생명력이 강하고, 예의범절을 알고, 쓸모 있고, 정이 넘치고, 사랑이 넘치고, 효도할 줄 알고, 약초 같고, 자립심이 강한 창조신앙을 말합니다. 민들레는 광선에 예민하게 반응하는 수면운동을 합니다. 농부가 들에 나갈 무렵 햇살을 받아 피어나고, 집으로 들어올 무렵 꽃이 오므라지기 때문에 서양에서는 '농부의 시계' 또는 '목동의 시계'라는 별명을 갖고 있을 만큼 빛에 예민하게 반응하는 민들레가 부럽기조차 합니다. 또한 민들레는 바람을 거스르지 않습니다. 바람이 불면 어디든 가는 민들레 홀씨는 출가할 준비를 합니다. 민들레에게서 떠남의 특권을 배웁니다. 주저하지 않고 떠날 준비를 하고 있는 민들레 꽃씨를 바라보면서 주님이 가라는 곳은 어디든 명하는 데로 가서 땅에 떨어져 싹을 틔워보는 꿈을 꾸어 봅니다.

민들레 신앙

예수님은 민들레 홀씨 되어 우리 곁에 바람을 타고 오셔서, 하나님이 불어주는 바람에 모든 것을 맡기고 훨훨 날아 우리 곁에 오셨습니다. 그래서 땅에 묻히시더니 많은 민들레를 만방에 퍼뜨리시고 다시 바람을 타고 가셨습니다. 이제 하나님의 봄바람이 불고 있습니다. 은총의 바람, 복음의 바람. 성령의 바람이 불어옵니다. 민들레 꽃씨가 바람 타고 휘날리듯 우리도 민들레 홀씨 되어 바람을 타고, 하나님의 뜻에 의지를 맡기고 살아가는 민들레가 되길 기도해 봅니다.

동서양을 막론하고 민들레의 씨앗은 어린이의 신비로운 장난감이 되기도 합니다. 입김으로 호호 불면 바람에 날리는 민들레의 씨앗에 붙은 갓털은 햇살에 하얗게 빛나며 아이들의 꿈을 실어 나르듯 우리도 아이들에게 꿈을 실어 나르는 관모(冠毛)가 되었으면 좋겠습니다. 그리하여 꿈과 희망을 노래하며 새봄을 힘차게 맞이하고 싶습니다.

정말 하나님을 향한 우리 마음과 사랑이 일편단심 민들레이길 소망합니다. 세상에 한눈팔지 않고 하나님만 사랑하고, 내 이웃을 사랑할 수 있도록, 내 안에 있는 이 작은 복음의 씨앗들 멀리멀리 퍼트릴 수 있도록, 세상 어디에든 봄날을 노랗게 노래하는 민들레가 지천이듯, 방방곡곡 마을마다 골목마다 지천으로 피어나는 그리스도의 들꽃 일편단심 민들레가 되고 싶습니다.

말씀 묵상

그러나 내가 너희에게 말한다. 온갖 영화로 차려 입은 솔로몬도 이 꽃 하나와 같이 잘 입지는 못하였다. 오늘 있다가 내일 아궁이에 들어갈 들풀도 하나님께서 이와 같이 입히시거든, 하물며 너희들을 입히시지 않겠느냐? 믿음이 적은 사람들아!
(마태복음 6:29~30)

제4부 송축과 승리의 골짜기

남의 잘못을 보았을 때

남의 잘못을 보았을 때 해야 할 말은
'그럴 수도 있지요'라고 말해보세요.
참 신비한 힘이 있습니다.
내 기준이 아니라 상대의 기준에 서면
그의 행동이 이해가 됩니다.

내가 어려움에 처했을 때 해야 할 말은
'No Problem! I can do it!'
하지만 고통받고 상처받은 사람을 보았을 땐
아무 말 없이 손이나 어깨를 가볍게 만져주세요.

윤삼열 『묵상칼럼』 중에서

숨과 쉼

 김영천 시인은 「하늘과 땅」이란 시에서 '사람과 삶/ 숨과 쉼/ 땅과 똥이/ 참 같습니다' 라고 노래합니다. 전혀 다를 것 같은 사랑과 사람처럼 숨과 쉼도 같다고 합니다. 그렇습니다, 숨은 쉼입니다. '숨을 쉰다' 는 말처럼 숨은 쉼과 통합니다. 잠깐 쉴 때도 '숨을 돌리자' 고 표현합니다. 숨은 하나님에게서 왔습니다. 숨은 생명의 근원입니다. 숨이 끊어지는 것을 죽음이라고 합니다. 숨으로 사는 것이 사람인데 삶의 질이 다 같지는 않습니다. 어떤 사람의 숨은 탁하고 약합니다. 어떤 사람은 숨이 맑고 힘차고 생명의 기운이 넘칩니다. 스트레스를 받아 억눌리거나 병들어 몸이 불편하면 숨이 얕아지고 거칠어지고, 몸과 맘이 짓눌리면 숨도 막힙니다. 그래서 자신도 모르게 깊은 한숨을 쉬어서 몸과 맘을 풀어줍니다.

 숨을 기식(氣息)이라 하고, 쉼을 안식(安息) 또는 휴식(休息)이라 하는데, 식(息)이란 말은 숨과 쉼을 함께 나타내는 말입니다. 숨이 곧 쉼입니다. 그러기에 호흡만 잘 해도 건강합니다. 숨을 역동적으로 만들어주는 것은 운동이나 다른 어떤 것이 아닙니다. 숨의 근원이신 하나님의 영이 숨을 힘차고 맑게 합니다. 숨이 맑고 깨끗하며, 숨이 고르고 편안해야 쉼이 있습니다. "하나님이 흙으로 사람을 지으시고 생기를 그 코에 불어 넣으시니 사람이 생령이 되니라"는 말씀처럼 숨은 하나님이 우리에게 주신 가장 큰 선물이요 은혜인 까닭입니다.

 숨은 영혼입니다. 하나님이 사람의 코에 불어 넣으신 것은 히브리어로 루아흐라고 합니다. 루아흐라는 말은 숨결, 바람이라는 뜻이면서 동시에 영이라는 의미도 지니고 있습니다. 하나님의 영은 바람이고 숨입니다. 많은 언어에서 숨과 영혼은 같은 말로 나타냅니다. 그리스어의 프뉴마와 프쉬케, 라틴어의 스피리투스, 인도어의 아트만은 숨과 영혼을 함께 나타냅니다. 그러기에 숨을 깊고 고르게 쉬면 영혼이 삽니다. 영혼이 살아 있는 사람은 숨을 깊고 고르게 쉽니다.

숨 쉬는 것은 영혼의 쉼입니다. 내가 숨을 쉬는 것 같지만 엄밀하게 말하면 숨이 나를 살립니다. 숨을 쉬다 보면 숨이 내 것이 아니라 이 우주와 대자연의 생명 속에 베푸신 하나님의 은총과 능력에 의존한 것임을 절감합니다. 삶은 숨에 달렸고, 숨은 하나님의 은총과 능력에 달려있습니다. 그것은 숨을 통해 나와 하나님이 연결되었고, 숨을 통해 우리 몸과 영혼이 이어졌기 때문입니다. 따라서 숨으로 지탱되는 삶을 잘 살려면 숨의 근원인 하나님을 믿고 가까이 모셔야 합니다. 내 목 '숨'에 하나님의 숨을 향한 그리움이 숨어 있기에 그렇습니다.

숨은 복음입니다. 복음은 복된 소식(消息)입니다. 소식(消息)의 소(消)는 꺼진다는 뜻입니다. 소(消)는 에너지를 소모하는 방전의 과정입니다. 반면에 식(息)은 충전 과정을 의미합니다. 그런데 이 충전을 나타내는 식(息)은 숨 쉴 식(息)이고 쉴 식(息)입니다. 즉, 날숨을 쉬면서 죄의 생각과 결과는 뱉어 사라지게 하고, 들숨을 쉬면서 재충전되고 성장합니다. 이처럼 에너지의 소모와 충전의 과정이 정상적으로 이루어지는 것이 소식(消息)입니다. 하나님께서 창조하실 때 생기(生氣)를 주시고 안식(安息)을 주셨건만 원활하게 방전(날숨)과 충전(들숨)이 이루어지지 않기에 하나님은 예수님을 보내셔서 충전이 가능한 쉼을 주셨습니다. "내가 너희를 쉬게 하리라"의 본래적인 의미는 "내가 너희에게 숨을 주리라"는 말이라고 합니다. 쉼을 준다는 것은 숨을 돌리고 숨을 편안히 쉴 수 있게 해 주어 우리를 창조하신 본연의 모습을 되찾아 준다는 의미입니다. 그러기에 숨과 쉼을 주러 오신 주님이 복된 소식(消息)입니다.

생명은 목 '숨' 입니다. 하지만 연약한 숨결이 끊어지면 우리 생명의 불길도 꺼집니다. 우리가 쉬는 이 숨결을 타고 우리가 삽니다. 이 숨결이 내 몸과 마음을 태우는 날개요, 하늘 바람입니다. 몸과 맘이 건강하고 편안하려면 숨을 깊고 고르게 쉬어야 합니다. 결국 쉬는 것은 숨 고르기를 하는 일입니다. 무더운 여름에 자연을 찾는 것도 결국은 하나님의 숨결을 마시면서 우리의 영혼이 새 힘을 얻기 위함입니다. 그러므로 참된 쉼은 숨을 잘 쉬는 것이고, 영혼이 잘되는 것이고 생명을 얻는 길입니다.

모든 예배와 기도는 하나님의 숨을 받는 것이며, 내 속을 비워서 시원하게 하나님의 바람이 통하고, 예수의 숨과 생명이 살아나게 하는 것입니다. 하나님의 바람, 예수의 바람이 내 속에서 불면, 내가 그분과 함께 숨 쉬면 내 속에서 성령의 바람이 불어와 생기와 활기가 넘치는 능력의 삶을 살게 됩니다. "햇빛 심히 뜨겁고 또 짐이 무거워 방황할 때에 주 십자가 그늘 밑에 나 쉴 곳 찾았네"란 찬송의 주인공이 됩니다.

말씀 묵상

주 하나님이 땅의 흙으로 사람을 지으시고, 그의 코에 생명의 기운을 불어넣으시니, 사람이 생명체가 되었다. (창세기 2:7)

행복과 믿음

행복과 믿음은 하나입니다.
왜냐하면
믿음은 행복으로 나타나기 때문이며
믿음의 양은 행복의 양으로
측량할 수 있기 때문입니다.
믿음에는 행복이 따라오고
행복에는 믿음이 필요합니다.
가꾸기 나름인 것은
집과 여자만이 아닙니다.
신앙도 행복도 제(자기) 하기 나름입니다.
믿음도 행복도 바라는 대로 되기 때문입니다.

윤삼열 『골짜기의 은혜와 축복』 중에서

들리는 소리, 듣고 싶은 소리, 들어야 할 소리

'제임스 짐 스톡데일'이라고 하는 사람은 베트남 전쟁 당시에 미 해군 준장으로서 베트콩에게 포로로 잡혀서 수용소에서 무려 8년이란 긴 세월 동안 모진 고생을 치르다 살아남은 사람입니다. 전쟁 영웅으로 한때 아주 유명한 사람이 되었는데 그에게 그 어려운 고통 속에서 어떻게 살아남을 수 있었느냐고 기자들이 물었습니다. 그는 고문을 받는데 사흘간 밤낮으로 뜨거운 태양이 내리쬐는 운동장 한가운데서 손을 뒤로 묶고 무릎을 꿇게 하고, 밥도 주지 않고 잠도 자지 못하게 하고 조금만 눈을 감으면 마구 때려서 온몸이 피투성이가 되어 차라리 죽는 것이 낫다고 생각하고, 죽을 방법을 찾았지만 죽을 수도 없어서 아주 어렵고 절박한 시간을 보내고 있었답니다.

그때, 점심시간이 되어서 다른 포로들이 줄지어 지나가면서 '툭툭 뚜두둑' 발소리로 암호를 보내왔습니다. 툭툭 뚜두둑은 'May God bless you!(하나님은 당신을 축복하십니다)' 하는 축복의 기도를 의미했습니다. 그것을 듣는 순간 그는 용기를 얻었습니다. 그리고 그는 "살아남기 위해서는 누군가와 통하고 있다는 느낌만 있으면 살 수 있다. '나는 혼자가 아니다. 누군가와 내가 통하고 있다'고 생각할 때, 삶의 용기가 솟아올라서 그래서 살아남을 수 있었다"고 합니다. 그에게 '툭툭 뚜두둑'은 발걸음 소리가 아니라 생명을 살리는 소리였습니다.

여리고 성을 무너뜨리기 위해 하나님은 여호수아에게 군사들로 하여

금 성 주위를 6일 동안 매일 돌게 하고 제사장들에겐 양각나팔을 불게 합니다. 그리고 마지막 7일째 양각나팔 소리와 동시에 큰 소리를 지르도록 하였을 때, 여리고 성벽은 무너져 내렸습니다. 그것은 백성들의 강한 의식과 소리의 에너지를 이용한 하나님의 도우심이었습니다. 소리는 에너지를 지니고 있습니다. 거리에 떠도는 소음이든 음악이든 혹은 마음 깊숙한 곳에서 작동하는 영혼의 소리에 이르기까지 모든 소리는 우리에게 직간접적으로 많은 영향을 주고 있습니다. 스티븐 핼펀은 『소리가 왜 사람을 달라지게 하는가』란 그의 책에서 이제는 음악(音樂, 듣고 즐거워하는)의 시대가 아니라 음약(音藥) 또는 음독(音毒)의 시대가 되었다고 선언합니다. 무슨 소리를 듣느냐에 따라 살리는 약이 되기도 하고, 죽이는 독이 되기도 한다는 것으로 것이지요.

로널드 E 밀맨의 연구보고에 의하면 음악의 속도와 박자가 매출에 영양을 주고, 아더 제놉이란 심리학자는 '고함요법'을 만들어 소리를 크게 지속적으로 지를 경우 혈압이나 혈당이 정상으로 되돌아온다고 합니다. 또한 소리의 종류에 따라 뇌와 혈액순환, 신진대사, 내장 활동 등에도 크게 영향을 미친다고 합니다. 이처럼 소리가 사람이나 어떤 대상물에 영향을 미친다는 사실은 이미 과학적으로 확인 검증되고 있습니다.

사람은 감정이나 생각 그리고 느낌을 소리로 표현하며, 소리로 느낌을 일으키기도 합니다. 이 느낌과 소리를 전달하는 기호가 문자가 되기도 하고, 음악 등의 예술이 되기도 합니다. 즉 본질이 현상화하는 첫 단계가 소리입니다. 그래서 성경은 "태초에 말씀이 있었다"고 하고, 또 세상은 소리(말씀)로 이루어졌음을 말합니다. 복음 역시 광야의 외치는 소리로 들려지고, 전파되어 수많은 역사를 이루어 가고 있습니다. 이것은 소리가 어떤 대상에 새로운 형태의 질서와 창조를 부여한다는 의미이기도 합니다. 그만큼 소리의 힘과 영향력은 강력합니다.

우리는 하나님의 일꾼으로 부름을 받았습니다. 그런데 우리의 교육 활동, 특히 가르침은 소리와 글로 전해집니다. 우리가 감당하는 사역의 많은 부분을 소리 없이 묵묵히 섬김으로 보여주기도 하지만, 가르치는 직임을 가진 우리들 대부분은 소리를 통해 이루어 가고 있습니다. 사람의 소리에는 그 사람의 성품, 일을 대하는 태도나 추진력, 감성적 취향에서부터 정신적 능력에 이르기까지 그의 모든 것이 담겨있다 해도 과언이 아닙니다. 따라서 우리들은 좋은 소리, 강한 소리를 위해 훈련받아야 합니다. 소리 내어 말하는 것을 즐기며, 소리 내서 기도하는 것을 즐거워하고, 할 수만 있으면 부르짖어야 합니다. 그래야 우리의 소리가 우리의 영혼을 강하게 하고, 우리가 가르치는 아이들에게 선한 영향을 끼칠 수 있는 까닭입니다.

에이브러햄 링컨은 어렸을 때부터 어렵고 불우한 환경을 극복해야만 했습니다. 그러다 보니 자신도 모르게 우울증에 시달렸습니다. 역사가 조슈아 울프 솅크는 "링컨의 우울증은 심각해서 실제로 26세 때와 32세 때는 거의 자살 직전에 이르렀다"고 했습니다. 링컨이 이 심각한 우울증을 어떻게 극복했을 것 같습니까? 링컨은 1865년 4월 14일 워싱턴의 포드 극장에서 연극관람 도중에 암살되었습니다. 그가 암살될 당시 그의 주머니에서 몇 가지 유품이 발견되었습니다. 자수를 놓은 손수건, 시계, 몇 푼의 돈 그리고 모든 사람의 관심을 끈 하나의 유품이 있었는데 누더기가 된 신문기사 한 장이었습니다. 그 기사에는 이름 없는 한 기자가 링컨의 결단력과 그의 덕목 등을 격찬하는 내용이 담겨 있었습니다. 링컨이 이 기사를 주머니에 넣고 다니며 얼마나 읽고 보았는지 누더기가 되어 있었습니다. 링컨의 우울증을 치료한 것은 그를 격려하고 칭찬했던 신문 기사 한 줄이었습니다.

뉴욕의 한 거리에서 연필을 내놓고 구걸하는 한 거지가 있었습니다. 그 앞을 지나가던 사업자가 동전을 던져주고는 지나갔습니다. 그런데 잠시 후에 다시 돌아오더니 전시해 놓은 연필 하나를 집어 들면서 "나도 당신과 같은 상인이라 한 말씀 드립니다. 어떤 물건이든 팔려면 적당한 가격표를 붙이는 것이 좋지 않을까요?" 하고는 사라졌습니다. 몇 년 후에 파티장에서 점잖게 생긴 신사 한 명이 그 사업가에게 다가와 허리를 굽히며 인사를 했습니다. 안녕하세요. 선생님은 저를 몰라보겠지만 저는 선생님을 절대로 잊을 수가 없습니다. 선생님은 저에게 자신감을 주셨습니다. 저는 줄곧 연필을 내놓고 구걸하는 거지였습니다. 선생님께서 저를 상인으로 불러주셨던 그때까지 말입니다.

태아가 어머니 뱃속에서 10개월 동안 듣는 소리는 일생에 영향을 끼칩니다. 식물도 어떤 소리를 듣느냐에 따라 충실한 열매를 맺을 수도 있고 그 반대의 결과를 낳을 수도 있습니다. 옛날 밀림 지역에서 아름드리 큰 나무를 벨 때에 사용했던 방법은 매일 그 큰 나무 곁에 가서 저주의 말을 했다고 합니다. 그러면 얼마 가지 않아 그 나무가 스스로 쓰러진다고 합니다. 우리는 이같이 들리는 소리에 의해 너와 나, 나와 우리의 관계는 물론 성공과 실패, 좌절과 희망, 나아가 상황과 환경 그리고 인격이 바뀔 수 있습니다. 그렇다면 우리의 가정과 학교 그리고 삶의 현장에서는 어떤 소리가 들립니까? 우리의 자녀들이 어떤 소리를 들으며 자라고 있습니까?

누구나 자기 안에 품고 사는 소리가 있을 것입니다. 그것은 들려지는 소리이거나, 듣고 싶은 소리 아니면 들어야 할 소리일 수도 있습니다. 그러나 만약 그 소리가 "그럴 줄 알았어", "내가 그렇지 뭐" 등의 부정적인 소리를 품고 산다면 어찌 행복할 수 있을까요? 그러기에 비난과 칭찬을 비롯해 수없이 많은 소리가 들리지만 분별 있게 듣는 지혜가 있어야 합니다. 듣고 싶은 소리만 들을 수 없기에 그러하고, 잘 들을 수 있어야 바로 전할 수 있기에 더욱 그러합니다. 삶의 현장에서 우리가 관계하는 여러 사람과의 대화에서 축복하고 격려하는 소리가 많이 들린다면 분명 그 현장은 하나님의 축복으로 기름진 열매를 맺는 떡집이 될 것입니다.

우리는 그 소리가 들리도록 해야 합니다. 우리는 그 소리를 들어야만 합니다. 그리고 그 소리를 바르게 전하고 가르쳐야 할 사명이 우리에게 있습니다. 특히 하나님을 믿는 우리들은 꼭 들어야 하는 소리가 있습니다. 그것은 지금도 우리를 사랑하시며 애타게 찾고 찾으시는 사랑의 소리 곧 하나님의 음성입니다. 우리가 들어야 할 소리를 바로 듣는 것이 지혜입니다. 우리가 어떤 소리를 듣느냐에 따라서 우리의 인생이 달라지기 때문입니다. 그러므로 우리는 모두 그냥 들려지는 소리가 아니라 가슴으로부터 들려오는 소리를 들었으면 좋겠습니다.

홍승주 시인은 「진짜 소리」라는 시에서 아무리 좋은 시도, 아무리 오묘한 음악이나 아름다운 그림이라도 낼 수 없는 더 좋은 소리가 있는데 그것은 '감사합니다/ 수고하십니다/ 미안합니다/ 사랑합니다/ 아름답습니다/ 잘 지내셨습니까/ 당신이 최고입니다' 라고 합니다. 이처럼 진짜 소리는 사람을 세우고, 희망을 심어주며, 생명을 살리는 소리입니다. 그것은 격려와 칭찬으로 때론 기도와 감사와 찬송으로, 때로는 축복으로, 아멘이나 추임새로 그리고 응원의 소리로, 가끔은 훈계와 책망으로 나타납니다.

하지만 참으로 생명을 살리는 소리는 위로부터 내려오는 하늘의 소리입니다. 우리는 그것을 복음(福音, Good News)이라 부릅니다. 바라건대 이 생명의 소리가 우리와 함께 하길 소망합니다. 그리고 또 하나의 간절한 소망이 있다면 주님처럼 기도하는 가운데 "이는 내 사랑하는 아들이며, 내가 기뻐하는 아들이다"(누가복음 3:22)는 하늘 소리를 듣고 싶습니다.

제4부 송축과 승리의 골짜기

말씀 묵상

그래서 그들이 말하였다. "그러면, 당신은 누구란 말이오? 우리를 보낸 사람들에게 대답할 말을 좀 해주시오. 당신은 자신을 무엇이라고 말하시오?" 요한이 대답하였다. "예언자 이사야가 말한 대로, 나는 '광야에서 외치는 이의 소리'요, '너희는 주님의 길을 곧게 하여라' 하고 말이오." (요한복음 1:22~23)

말로 대접하는 3가지 방법

1) 다른 사람의 말을 들어주는 것.
   상대를 존중하게 되어
   호감을 얻을 뿐 아니라, 좋은 관계를 맺게 되고,
   잘 들음으로 배우게 됩니다.
2) 유익한 말을 해주는 것.
   위로와 격려 그리고 감사의 말은 힘을 북돋아 줍니다.
3) 축복해주는 것.
   축복은 최고의 선물입니다.

윤삼열 『묵상칼럼』 중에서

독(獨)차지는 독(毒)차지

이스라엘 백성들이 가나안을 향해 가는 광야 길에서 준비해간 양식이 떨어졌을 때 불평하고 원망하기 시작합니다. 하나님은 그들의 원망을 들으시고 아침에는 떡으로 배부르게 하고, 저녁에는 고기를 먹게 하는 기적을 통하여 하나님을 알게 하십니다. 그러면서 말씀하시기를 너희는 먹을 만큼만 거두되, 식구 수대로 식구 한 명에 한 오멜(약1.4리터)씩 거두라고 합니다. 그렇게 해서 많이 거둔 사람도 있고 적게 거둔 사람도 있었는데 나중에 보면 많이 거둔 사람도 남지 않고 적게 거둔 사람도 모자라지 않았습니다.

그때 내일에 대한 걱정과 욕심으로 만나를 많이 거두고 은밀히 숨겨 두면 금방 벌레가 생기고 악취가 풍겨 먹을 수 없었습니다. 이것은 두 가지를 의미합니다. 하나는 욕심부리지 말고, 걱정하지도 말라는 것입니다. 또 하나는 다른 사람을 배려하고, 함께하고, 나누라는 뜻입니다. 적당히 자신의 분수를 지키라는 것이기도 합니다. 혼자서 가지려고 하거나 얻으려고 하지 말고 마음을 같이하여 뜻을 합하여 한마음을 품고 각각 자기 일을 돌아볼뿐더러 또한 각각 다른 사람들의 일을 돌보아 주라는 메시지입니다. 왜냐하면 '독(獨)차지'는 '독(毒)차지'가 되어 무엇인가를 혼자 싹쓸이하면 그것은 결국 인생의 독이 되는 까닭입니다.

주일 예배가 끝난 후 모 방송국의 아나운서 공개채용 〈신입사원〉이라는 프로그램을 보았습니다. 서바이벌 방식으로 신입 아나운서를 선발하는 내용으로, 테스트의 주제는 제한 시간 1시간 안에 사진 또는 물건과

100자 이내의 원고로 나를 표현하는 것이었습니다. 톡톡 튀는 개성과 열정으로 자신들을 표현하는 방식이 참 다양하면서도 당당한 모습이 좋아 재미있게 보았습니다.

그중 한 팀이 같은 커피잔을 가지고 자신을 소개하게 되었는데, 커피잔에 한 사람은 에스프레소 커피를, 한 사람은 식혜를 가져와서 자신을 소개했습니다. 에스프레소를 담은 P씨는 바리스타가 원석 같은 에스프레소를 어떻게 사용하느냐에 따라 다른 맛을 내듯이 다양한 사람에게 다양한 방법으로 다가가겠다는 것을 어필하고, 식혜를 가져온 J씨는 겉보기와 다르게 자신은 좋은 음색과 춤 등 매력을 가진 사람이라고 모든 사람의 고정관념을 깨고 전혀 다른 내용을 담은 반전을 노렸습니다. 게다가 P씨는 긴장을 했는지 발음도 서툴고 더듬기까지 했습니다. 더구나 그때까지 두 사람의 1, 2차 테스트 결과는 J씨가 13등으로 52등인 P씨보다 월등하게 높았습니다. 여러분 생각에는 누가 이겼을 것 같습니까?

완전히 분위기는 J씨 쪽으로 기울어지는 듯했습니다. 그런데 심사위원들이 상대가 동일한 커피 잔을 가지고 나왔을 때 어떤 생각을 했느냐고 묻습니다. P씨는 식혜를 담아온 J씨의 의외성에 놀랐다고 말한 반면 J씨는 오히려 비교 대상이 되어 잘됐고 커피 잔에 보통의 상식적인 커피를 담은 상대보다 반전을 노린 자신이 유리할 것이라고 당당하게 말했습니다. 그때 심사위원이 J씨에게 질문합니다. P씨가 에스프레소 커피를 가지고 무슨 이야기를 했느냐고. 그런데 J씨는 P씨가 말한 내용을 전혀 파악하지 못하고 있었음을 고백하며 당황하기 시작했습니다. 월등하게 앞서 분위기를 유리하게 이끌어가던 그에게 심사위원의 질문이 상황을 바꿔 버렸습니다.

결국 상황은 역전되어 예상을 뒤엎고 P씨가 합격하고 J씨는 탈락하고 마는 전혀 의외의 결과가 나왔습니다. 심사위원들이 말하는 탈락의 배경은 두 가지입니다. 첫째, 상대에 대한 느낌을 묻는 말에 자신의 입

독(獨)차지는 독(毒)차지

장만을 말한 즉, 답변이 질문에 일치하지 않았다는 것입니다. 두 번째는 상대의 의견을 경청하지 못했다는 것입니다. 잘 듣지 못하면 대답도 대처도 할 수 없는 평범한 진리를 놓친 것입니다. 경쟁이 피할 수 없기는 하지만 경쟁만 생각하느라, 독차지하려다, 자신만 생각하느라 상대를 배려하지 못하는 오류에 빠져 탈락의 고배를 마시게 된 것입니다.

어느 백인 교사가 인디언 보호구역 내 학교로 부임한 지 얼마 안 되어 시험을 치르게 되었습니다. 그리고 교사는 아이들에게 오늘은 특별히 어려운 문제를 낼 거라고 일러 주었습니다. 그러자 인디언 아이들이 갑자기 책상을 가운데로 끌어당기더니 한데 모여 앉는 것입니다. 교사는 의아하게 생각하며 부정행위는 안 된다고 훈계하였습니다. 그런데 아이들은 도리어 선생님이 이상하다는 듯 입을 모아 이렇게 말합니다. "저희는 지금껏 어려운 문제는 함께 힘을 합쳐야 해결할 수 있다고 배웠는데요?" 이 인디언 아이들의 말이 크게 와 닿습니다.

사실 지금의 시대는 '나 홀로 최고'만을 외치고 있는 것 같습니다. 그래서 함께하지 못하고 혼자서만 모든 것을 다하려 합니다. 하지만 곰곰이 생각해보면 자기 혼자 하는 것보다 함께 하는 것이 더 많은 것들을 할 수 있으며, 더 큰 결과물을 가져올 수 있다는 것이 분명합니다. 따라서 어렵고 힘들 때 함께 힘을 합쳐서 해결하기 위해 노력하는 것은 너무나도 당연한 것입니다. 이렇게 함께 하는 것이 중요하다는 것을 마더 테레사 수녀는 이렇게 말합니다. "당신은 내가 할 수 없는 일을 할 수 있습니다. 나는 당신이 할 수 없는 일을 할 수 있습니다. 함께라면 우리는 위대한 일을 할 수 있습니다." 우리는 모두 위대한 일을 할 수 있는 소중한 존재입니다. 그런데 왜 혼자서 만이 무엇을 하려 하고, 혼자서 만이 모든 것을 얻어야 한다고 생각할까요?

살아남기 위해서는 경쟁에서 이겨야 하고, 남보다 앞서야 하고, 남보다 열심히 해야 하는 것은 어쩌면 당연한 일인지도 모릅니다. 하지만 문제는 거기에서 멈추지 않고 더 많이 가지려 하고 그것도 모자라 혼자서 독차지하려는 것입니다.

 이솝 이야기가 생각납니다. 사자와 여우가 함께 레스토랑에 가서 식사를 주문합니다. 그런데 맛있어 보이는 스테이크 요리를 1인분만 주문하자 웨이터가 이상한 듯 둘인데 왜 1인분만 시키느냐고 묻습니다. 그러자 여우가 대답합니다. 만약 사자가 배가 고팠다면 내가 여기 있을 수 있겠는가? 맹수인 사자도 배가 부를 땐 사냥을 하지 않습니다. 한데 우리들은 충분히 먹고 살만 함에도 불구하고 다른 사람은 생각하지 않고 여전히 더 가지고 싶어 하고 더 가지기 위해 수단과 방법을 가리지 않는 모습을 발견하게 됩니다. 그래서 하나님은 적당히 먹을 만큼만 가지고 누릴 것을 말씀합니다. 또 성경은 말씀합니다. 자족하는 마음이 있으면 경건은 큰 이익이 있다(디모데전서 6:6)고, 그래서 바울은 자족하기를 배운다고.(빌립보서 4:11) 그리고 "서로 돌아보고 사랑을 베풀며 선한 행동을 하도록 격려합시다"라고. 독(獨)차지는 독(毒)차지가 되어 우리도 함께 멸망할 것이기 때문입니다.

 우리는 경쟁 사회 임에도 불구하고 함께 모여서 삽니다. 함께 공부하고, 함께 일하고, 함께 신앙생활을 합니다. 우리가 함께 공부하고, 함께 신앙생활하고, 함께 더불어 사는 것은 서로 격려하고 응원하기 위함입니다. 더욱 우리는 하나님의 사랑을 누릴 뿐 아니라 베풀며 사는 신앙공동체입니다. 그러기에 다른 사람을 배려하고 무슨 일이든 혼자 하려고 하지 않고 함께 힘을 모은다면 합쳐서 100점을 만들 수 있고, 나아가 위대한 일을 이루게 될 줄 믿어 의심치 않습니다.

 온 세상을 따뜻하게 하는 봄이 왔습니다. 봄볕은 새싹이 움트게 하고 꽃만 활짝 피게 하는 것이 아니라 우리의 마음도 포근하게 감싸고 따뜻하게 만듭니다. 제 마음속에 살며시 떠오르는 봄볕 같은 '해'를 여러분에게도 선물하고 싶습니다. 기쁘게 받으시고 다른 사람에게도 나눠주시길 소망합니다. 사랑해, 좋아해, 감사해, 소중해, 중요해, 대단해, 훌륭해, 미안해, 용서해, 이해해, 인정해, 먼저해, 함께해.

> **말씀 묵상**
>
> 주님께서 당신들에게 명하시기를, 당신들은 각자 먹을 만큼씩만 거두라고 하셨습니다. 당신들 각 사람은, 자기 장막 안에 있는 식구 수대로, 식구 한 명에 한 오멜씩 거두라고 하셨습니다. "이스라엘 자손이 그대로 하니, 많이 거두는 사람도 있고, 적게 거두는 사람도 있었으나, 오멜로 되어 보면, 많이 거둔 사람도 남지 않고, 적게 거둔 사람도 모자라지 않았다. 그들은 제각기 먹을 만큼씩 거두어들인 것이다." (출애굽기 16:16~18)

행복한 사람은

첫째, 말(言)이 통해야 합니다.
둘째, 정(情)이 통해야 합니다.
셋째, 맛(味)이 통해야 합니다.
서로 통하면 행복입니다.
그러나 진실로 행복한 사람은
하나님과 통하는 사람입니다.

윤삼열 『가슴으로 말하는 사람』 중에서

제4부 송축과 승리의 골짜기

파워라인

　사람들은 말과 글을 통해 온갖 감정을 표현합니다. 따라서 말과 글에는 핵심적인 의미가 드러나야 합니다. 인간은 수천 년 동안 서로 말을 주고받으면서 소통하며 살아왔고, 또 몇 마디의 말이 얼마나 큰 힘을 발휘하는지는 우리들이 살아온 역사를 보면 충분히 알 수 있습니다. 사람들은 훌륭한 몇 마디에 감탄하고 감동하며 동기를 부여받거나 역사가 바뀌기도 하고, 반대로 몇 마디 말 때문에 평생을 아픔으로 살아가는 사람들도 있습니다. 어찌 되었든 누구에게나 가슴속에 기억되는 한마디가 있습니다.

　사랑과 관련해서 '사랑해' 라는 이 짧은 말을 대신할 사랑스럽고 소중한 다른 말이 없는 것처럼 익숙하고 짧은 한 줄의 말이 가슴을 울리고 영원한 기억으로, 혹은 삶의 커다란 가치로 자리 잡는 경우를 종종 경험하게 됩니다. 이같이 사람들의 행동을 변화시키거나 오랫동안 기억되는 한마디를 『한 줄의 힘』을 쓴 스티브 콘은 '파워라인' 이라고 부릅니다. 파워라인은 듣거나 보는 즉시 매료되어 오랫동안 기억하게 되는 짧은 한마디나 몇 마디의 말을 가리킵니다.

　슈바이처는 어린 시절 동네 아이와 싸움을 했습니다. 슈바이처가 아이를 쓰러뜨린 뒤 주먹을 올려붙이려는 순간 넘어진 아이가 외칩니다. "내가 너처럼 고깃국을 먹을 수 있었다면 절대로 지지 않았을 거야!" 그 한 마디는 슈바이처의 영혼을 울렸고, 그의 일생을 굶주림과 병으로 고통 받는 사람들을 돌보는 데 힘쓰게 했습니다. 마음을 두드리는 말은 이처럼 한 사람의 생각과 인생까지도 변화시킵니다. 하지만 우리가 일평생 말하고, 듣는 수많은 말 가운데 우리들 가슴에 깊이 새겨진 말은 얼마나 되며, 어떤 말들이 있을까요? "말은 한 사람의 입에서 나오지만, 천 사람의 귀로 들어간다"라는 말이 있듯, 어떤 말이냐에 따라 수많은 사람에게 기억되기도 하고 쉽게 잊히기도 할 것입니다.

1864년, 두 번째 대통령 선거를 앞둔 링컨은 재선이 불투명했습니다. 상대 후보와 내부 반대 세력이 안팎에서 공격했기 때문입니다. 그때 링컨은 "개울물을 건너갈 때는 말을 갈아타지 마라"라는 한마디로 아직은 리더를 바꿀 때가 아니라는 점을 분명하게 전했습니다. 호소력 짙은 이 말은 국민들의 마음을 움직였고, 링컨은 결국 재선에 성공했습니다.

1920년대 후반, 사람들은 고단한 삶에 지쳐 있었습니다. 그러한 시대적 상황에서 휴식은 모든 사람이 바라는 것이었습니다. 그 무렵 코카콜라는 1929년에 제작된 '상쾌한 휴식'이라는 광고문구를 통해 시장 점유율을 높이고 오늘날까지 일등 브랜드로 자리 잡게 되었습니다. 바락 오바마 미국대통령의 선거 슬로건은 바로 'CHANGE'라는 단 여섯 글자였습니다. 이 짧은 단어 하나가 바로 미국 최초의 흑인 대통령, 암울한 시대를 헤쳐가고 우리를 열광하고 기대하게 만든 대통령을 탄생시켰습니다. 사람들은 이 슬로건이 가진 성공 요인을 몇 가지로 꼽고 있는데, 그것은 단순성, 일관성, 적합성으로 쉬우면서도 항상 일관되게 변화를 외쳤고 시대적인 요구와도 적절히 맞아떨어졌다는 것입니다.

뉴욕의 어느 방송국은 매일 밤 뉴스가 시작되기 전 "10시입니다. 당신의 아이들은 어디에 있나요?"라는 멘트를 내보냈습니다. 이 말은 아이들의 안전을 걱정하는 부모들의 마음을 환기시키는 한편 아이들 스스로 귀가 시간을 지키게 만들었다고 합니다.

"손이 가요. 손이 가", "아버님 댁에 보일러 놔드려야겠어요", "남자는 여자 하기 나름", "침대는 가구가 아니라 과학입니다", "집 나가면 개고생이다" 등의 광고문구, "영원히 살 것처럼 꿈꾸고, 내일 죽을 것처럼 오늘 사랑하라", 영화 〈러브스토리〉의 "사랑은 결코 미안하다고 말하지 않는 거야", 알리의 "나비처럼 날아가서 벌처럼 쏘겠다", 줄리어스 카이사르의 "왔노라, 보았노라, 이겼노라" 등 세월이 지나도 기억에 남는 말이 있습니다. 이러한 한 줄 또는 몇 마디의 말이나 문구들은 사람의 마음을 사로잡고 기억에 오래 남아서 사람들의 판단이나 행동에 영향을 미치는 핵심적인 작용을 하기도 합니다. 그런데 이런 파워라인은 광고나 문학만이 아니라 정치, 종교, 철학, 영화, 엔터테인먼트 등 모든 분야에 빠르게 파급되어 사람들의 뇌리에 강하게 각인되어 강렬하게 감정을 자극하고 영원히 기억에 머무르게 합니다.

그러나 사람들이 살아가는 동안 눈과 귀를 통해 수없이 많은 정보를 받는데, 평범하고 진부한 소리는 흘러 지나갈 뿐 가슴이나 머리에 남지 못합니다. 누군가의 가슴과 머릿속에 깊이 간직되려면 무언가 달라야 합니다. 시대를 뛰어넘어 변함없이 사랑을 받는 강력한 한 줄, 파워라인의 요건을 스티브 콘은 다음과 같이 말하고 있습니다. 첫째는 분명한 의미와 차별성을 가져야 한다. 둘째 진실성과 신뢰로 대중들이 그것을 인정해야 한다. 셋째 헤드라인처럼 핵심 멘트여야 하고, 넷째 개성적이고 재미있어야 하며, 다섯째 어디서든 쉽게 볼 수 있고, 사람들이 일상적으로 쉽게 떠올릴 수 있어야 한다고 말합니다. 한마디로 핵심을 살리려면 '버림의 미학'이 필요하다는 것입니다. 구구절절 설명해야 되면 그것은 이미 생명력을 잃어버린 말입니다. 메시지가 길어질수록 대중은 멀어지는 까닭입니다.

그래서일까요? 요즘 '한 줄 시 모임'과 '한 줄 문장 모임'이 성행한다고 합니다. 시대 흐름이 그만큼 빠르고 바쁘기도 한 때문이겠지만 넘쳐나는 정보 홍수에 대한 반발만은 아닌 듯합니다. 오히려 한 줄의 짧은 메시지가 상대방을 제압하고, 긴 글과 말보다 짧은 문구가 주는 힘이 강력한 때문인지도 모릅니다. 중요한 것은 이러한 파워라인은 슬로건, 태

그, 광고 등에 국한되지 않고 문학을 비롯한 삶의 모든 현장 특히 교육 현장에도 적용된다는 사실입니다.

아울러 파워라인은 개인과 브랜드의 정립은 물론 역사를 바꿀 수 있을 뿐 아니라, 대중의 마음을 감동시키며 오랫동안 그들의 마음을 사로잡는 것입니다. "죽느냐 사느냐 그것이 문제로다" 이 한마디가 셰익스피어라는 작가를 떠올리게 하고, "제임스 본드"라는 한마디로 007 영화가 생각나는 것은 바로 그 때문입니다. 그만큼 간결하면서 분명한 메시지는 놀라운 힘을 갖고 있습니다. 심지어는 아이들이 뭔지 내용도 모르면서 「미쳤어」 등의 후크송이나 「비비디바비디부」 같은 CM송을 흥얼거리는 경우도 있습니다. 이렇게 파워라인은 강력한 위력을 가지고 우리 곁으로 다가오고 있습니다.

누군가의 가슴을 울리는 말, 한번 듣는 것만으로도 마음을 움직이게 하는 힘, 그것은 입술이 아닌 온몸으로 묻어나는 사랑 이야기일 것입니다. 사랑하는 사람에게 들은 한마디는 평생 잊히지 않습니다. 그 말에는 그 사람과 그가 살았던 삶의 흔적까지 함께 살아 숨쉬기 때문입니다. 그렇다면 이제 우리의 할 일도 분명해졌습니다.

사랑하는 여러분. 우리 아이들을 변화시키는 것은 결코 시시콜콜한 잔소리가 아닙니다. 확신 없고, 체험 없이 거듭 말하는 어리석은 자가 아니라, 주님께서 십자가를 지신 그 사랑 이야기처럼 간결한 한마디로 우리 아이들을 가르치는 지혜를 소원해야 합니다. 사람을 살리고, 선한 영향력을 발휘하는, 역사를 변화시킬 그 한마디를 우리도 가졌으면 좋겠습니다. 세상을 말씀으로 창조하신 우리 하나님, 말로서 우리를 사랑한다 말하기보다 직접 몸을 입고 오신 주님의 사랑과 능력을 회복하여 나를 만들고, 우리를 만들고, 미래를 새롭게 여는 우리만의 파워라인을 말입니다. "사랑하고 축복합니다."

말씀 묵상

허물을 덮어 주는 자는 사랑을 구하는 자요 그것을 거듭 말하는 자는 친한 벗을 이간하는 자니라. 한 마디 말로 총명한 자에게 충고하는 것이 매 백 대로 미련한 자를 때리는 것보다 더욱 깊이 박히느니라.(잠언 17:9~10)

마음을 잘 전달하고 싶다면
만약,
당신이 누군가에게 당신의 마음을
잘 전달하고 싶다면
그 사람의 손을 잡아 보십시오.
손과 손은 마음과 마음이
통하는 길입니다.

윤삼열 『가슴으로 말하는 사람』 중에서

상품, 명품, 작품, 걸작품

　사람들에 의해 만들어진 물건은 두 종류로 나누어집니다. '상품'과 '작품'입니다. 상품은 생활의 필요에 의해 똑같은 물건을 복제하여 만든 것입니다. 그러나 작품은 비록 여러 개를 만들지라도 작품은 상품과는 전혀 다른 것이 있습니다. 그래서 그 가치에 있어서는 상품과 비교할 수 없는 것입니다. 상품은 소수의 사람에게 잠시 소유되지만, 작품은 역사를 통해 많은 사람에게 오랫동안 소중하게 전해집니다.

　상품과 작품의 차이는 무엇일까요? 일반적으로 상품에는 가격을 매기지만 작품에는 가격을 매기지 않습니다. 만약 작품에 가격이 매겨진다면 그 순간에 작품은 상품으로 전락하고 맙니다. 안타깝게도 경쟁 사회에서 모든 존재는 예외 없이 상품이 돼 버렸습니다. 그래서 가격이 매겨지지 않는 것은 거의 없습니다. 사람의 재능과 능력도 돈으로 평가되고 심지어 사람 자체도 상품 가치에 의해 평가되고 있는 실정입니다.

　만약 사람이 하나님의 창조 목적을 외면하고 상대적 평가에 의한 자의식으로 자신을 치장해 간다면 상품과 같은 존재가 될 것입니다. 상품은 언제나 그럴싸한 포장이 필요합니다. 학력과 경력과 권력과 명예와 물질로 화려한 포장을 합니다. 자본주의가 주는 시장 경제적 사고를 가진 이에게는 사용가치가 있도록 개발하는 것이 성공하는 길입니다. 다시 말하면 상품의 극대화입니다. 그것이 자신의 긍지요, 자랑이요, 재산성의 보장이 됩니다. 전문성을 요구하는 이 시대는 더욱 그러합니다. 상품은 그 용도에 따라 편리하게 쓰일 필요가 있으므로 소비자 위주로 만들어집니다. 항상 상품은 소비자의 칭찬과 비난에 민감해야 됩니다. 그래서 상품은 소비자의 취향에 따라 변형, 발전해 갑니다.

그러다 보니 많은 현대인 중에는 자신의 의식은 실종되고 타인의 의식으로 살아가는 사람들이 많아졌습니다. 항상 다른 이들의 의식을 엿보고 살피어 그들의 구미와 요구에 자신을 맞추려고 노력하는데, 이것을 처세술이라고 합니다. 그렇게 사람들은 최고의 상품 즉, 명품을 소유하고 또 스스로 명품이 되고자 합니다. 명품은 특별한 계층의 사람들만 누리는 사회적 혜택이요 특권이기 때문입니다.

하지만 하나님은 상품을 만드시지 않았습니다. 창조주가 만드신 모든 것은 팔기 위한 상품이 아니라 하나하나 가치를 지닌 작품입니다. 하나님께서는 천지만물을 창조하실 때 "그 종류대로"(창세기 1:24) 곧 특색 있게 만들었습니다. 특히 사람을 만드실 때는 "하나님의 형상과 모양을 따라"(창세기 1:26) 만드시되 직접 빚으시고 호흡을 불어 넣으셔서 창조하셨습니다. 이는 하나님의 적극적이고 절대적인 개입이 있었다는 것입니다. 생명에는 창조주가 주신 신비가 있습니다. 또한 모든 생명에는 하나님이 주신 신비로운 선물이 있습니다. 누구에게도 없는 자신만의 독특한 은사가 있습니다. 그래서 우리는 모두 동일하게 존중받아야 할 존재들입니다. 나도, 다른 사람도 이미 모두 하나님의 솜씨이고 작품입니다. 비교할 수 없는 거룩한 가치가 각 사람에게 있습니다. 여러분과 저 안에는 하나님의 싸인, 하나님의 형상, 하나님의 숨결이 있습니다. 너무나도 소중한 우리 인생은 하나님의 기대로 가득 차 있습니다.

미국인 한 분이 프랑스 여행을 하다가 시골 상점에서 신기해 보이는 골동품 목걸이 하나를 그다지 비싸지 않은 가격에 구입했습니다. 그리고 미국으로 돌아오는데 세관을 통과 할 때 의외의 높은 세금을 매기는 것입니다. 그래서 이거 별로 비싸지도 않게 산 물건인데 그렇게 비싼 세금을 무느냐고 항의를 하니까 그 세관원이 "이것은 손님이 생각하신 것처럼 그렇게 값싼 물품이 아니다"고 하더랍니다. 그래서 보석감정원에 가서 그 목걸이를 감정시켰습니다. 확대경을 가지고 한참을 면밀하게 감정을 하던 감정사가 깜짝 놀라면서 하는 말이 "손님, 이 목걸이는 보통 목걸이가 아니네요. 좀 보시지요" 합니다. 그래서 확대경으로 자세히 들여다보니까 거기에 사인이 새겨져 있는데 '조세핀에게 보나파르트 나폴레옹'이라고 되어 있었습니다. 이 미국인은 한마디로 횡재를 한 것입니다. 영웅 나폴레옹의 사인이 있어서 그것이 그토록 훌륭한 보배로운 작품으로 인정을 받은 것입니다.

한때 한국을 시끄럽게 했던 로이 리히텐슈타인의 「행복한 눈물」이라는 그림이 있습니다. 이 그림은 마이크 세코스키가 그린 만화를 그대로 망점 형태로 유화물감인 마그나를 사용해 그린 것입니다. 만화나 다름없어 보이는 그것이 한 아티스트의 뛰어난 창의력과 독특한 스타일에 의해 엄청난 값을 호가하는 작품으로 변신한 것입니다.

방법만 알면 그야말로 참 쉽습니다. 백남준은 다 망가진 텔레비전 몇 대로 고가의 팝 아트를 일궈냈고, 이중섭은 병상에서 담배 은박종이에 송곳으로 긁어서 그림을 그렸는데 그의 초라한 「은지화」는 지금 뉴욕현대미술관에 소장될 정도로 명작으로 인정받고 있습니다. 약 500년 전 이탈리아의 조각가 도나텔로가 거대한 대리석을 하나 구입하였는데 그 대리석은 흠도 많고 갈라진 곳도 많아서 제대로 된 작품을 만들 수가 없다고 판단하여 반품하였습니다. 하지만 미켈란젤로는 그 흠투성이 대리석을 사들여 조각을 시도했고, 완성된 작품이 바로 「다윗상」입니다. 일화에 의하면 미켈란젤로는 "대리석에서 다윗을 발견했고 자신은 다윗이 아닌 것에만 정을 대니 '다윗'이 나오더라"고 고백했다고 합니다.

피카소의 「황소머리」라는 작품이 있습니다. 이 작품은 1943년 어느 날 피카소가 길거리를 지나다가 버려진 자전거를 주워 자전거의 핸들과 안장을 떼다가 만들었답니다. 양쪽 뿔은 자전거 핸들이고, 가운데 머리는 안장입니다. 이렇게 만들어 놓고 그것을 「황소머리」라고 명명했습니다. 그런데 이 작품이 2008년 프랑스의 어느 경매장에서 293억 원에 낙찰되었습니다. 피카소가 그것을 만들기 전까지는 버려진 중고 자전거에 지나지 않았습니다. 그런데 피카소의 손에 의해 작품으로 만들어지니 유명한 고가의 작품이 된 것입니다. 버려진 자전거를 통해 자신의 예술의 세계를 표현하였던 피카소는 그 작품을 완성한 후에 다음과 같이 말하였다고 합니다. "쓰레기는 위대한 가능성을 지닌 예술품의 재료이다." 쓰레기조차도 위대한 예술가나 창조적 상상력을 거치면 명작이 될 수 있음을 보여줍니다.

명작은 보이는 것의 열매가 아니라 생각한 것의 열매이며, 명작은 현상이 아니라 상상의 창조물입니다. 보이는 것이 전부라고 여기는 순간 쓰레기는 쓰레기일 뿐이지만 상상하면 위대한 작품으로 재탄생합니다.

우리 사람도 누구 손에 붙잡혀 있느냐에 따라서 가치가 달라질 것이라는 생각을 했습니다. 자전거 핸들과 안장이 피카소라고 하는 사람의 예술적이고 창조적인 손에 의해 어마어마한 가치의 작품으로 만들어졌다면, 별것 아닌 만화가 아티스트 리히텐슈타인에 의해 최고의 작품으로 바뀌었다면 오늘날 이 시대를 살아가는 '나'라는 존재는 창조주이고 전능하신 하나님의 손에 만들어지고 그분 손에 의해 변화된다면 그야말로 엄청난 걸작품이 될 것이 분명합니다.

성 아우구스티누스는 유명한 말을 남겼습니다. "인간은 높은 산과 바다의 거대한 파도와 굽이치는 강물과 저 광활한 우주의 태양과 반짝이는 별들을 보고는 감탄하면서도 정작 자기 자신에 대해서는 감탄하지 않는다." 맞습니다. 우리는 천하보다 소중한 우리의 존재가 얼마나 신기한 작품인지는 잊어버리고 맙니다.

브라이언 트레이시(Brian Tracy)는 "인간의 삶도 훌륭한 예술 작품이

다"라고 말했습니다. 사람의 삶도 걸작이 있고 졸작이 있습니다. 참 추하게 인생을 사는 사람이 있고, 참으로 걸작품이 되어 시대와 공간을 초월하여 많은 사람이 그 사람을 생각할 때마다 감동을 받는 사람도 있습니다. 트래이시는 훌륭한 예술 작품이 되는 성공한 인생의 기준을 7가지로 제시합니다. 마음의 평화, 건강과 활력, 사랑, 경제적인 자유, 가치 있는 목표와 이상, 자기 인식, 개인적인 성취감 등을 말합니다.

우리는 구원이라는 하나님의 선물을 통해 하나님의 택하신 족속, 왕 같은 제사장, 거룩한 나라 그리고 그의 소유된 백성이 되었습니다.(베드로전서 2:9) 그러기에 우리 그리스도인들은 걸작품입니다. 하나님이 직접 창조하셨을 뿐 아니라 주님이 직접 대가를 치르시고, 주님이 사명을 주셨기에 가치 있는 존재입니다. 그렇지만 저는 정말 위대한 하나님의 걸작품으로 살기 위해 다음 몇 가지를 제시하고자 합니다.

첫째, 하나님에 대한 사랑의 고백이 필요합니다. 사랑하면서도 갑돌이와 갑순이처럼 "겉으로는 응~ 안 그런척 했더래요"라는 삶을 살아서는 안 됩니다. 우리는 삶의 현장에서 "하나님 사랑합니다" 하는 사랑의 고백이 있어야 합니다. 사랑고백은 신앙고백이고, 신앙고백은 모든 것을 가능하게 하시는 하나님의 능력을 덧입는 것입니다.

둘째, 하나님께 영광 돌리는 삶입니다. 가장 인생을 고상하게 하고 걸작품이 되게 하는 것은 하나님께 영광을 돌리는데 인생의 목적을 두고 사는 것입니다. 삶의 목적을 바로 아는 사람은 출생과 환경을 탓하지 않습니다.

셋째, 삶의 모든 문제와 과제들을 기도로 풀어 가는 삶입니다. 인생을 걸작품으로 살아간 사람들은 고난이 없는 사람들이 아닙니다. 고난을 슬기롭게 뛰어넘고 일어선 사람들입니다. 영웅은 전쟁 속에서 나온다는 말이 있듯, 걸작품은 삶의 어려운 문제들을 기도로 멋지게 풀어갈 때 이루어지는 것입니다.

제4부 송축과 승리의 골짜기

 넷째, 우리가 대하는 모든 사람을 영혼이 담겨있는 하나님의 작품으로 마주하는 것입니다. 우리에게 맡겨진 아이들도 가르치는 교육 대상으로만 보는 것이 아니라 하나님의 사랑 받는 작품으로 인정하는 것입니다. 그래서 품질(성적)을 따지거나 비교하지 않고, 각자가 가지고 있는 독창적이고 특별한 것을 발견하여 걸작품으로 거듭나도록 도와줄 수 있고, 나아가 그런 믿음의 눈이 열리도록 해야 할 것입니다.

말씀 묵상

여러분은 믿음을 통하여 은혜로 구원을 얻었습니다. 이것은 여러분에게서 난 것이 아니요, 하나님의 선물입니다. 행위에서 난 것이 아닙니다. 그러므로 아무도 자랑할 수 없습니다. 우리는 하나님의 작품입니다. 선한 일을 하게 하시려고, 하나님께서 그리스도 예수 안에서 우리를 만드셨습니다. 하나님께서 이렇게 미리 준비하신 것은, 우리가 선한 일을 하며 살아가게 하시려는 것입니다.
(에베소서 2:8~10)

문제가 생기는 것은

우리 삶의 대부분의 문제는
하지 못해서가 아니라 하지 않아서 생깁니다.
못하는 것을 억지로 하려 말고
할 수 있는 일에 최선을 다하는 사람
그 사람이 행복한 사람입니다.

윤삼열 『묵상칼럼』 중에서

스타벅스 같은 일터

사람들에게는 중요한 공간으로 세 곳이 있습니다. 그것은 개인적인 생활이 이루어지는 사적인 공간인 오이코스(Oikos), 정치권력이 행사되며 공적인 활동들이 이루어지는 공적인 장소인 에클레시아(Ecclesia), 그리고 만나서 서로 교제하고 단체나 기업을 만들기도 하고 개인이나 정부의 보조를 받는 사적이며 공적인 공간인 아고라(Agora)를 꼽습니다.

더욱 쉽게 말하면 집과 일터 그리고 제3의 장소입니다. 우리는 집에서는 편안함을, 일터에서 삶의 의미와 보람을, 그리고 제3의 공간에서는 여유와 재충전을 하며 삶을 영위해갑니다. 이 세 공간은 가장 중요한 환경이 되고 아울러 이 공간들이 얼마나 역동적인가 하는 것이 문화선진국의 기준이 될 수 있다고 합니다. 그래서 이 공간에 문화가 담겨 있지 않으면 단순한 기능적 장소, 즉 먹고 자고 일하고 만나는 공간에 불과하지만 반대로 참여와 창조가 담기면 그것은 사회를 변화시키고 역사를 발전시키는 힘이 될 수 있습니다.

특히 창조적인 사람들은 집도 일터도 아닌 교회, 동호회, 계모임 등과 같은 제3지역을 중요한 공간으로 생각한다는 것입니다. 민주적인 토론문화를 만들어낸 그리스의 아고라 광장이 그렇고, 문학예술과 사상을 논하던 지성의 공간인 프랑스의 카페가 그 좋은 예입니다. 이러한 고독한 군중을 위한 제3의 장소라는 혁신적인 생각이 창조해 낸 전혀 새로운 패러다임이 바로 '스타벅스'와 '민들레영토' 같은 커피숍, 서점, 카페 등의 공간입니다. 그런데 민들레영토와 스타벅스라고 하는 찻집 형태의 대중문화 공간이 많은 사람으로부터 사랑을 받고 있는 이유는 무엇일까요?

여러 가지 비결이 있겠지만 다음 4가지로 말할 수 있습니다. 첫째, 경험(맛)을 맛보게 한다는 것. 둘째, 모든 사람을 참여하게 한다는 것. 셋째, 서로 관계를 맺게 한다는 것. 넷째, 이미지 즉 감동을 판다는 것입니다. 사람들이 차 한 잔을 마시며 편하게 이야기를 나누고 음악을 듣거나 영화를 보며 자유롭게 의견을 나누는 쾌적하고 편안하고 매력 있는 공간이 되었다는 것입니다.

그렇다면 우리는 어떻습니까? 우리의 일터와 공간이 오고 싶고 머무르고 싶은 공간입니까? 아니면 단순히 지식을 전달하고 돈을 버는 곳입니까? 우리가 어떻게 생각하느냐에 따라 우리 학교는 문화가 꽃피는 문화공간이 되기도 하고, 아니면 그저 마지못해 나오는 고통스러운 공간이 되기도 할 것입니다. 하지만 저는 설렙니다. 기다려집니다. 우리는 마음을 같이하여 모이기를 힘쓰며, 함께 떡을 떼며 기쁨과 순전한 마음으로 음식을 먹으며, 나아가 하나님을 찬미하는 가족이며 공동체이기 때문입니다.

집 나간 며느리를 돌아오게 한다는 전어 굽는 냄새가 그리운 때입니다. 그것은 전어를 먹고 싶거나, 제철을 만난 전어 맛에 대한 궁금증보다는 그런 냄새가 우리에게도 있었으면 좋겠다는 갈망 때문입니다. 전어처럼 사람의 마음을 움직이는 냄새가 우리에게도 있어 누군가 좋지 않은 일로 마음이 멀어졌던 이의 발걸음이 다시 돌아설 수 있다면 얼마나 좋을까 하는 생각 때문입니다. 그렇게 무언가 끌리는 마음의 향내가 우리에게 있으면 좋겠습니다. 거기에는 거창한 구호나 이슈가 필요하지 않습니다. 전어 굽는 냄새처럼 생활 속에서 풍겨 나오는 자연스러움과 편안한 마음이면 족합니다. 그러면 집과 일터와 제3의 공간을 모두 아

스타벅스 같은 일터

우르는 편안하고 아늑하고 머무르고 싶은 공간이 될 것입니다.

   우리 생활의 대부분을 보내게 되는 이곳 일터가 집처럼 편안하고, 교회처럼 믿음이 있고 카페처럼 감동이 넘쳐나는 사랑스러운 공간이 되었으면 좋겠습니다. 우리가 일하는 이곳이 지식전달이나 생활수단의 공간만으로 끝나는 게 아니라 창조적인 문화와 사회와 가치를 만들어 가는 믿음 소망 사랑의 아름다운 공간이 되길 소망합니다.

말씀 묵상

그리고 날마다 한 마음으로 성전에 열심히 모이고, 집집이 돌아가면서 빵을 떼며, 순전한 마음으로 기쁘게 음식을 먹고, 하나님을 찬양하였다. 그래서 그들은 모든 사람에게서 호감을 샀다. 주님께서는 구원 받는 사람을 날마다 더하여 주셨다.
(사도행전 2:46~47)

> 인생은 훈련입니다.
> 학교는 훈련을 잘하기 위한 터전입니다.
> 함께 사는 법과 질서를 배우고,
> 삶의 원리와 규칙을 터득합니다.
> 우리의 미래는 지금 이 순간 이곳에 있습니다.
> 학교에서 노력하지 않고 훈련받지 못하면
> 인생에서 행복을 누리거나 지키기 힘듭니다.

윤삼열 『묵상칼럼』 중에서

누림의 축복

톨스토이의 단편들 중에 「사람에게는 얼마만큼의 땅이 필요한가?」라는 동화 같은 소설이 있습니다. 러시아에 바흠이라는 한 농부가 있는데, 바흠은 평범하지만 별 욕심 없이 행복하게 살던 한 소작농이었습니다. 어느 날 바흠은 우연한 기회에 땅을 조금 얻게 되었습니다. 그런데 땅을 얻은 이후에는 이상하게도 욕심이 자꾸 생겨 땅을 계속 넓혀가야만 성이 차곤 했습니다. 그러던 어느 날 바흠은 어떤 지방에서 땅을 싸게 판다는 말을 듣고 그곳에 가게 되었습니다. 이 지방은 땅을 파는 방식이 대단히 독특했는데, 그것은 종일 자기 발로 걸은 만큼의 땅을 주는 것인데 다만 해가 지기 전에 그 출발점으로 돌아오지 않으면 무효가 되는 것이었습니다.

바흠은 이 계약에 동의하고 아침 일찍 일어나 자기 땅을 얻기 위해 출발했습니다. 계속 걷다 보니 욕심도 생기고 자기 앞에 있는 땅들일수록 더 비옥하고 탐스럽게 보여서 걸음을 멈출 수가 없었습니다. 이미 반환점을 돌아야 했을 시점인데도 바흠은 욕심 때문에 계속 앞으로 나갔습니다. 마음이 급해 바흠은 장화도 옷도 벗고 조금이라도 멀리 가기 위해 쉬지 않고 달렸습니다. 이렇게 해서 해가 막 떨어질 무렵에 출발점으로 간신히 돌아올 수 있었지만 바흠은 그만 심장이 터져 그 자리에 피를 토하며 죽고 말았습니다. 바흠의 하인이 그를 땅에 묻었는데 그 땅은 겨우 2m가 조금 넘는 규모의 땅이었습니다. 정작 그에게는 단지 한 평 남짓의 땅만이 필요했던 것입니다.

일본에서 67세의 나이로 숨진 미야우찌라는 거지 노인이 있었습니다.

그가 죽자 그의 집을 정리했는데 다락방에는 5천만 원이 예금된 통장과 1억 7천만 원 가량의 주식이 숨겨져 있었습니다. 그는 일생 헐벗고 굶주리며 모으고 쌓는 일만 했습니다. 어쩌다가 쌀을 사다 먹고 남이 주는 채소 부스러기를 날로 먹고, 가끔 끓일 것이 생기면 주워온 나무 조각을 때서 끓여 먹었다고 합니다. 돈이 아까워 목욕은 기껏해야 일 년에 한두 번 했고, 그는 돈을 아끼기 위하여 값싼 음식만 골라 먹은 결과 영양실조와 동맥 경화증으로 사망했습니다. 그러면서 그는 매일 입버릇처럼 "나는 200세까지 살 것이다"고 했다고 합니다.

넓은 집을 가졌다고 아름다운 가정이 약속되는 것은 아니고, 좋은 침대를 가졌다고 평안한 잠이 보장되는 것도 아닙니다. 건강을 가졌다고, 물질을 많이 가졌다고, 많이 쌓아두었다고 행복이 보장되는 것 역시 아닙니다. 소유와 누림은 이렇게 다릅니다. 많이 가졌지만 누리지 못하는 사람이 있고, 적게 가졌지만 충분히 누리는 사람이 있습니다. 우리 자녀들은 우리가 살던 시대보다 더 많은 것을 먹고 누리며 살고 있지만 우리 시대보다 더 많은 불만으로 가득 차 있음을 봅니다. 누림의 복을 받지 못하고, 하나님이 하늘에서 주시는 복을 얻지 못하면 그저 그럴 뿐입니다. 이 땅에서 땀 흘리며 수고하는 모든 일이 그뿐이라면, 그건 정말 헛되고 헛되며 또 헛되고 헛될 뿐입니다.

그러므로 어떤 것을 이루는 것도 중요하지만 이룬 것을 누리는 것은 더욱 중요합니다. 이룸의 축복만 받으면 온전한 축복이 될 수 없습니다. 누림의 축복을 받아야 합니다. 이룬 것을 사는 동안 누릴 수 있는 축복을 받아야 합니다.

사울은 이룸의 축복은 받았습니다. 잃은 나귀를 찾아다니는 평범한 청년이 이스라엘의 초대 왕이 되었습니다. 그러나 그는 왕으로 행복하게 누리지 못했습니다. 왕의 축복을 충분히 누리지 못했습니다. 일평생 시기와 질투의 마음으로 다윗을 쫓아다녔습니다. 늘 불안한 마음에 살다가 악신이 들었습니다. 결국 불레셋 나라에게 나라는 망하고 자신과 아들은 전쟁터에서 죽고 말았습니다.

솔로몬은 성전을 짓는 이룸의 축복을 받았지만 그 성전에서 하나님을 찬양하고 회개하며 그 성전에서 여호와를 통하여 기뻐하고 즐거워하는 누림의 축복은 맛보지 못하였습니다. 성전을 지어 놓고 이방신을 섬기며 세상 연락에 빠져 버렸습니다.

초대 교회 일곱 집사님들은 이룸의 축복을 누렸습니다. 그러나 스데반과 빌립만 누림의 축복을 누렸습니다. 브로고로와 니가노르, 디몬과 바메나는 임직식 때 이름만 나오고 그 후 아무런 기록이 나오지 않습니다. 니골라는 나중에 초대 교회의 이단인 니골라 당을 만들었습니다. 차라리 직분을 받지 않은 만 못한 사람이 되어 버렸습니다. 오늘날도 권력을 얻고 부를 얻고 명예를 얻고 직분을 얻지만 누림의 축복을 누리지 못하는 사람들이 있습니다. 우리는 이룸의 축복도 받아야 하지만 누림의 축복도 아울러 받아야 합니다.

그런데 우리는 그리스도인으로 많은 것을 얻고 이루었습니다. 믿는 자에게 주는 구원과 영생의 복, 구하면 주시는 응답의 복, 죄를 고백하면 얻는 사함의 복, 세상과 어둠을 이기는 승리의 복, 세상 끝 날까지 함께 하시는 동행의 복, 하늘의 유업을 물려받는 상속의 복 등 수없이 많은 은혜를 받았습니다. 그뿐만 아니라 건강을 얻고, 가정을 얻고, 이웃을 얻고, 일터도 얻었습니다. 그리고 주님은 우리에게 평안을 이미 주었습니다. 기쁨을 이미 주었습니다. 이처럼 우리는 많은 것을 얻었습니다. 그러기에 누리기만 하면 됩니다. 주어진 것을 누릴 줄 아는 것도 인생의 멋이고, 삶의 맛입니다.

좋은 아내가 주어졌는데 아내를 누리지 못하고 불나비처럼 밤거리를 헤매는 사람, 건강한 남편을 누리지 못하고 날마다 이웃집 남자의 풍요로움을 부러워하는 아내, 자식들 주어졌는데 공부 잘하는 아이들만 보며 늘 짜증을 내며 자식들을 스트레스의 원흉으로 삼은 부모 그들은 진정 누림의 복이 무엇인지 모르는 어리석은 사람들입니다. 아무리 좋은 것을 주어도 누리지 못하면 그것은 진정한 복이 아닙니다. 그러므로 이제 이룸의 축복에서 멈추지 말고 누림의 축복으로 행복하게 살아야 할 것입니다.

누림의 축복을 받으려면 예외자로 살지 말고 참여자로 살아야 합니다. 법궤가 들어오는 것을 방관하며 비판하는 미갈처럼 살지 말아야 합니다. 무엇을 하든지 방관자, 구경꾼이 되어서는 안 됩니다. 누림은 양에 있지 않습니다. 그것은 누리는 자의 자세와 태도에 있습니다. 많이 있어야 누리고, 적게 있으면 누리지 못하는 것이 아닙니다.

신앙생활은 물론 모든 사회생활을 하는데도 구경꾼으로 산다면 누림의 축복을 누리지 못합니다. 예배를 구경하면 예배의 기쁨을 누리지 못합니다. 예배에 참여해야 합니다. 성부 성자 성령 하나님을 만나야 합니다. 만나지 못하면 회복의 즐거움을 누리지 못합니다. 운동경기나 영화는 구경꾼이 필요하지만 예배는 구경꾼이 필요하지 않습니다. 우리 모두 참여자가 되어 함께 누려야 합니다. 예배의 참여자, 봉사의 참여자, 전도의 참여자, 섬김의 참여자, 교육의 참여자, 축복의 참여자, 은혜의 참여자가 되어야 합니다. 우리는 왕 같은 하나님의 제사장이요 그의 백성입니다. 더 이상 우리는 고객이 아니라 모든 것을 함께 누리는 '누리꾼'입니다. 그런고로 우리는 이제 누리기만 하면 됩니다.

그렇지만 누림은 사라지기 전에 누려야 합니다. "있을 때 잘해"라는 유행가처럼 맛을 누릴 만한 감각이 있을 때 맛을 누려야 합니다. 나아가 내가 이룬 것만 아니라 다른 사람이 이루어 놓은 것도 누릴 줄 아는 지혜가 있어야 합니다. 하지만 가장 고상한 누림은 누림의 은혜를 깨닫고 베푸는 베풂의 누림입니다. 내가 누린 것으로 남도 누릴 수 있도록 하는

제4부 송축과 승리의 골짜기

것입니다. 예수 그리스도께서 십자가를 통해 죽음으로부터 생명을, 죄의 속박으로부터 자유를, 절망으로부터 희망을 누린 사람들은 그 누림을 다른 사람도 눌릴 수 있도록 베풀어야 합니다. 이것이 누림 중 가장 고귀한 누림이며 축복입니다.

말씀 묵상

하나님이 어떤 사람에게는 부와 재산과 명예를 원하는 대로 다 주시면서도, 그것들을 그 사람이 즐기지 못하게 하시고, 엉뚱한 사람이 즐기게 하시니, 참으로 어처구니가 없는 일이요, 통탄할 일이다. (전도서 6:2)

하나님이 사람에게 부와 재산을 주셔서 누리게 하시며, 정해진 몫을 받게 하시며, 수고함으로써 즐거워하게 하신 것이니, 이 모두가 하나님이 사람에게 주신 선물이다. (전도서 5:19)

더하기의 비밀

　수학의 기초는 더하기와 빼기입니다. 곱하기와 나누기도 더하기와 빼기를 빠르게 하는 목적이기에 결국은 더하기와 빼기를 잘 하는 것이 기본이고, 고등수학으로 가는 지름길입니다. 우리의 삶도 그렇습니다. 여러 가지 삶의 방식이 있지만 기본은 더하기와 빼기입니다. 누구에게나 자기 삶에 하나 더 보태고 싶은 것들이 있습니다. 그런가 하면 하나 꼭 빼버리고 싶은 것도 있습니다. 이렇듯 자기 삶에 무엇을 보태고 빼느냐에 따라 삶의 모양과 색깔이 바뀝니다.

　한 남자가 아들들에게 유언을 남겼습니다. "내가 죽게 되거든 재산의 반은 장남이 가져라. 그리고 3분의 1을 둘째가 가지거라. 마지막으로 9분의 1은 막내의 몫이다. 다만 그 어떤 것도 죽이지 말고 나누어 가져야 한다." 문제는 아버지가 남긴 낙타는 17마리였습니다. 세 아들은 낙타를 한 마리도 죽이지 않고 아버지의 유언대로 나누려고 했지만, 아무래도 나눌 수가 없었습니다. 바로 그때 나스레딘이 그들 곁을 지나가게 되었습니다. 그는 자기 낙타 한 마리를 그들 낙타 속으로 밀어 넣었습니다. 낙타는 모두 18마리가 되었습니다. 바로 그 때 나스레딘이 설명합니다. "장남은 반을 가져야 하니까 9마리, 차남은 3분의 1이니까 6마리, 막내는 9분의 1이니까 2마리를 가지면 모두 17마리가 됩니다. 그러면 한 마리가 남는데, 이것은 내 낙타지요." 나스레딘은 다시 낙타를 타고 떠나려던 길을 떠났습니다. 이것이 더하기의 비밀입니다.

　'Plus one'의 정신은 모든 이들이 행복해지는 삶을 지향하는 데 있습니다. 그런데 우리는 마음이 너무 조급합니다. 보다 빠르게 곱하기의 삶을 통해 성공하고자 합니다. 하지만 서두에 말했듯이 기본은 더하기와 빼기입니다. 아무리 급해도 그릇은 비워야 채울 수 있고, 계단은 한 걸음씩 올라가야 하듯 차근차근 하나씩 더해 가며, 더하기의 비밀을 깨닫고자 합니다.

1. 믿음 위에 믿음 더하기

믿음을 더하는 방법은 자주 듣는 것입니다. 왜냐하면 믿음은 들음에서 나기 때문입니다.(로마서 10:17) 기도회와 경건회는 우리의 믿음이 없어서가 아니라 바로 하나님의 말씀을 듣고 믿음을 더해 가는 길입니다.

2. 은혜 위에 은혜 더하기

은혜를 더하는 방법은 사모하는 것입니다. 왜냐하면 사모하는 자에게 주시기 때문입니다.(시편 107:9) 은혜는 사모하는 사람에게 은혜가 더하여 지는 법입니다. 목마른 사슴이 시냇물을 찾아가듯이 갈급한 사람이 은혜를 받게 됩니다.

3. 사랑 위에 사랑 더하기

사랑을 더해 가는 방법은 하나님 안에 거하는 것입니다. 왜냐하면 하나님이 사랑이고, 사랑이 하나님께 속한 것이기 때문입니다.(요한1서 4:16) 그러므로 하나님을 사랑한다 하면서 형제를 미워하는 것은 실상은 거짓말하는 자입니다.

4. 기쁨 위에 기쁨 더하기

기쁨을 더하는 방법은 누리는 것입니다. 누리는 게 복입니다. 가지고도 누리지 못하는 사람이 많습니다. 그래서 "기뻐하라 다시 말하노니 기뻐하라"(빌립보서 4:4)고 합니다. 펌프는 많은 물을 필요로 하지 않습니다. 단지 한 바가지의 마중물이면 충분합니다. 누릴 때에 기쁨은 더해지고, 축복의 약속은 현실이 됩니다.

5. 복에 복을 더하기

복에 복을 더하는 방법은 복을 구하는 것입니다. 우리가 얻지 못함은 구하지 않았기 때문입니다.(야고보서 4:2) 그러므로 복 주시기를 원하시는 주님께 야베스처럼 복에 복을 더하여 달라고(역대상 4:10) 부르짖어야 합니다.

어쩌면 우리는 더하는 사람인지 모릅니다. 아이들에게 지식을 더하고, 믿음을 더하고, 덕을 더하고, 절제와 인내를 더하고, 경건과 사랑을 더하는 사람 말입니다. 그러기에 더욱 우리 자신이 더하기의 비밀을 깨달아야 할 것이며, 스스로 더하는 사람이 되어야 할 것입니다. 특히 우리의 가르침이 아이들의 머리에서 맴돌지 않고 삶으로 파고들 수 있으려면 지식만 더해서는 어려울 것입니다. 그래서 거기에 덕을 더하고 절제 등을 더해야 한다고 합니다. 그것을 우리는 전인교육이라고 합니다. 하지만 기독교사는 그것만으로 부족합니다. 영혼을 다루는 까닭입니다. 그러기에 우리는 하나를 더해야 합니다. 그것은 바로 우리들의 신앙고백입니다. 지금까지 열심을 다했던 가르침에 신앙고백을 더한다면 삶의 변화를 기대하는 교육이 될 것이 분명합니다.

우리는 모두 '더하기'가 되길 원합니다. 때론 '곱하기'로 우리들의 마음을 몇 배로 행복하게 해주리라 유인하고, 또는 '제곱'이 되어 보다 빨리 우리에게 부와 명예로 가득 채워주겠다고 유혹합니다. 하지만 우리는 초라해도 그저 '더하기'였으면 좋겠습니다. 비록 작고 더딜지라도, 그리고 모든 것을 다 잃고 '0'이 되어 곱하기와 제곱이 아무 소용없어질 때라도 살며시 다가가 빈자리를 채워줄 수 있는, 우리는 서로에게 더하기가 되었으면 합니다. 아니 제가 여러분 모두에게 '더하기'이고 싶습니다.

말씀 묵상

그러므로 여러분은 열성을 다하여 여러분의 믿음에 덕을 더하고, 덕에 지식을 더하고, 지식에 절제를 더하고, 절제에 인내를 더하고, 인내에 경건을 더하고, 경건에 신도간의 우애를 더하고, 신도간의 우애에 사랑을 더하도록 하십시오.
(베드로후서 1:5-7)

삶을 바꾸려면

삶을 바꾸는 힘은 배움입니다.
그러기에 산다는 것은 배움입니다.
배움은 사소한 일에도 감동하는 것입니다.
배움은 우리 환경을 풍요롭게 합니다.
삶을 풍성하게 하고 싶습니까?
그러면 꾸준히 배워야 합니다.
특히 실패하고 쓰러지고 넘어지는 경험을 통해
배우는 힘은 위대합니다.

윤삼열 『가슴으로 말하는 사람』 중에서

행복방정식

　행복이란 무엇일까? 어떻게 행복할 수 있을까? 철학과 종교와 사색, 나아가 인간의 모든 정신·육체적 활동도 궁극적으로는 이 행복을 찾는 작업일 것입니다. 그러니 행복의 기준도 세상 사람 수만큼 많을 것이며, 그것마저도 시시각각 변하는 것이겠지만, 최근에는 게놈지도가 완성되면 행복 유전자를 추출할 수 있을 것이라는 기대까지 나옵니다. 또한 학자들은 행복 방정식을 만들었는데 경제학자인 풀 새무얼슨은 '행복=소비÷욕망'이라 하고, 영국의 심리학자 캐럴 로스웰과 인생상담사 피트 코언은 '행복=P+(5×E)+(3×H)'라는 행복방정식을 발표했습니다. 행복을 손으로 만져보듯이 확인하고 싶은 인간의 욕망은 끝이 없는 모양입니다. 그러나 행복의 크기를 계량화해서 다른 사람과 비교해 보는 것이야말로 스스로 행복을 내쫓는 지름길이 되지 않을까 싶습니다. 그럼에도 행복방정식에 대해 함께 생각하고자 하는 것은 우리는 어떻든 간에 행복해야 하기 때문입니다.

　벨기에의 작가 마테를링크의 동화 『파랑새』는 희망과 행복의 대명사로 알려져 있습니다. 『파랑새』에서 주인공 남매는 꿈에서 파랑새를 찾아 여기저기를 다녀보지만 실패하고, 꿈을 깬 후 자신들의 집에 깃들어 사는 비둘기가 파랗다는 것을 발견하며 행복은 가까이에 있음을 깨닫게 됩니다. 행복은 이처럼 자신을 둘러싸고 있는 가족, 이웃. 사회 나아가 자연과 하나님과의 관계에서 옵니다. 그래서 행복은 주변 사람들을 사랑하는 만큼 자기 품으로 파고드는 파랑새인지 모릅니다.

동물학자들이 바다거북의 생태를 연구했습니다. 산란기가 된 바다거북은 바닷가로 올라와 500개에서 1,000개에 이르는 알을 낳습니다. 거북이는 모래 속 깊이 구덩이를 파고, 그 안에 100개 정도의 알을 무더기로 낳은 후 다시 모래를 끌어모아 그 위를 덮기를 수차례 반복한다고 합니다. 그런데 알에서 부화한 새끼 거북이는 모래에 뒤덮인 상태인데 어떻게 살아날 수 있을까요?

100마리 정도의 새끼들이 뒤엉켜 있지만, 그들은 조화를 이루고 각자 자기 할 일을 나누어서 감당하는데, 맨 꼭대기에 있는 새끼 거북은 천장을 파고, 가운데 있는 새끼 거북은 벽을 허물고, 맨 밑에 있는 새끼 거북은 모래를 단단하게 다져나갑니다. 결국 새끼 거북들은 다 함께 모래를 헤치고 밖으로 나오게 됩니다. 실험을 위해 알을 한 개씩 묻어 놓았더니 27%만이 구덩이에서 깨어 밖으로 나오고, 두 개씩 묻어 놓았을 때에는 84%가 나오고, 네 개 이상을 묻어 놓았더니 거의 100%가 알에서 깨어나 구덩이 밖으로 탈출했다고 합니다. 결국 새끼 거북들은 혼자는 약하고, 함께 어우러져 팀을 이룰 때는 강하다는 것을 알 수 있습니다.

아프리카 밀림에서 가장 위협적인 동물은 의외로 개미라고 합니다. 개미들이 떼를 지어 이동하게 되면 그 길이가 무려 수 킬로미터나 됩니다. 우습게도, 밀림의 맹수들은 개미 떼를 보게 되면 기겁을 하고 소리를 지르며 숲으로 도망칩니다. 몸집이 큰 코끼리나, 민첩하고 용맹스러운 사자도 도망칩니다. 수십만 마리의 개미 떼가 몰려들어 몸을 뜯어먹기 시작하면 어느 동물도 견디지 못합니다. 하지만 맹수들이 개미들을 무서워하는 것은 개미가 힘이 강한 존재이기 때문은 아닙니다. 개미가 가지고 있는 강한 협동심 때문입니다. 개미는 아주 작은 벌레에 불과하지만, 그들이 가지고 있는 뭉치는 힘이 결국 밀림의 강적들을 두렵게 만드는 것입니다. 그것은 동물만이 아니라 사람도 마찬가지입니다.

베트남전에서 미국이 강력한 무기와 군사를 가지고도 악한 환경과 군대를 가진 월맹을 무너뜨리지 못한 것은 꿍아(함께 먹고), 꿍안(함께 즐기고), 꿍땀(함께 일하는) 때문이라고 합니다. 베트남은 함께 먹고 즐기며 일하며 똘똘 뭉쳐 하나가 되었기에 무너지지 않았다는 것입니다. 함께 먹고, 함께 일하고, 함께 있어 줄 친구가 있으면 힘들지 않습니다. 넘어지지 않습니다. 아니 넘어져도 일어날 수 있습니다. 그래서 사랑의 띠로 하나가 되어 늘 생각해주고 기도해주고 위로해주고 함께 있어 주어 손잡아 줄 수 있는 사람이 있으면 행복한 사람입니다. 그러기에 행복을 위해서는 짝꿍도 잘 만나야 합니다.(전도서 4:9~12)

행복 방정식은 함께 어우러져 힘을 모을 줄 아는 사람들이 풀어갈 수 있습니다. 행복 방정식은 좋은 일에 협력하기 위해 뭉치는 사람들이 풀어냅니다. 그러기에 함께하는 즐거움이 행복입니다. 사람이 행복한 것은 그리운 곳과 보고 싶은 사람이 있기 때문이라고 합니다. 그래서일까요? 시편 기자는 "형제가 연합하여 동거함이 어찌 그리 선하고 아름다운고"(시편 133:1)라고 노래합니다. 이번 주에는 우리 민속고유 추석명절이 있습니다. 가족과 함께 즐겁고 행복한 시간을 만들어가길 소망합니다.

아울러 서로 협력하고 이해하는 마음으로 서로가 서로에게 네가 있어 아름답고 행복한 날이라고 고백했으면 좋겠습니다. 하지만 그보다 먼저 하나님은 우리를 행복자라 부르시며(신명기 33:29) 우리의 행복을 위하여 여호와의 명령과 규례를 지킬 것이 아니냐는(신명기 10:13) 말씀을 기억하며 가족과 이웃은 물론 하나님과 함께하는 행복을 누리며 살기 원합니다.

상큼하게 높아진 하늘 따라 가을이 묻어옵니다. 불어오는 바람은 가슴을 흔들어 놓습니다. 바라기는 우리도 바람이 되어 돌처럼 단단한 무감각한 영혼도 깨우고, 힘들어하는 사람들에게는 가슴을 시원하게 해주고, 행복한 사람들에게는 더 많은 행복을 불어 넣어주는 그런 바람으로 살았으면 좋겠습니다.

말씀 묵상

그 얼마나 아름답고 즐거운가! 형제자매가 어울려서 함께 사는 모습! (시편 133:1)

편지를 쓴다는 것은

누구에게 편지를 쓴다는 것은
내 마음 한쪽을 떼어 보낸다는 뜻입니다.
고마움을 나타내는 따스한 마음이며 희망입니다.
누구에게 편지를 쓴다는 것은
고백하는 것이며, 내 마음을 보여주는 것입니다.
애타게 그리워하며 사랑한다는 뜻입니다.
그래서 '사랑하는 OO에게'라고 쓰는 편지는
받는 이도 보내는 이도 행복한 사람입니다.

윤삼열 『가슴으로 말하는 사람』 중에서

행복한 동행을 꿈꾸며

우리의 인생길을 순례자의 길, 여행길이라고 합니다. 여러분은 이 어렵고 힘든 여행을 하는 동안에 무엇이 가장 중요하고 필요하다고 생각하십니까? 오랜 인생을 산 지혜로운 선배들은 모두가 한결 같이 입을 모아 여행길에는 동행자가 가장 필요하다고 합니다. 수고와 슬픈 일이 가득 찬 세월을 사는 날 동안에, 외롭고 고독하고 위험한 광야 같은 인생길이, 즐겁고 행복하고 살만한 인생길로 될 수 있는 것은 좋은 동행자가 있기 때문입니다. 그러나 함께 산다는 것은 결코 쉬운 일은 아닙니다. 그래서일까요? 성경은 두 사람이 의합치 않고 어찌 한 길을 가겠느냐?(아모스 3:3)고 합니다.

정신과 의사인 존 칼혼(John Calhoun)박사는 다음과 같은 실험을 한 바 있습니다. 쥐들이 살 수 있는 큰집을 지어놓았습니다. 약 160마리 정도 들어갈 수 있는 넓은 집이었습니다. 그런데 이 곳에 단 8마리의 쥐를 넣어 길렀습니다. 2년 6개월이 지나자 쥐들은 기하급수적으로 늘어났습니다. 약 2,200마리로 불어난 것입니다. 이렇게 되자 많은 문제가 나타났습니다. 공간이 너무 작아지자 서로 물고 할퀴고 싸움이 계속 벌어지고, 먹을 것을 넉넉하게 주었음에도 불구하고 암컷과 수컷의 영역싸움이 계속되었습니다. 그런가 하면 어미 쥐들과 새끼 쥐들이 서로 양분이 되어 싸우는 것이었습니다. 몇 년 후 새끼 쥐부터 죽기 시작했습니다. 어미 쥐들은 생식기능을 잃어버려 5년 뒤에는 거의 모든 쥐가 다 죽어버렸습니다. 서로 돌보고 섬기지 않으면 죽게 되는 이런 원칙이 어찌 쥐들의 세계에만 적용되는 것이겠습니까? 우리 사람들도 서로 돌보고 아끼고 섬기지 않고 빼앗고 다투고 짓누르면 서로가 상처를 입고 죽게 될 것입니다.

어떤 회사 입사시험 중에는 다음과 같은 문제가 있었습니다. "당신은 거센 폭풍우가 몰아치는 밤길에 운전을 하고 있습니다. 마침 버스 정류장을 지나치는데 그곳에는 세 사람이 버스를 기다리고 있습니다. 죽어가고 있는 듯한 할머니, 당신의 생명을 구해 준 적이 있는 의사, 당신이 꿈에 그리던 이상형. 당신은 단 한 명만을 차에 태울 수 있습니다. 어떤 사람을 태우겠습니까? 선택하시고 설명을 하십시오." 여러분은 어떤 답을 하시겠습니까?

어떠한 답도 나름대로 이유가 있습니다. 당신은 죽어가는 할머니를 태워 그의 목숨을 우선 구할 수도 있을 것이고, 의사를 태워 은혜를 갚을 수도 있습니다. 그러나 의사에게 보답하는 것은 나중에도 가능한 데 비해 이 기회가 지나고 나면 이상형을 다시는 만나지 못할 수도 있습니다. 그래서 현실적인 생각으로 이상형을 차에 태우고 가겠다는 솔직한 답변을 할 수도 있습니다. 200명의 경쟁자를 제치고 최종적으로 채용된 사람이 써낸 답은 더 이상의 설명이 필요 없었습니다.

그는 이렇게 답했습니다. 의사 선생님께 차 열쇠를 드리죠. 할머니를 병원으로 모셔다드리도록 그리고 난 내 이상형과 함께 버스를 기다릴 겁니다. 이것이야말로 행복하고 아름다운 동행이 아닐까요? 가끔 우리는 내가 아끼는 것을 포기함으로써 더 많은 것을 얻을 수도 있습니다. 내가 가지고 있는 틀을 깨고 생각하면 폭이 넓어지고 큰 결과를 얻을 수 있습니다.

정말 세상을 살면서 아름다운 동행을 한다는 것이 쉽지는 않은 것 같습니다. 말씀을 준비하면서 함석헌 선생이 남기신 「그대 그 사람을 가졌는가」라는 명시가 떠올랐습니다.

이런 사람을 무엇이라고 묘사하면 좋겠습니까? 물론 함석헌 님에게 이 사람은 예수 그리스도를 말합니다. 저는 그 사람을 '행복한 동행자'라고 부르고 싶습니다.

남가주 대학에서 사랑학을 가르치던 레오 버스카글리아 교수의 책에 이런 이야기가 나옵니다. 할아버지 한 분이 극심한 우울증에 시달리고 계셔서 주변 모든 사람과의 만남 자체를 거부하고 계셨습니다. 상담자의 노력도 실효를 거두지 못했고 가족들의 노력도 별 진전을 이루지 못하고 있었습니다. 그런데 같은 아파트에 사는 어린 소년이 할아버지를 만나고 와서는 할아버지의 병세는 급격하게 호전되었습니다. 사람들이 어린 소년에게 물었습니다. "너, 도대체 할아버지 만나서 무슨 일을 했니?" 소년의 대답은 뜻밖에 "아무 일도 안 했어요. 그냥 할아버지를 붙들고 울었어요." 하더랍니다. 이웃들은 다시 물었습니다. "너, 어떻게 할아버지 붙들고 울 생각을 했니?" 소년은 다시 이렇게 대답했습니다. "할아버지와 저는 친구거든요."

영국에서 이런 문제를 내고 답을 공모한 적이 있습니다. '맨체스터에서 런던까지 가장 빨리 가는 방법은 무엇인가?' 이 공모에 일반인들은 물론이고 수학자와 교통학자들까지 많은 사람이 응모했습니다. 비행기, 기차, 자동차, 오토바이로 이동하는 방법, 지도상에 지름길을 측정해서 이들 교통수단들을 적절하게 혼합하는 방법 등 답은 다양했습니다. 하지만 정작 1등을 한 사람의 답은 '좋은 친구와 함께 가는 것'이었습니다. 가장 빨리 가는 방법은 마음으로 가는 것입니다. 나머지 몸은 따라가면 그만입니다. '두 점 사이를 잇는 최단거리는 사랑이다'라는 말처럼 가장 좋은 방법은 사랑하는 사람과 함께 가는 것입니다.

창세기에 나오는 에녹의 동행이 그러합니다. 원용일 목사는 그의 책 『에녹과 함께한 동행』에서 에녹의 동행을 다음 8가지로 설명합니다.

① 이야기 나누는 동행 – 말씀 묵상과 기도를 통한 하나님과의 일상적이고 친밀한 대화가 하나님과의 동행에서 필수인 것처럼 사람들과도 이야기를 통해 동행 관계를 회복할 수 있습니다.

② 일상을 함께 하는 동행 – 특별한 사람, 특별한 날, 특별한 경험이 아니라 평범한 사람이 매일 반복하는 일상 속에서 하나님과 동행하는 영성이야말로 참된 영성입니다.

③ 하나님을 기쁘시게 하는 동행 – 하나님을 존경하고 "기분 좋게" 해드리는 제사장적 영성이 필요합니다. 곧, 하나님의 말씀을 연구하고 준행하며 가르치는 일이야말로 영광스러운 특권입니다. 하나님을 기분 좋게 해드리는 것처럼 누군가를 기분 좋게 하는 것은 동행의 기본입니다.

④ 객관적으로 인정받는 동행 – 참된 영성은 하나님으로부터 인정을 받는 것은 물론 자기가 속한 모든 공동체에서 빛을 발하는 것입니다. 이것이야말로 살아 계신 하나님을 드러내는 가장 강력한 증거이기도 합니다.

⑤ 가족에게 인정받는 동행 – 가족은 모든 부분에서 동행할 뿐만 아니라, 서로에게 선한 영향을 미쳐야 합니다. 그러기에 나의 신앙과 영성을 가족 모두가 인정하고 따를 수 있도록 가족을 돌봐야 합니다.

⑥ 일터에서 인정받는 동행 – "무슨 일을 하든지 마음을 다하여 주께 하듯" 하는 성경적 직업관에 근거한 직장생활을 통해 그리스도의 이름을 영광스럽게 할 수 있습니다.

⑦ 세상에서 고독하게 싸우는 동행 – 고독의 영적인 유익과 아울러 아무도 보는 이가 없을 때 거룩할 수 있는 영성이 참된 영성입니다.

⑧ 종말의 때까지 대를 잇는 동행 – "내가, 내 시대에, 나 혼자 힘으로"라는 거룩한 교만을 벗어버리고, 자녀들이 계속해서 우리의 꿈과 비전을 이루어나갈 수 있도록 하는 일은 바로 예수님과 함께 새 땅을 다스리는 것입니다.

신앙생활은 아름다운 동행입니다. 동행의 약속은 예수님의 지상 생애의 시작과 끝을 장식한다는 점에서도 그렇지만 '하나님이 우리와 함께 계시다'는 뜻의 임마누엘이 그것을 입증해줍니다. 하나님은 우리와 함께 사랑을 나누고 싶어 하며 그것은 하나님의 소원입니다. 하지만 행복한 동행은 하나님과의 관계만 아니라 사람과의 관계에서도 우리는 모두 동행의 즐거움이 있어야 합니다. 세상을 혼자가 아닌 '함께 살고', '더불어 사는 지혜'가 필요합니다. 함께 나눔과 상생의 공동체 속에서 삶의 의미가 있고, 그게 행복한 삶을 사는 지혜인 까닭입니다.

이제 신학기가 시작되어 새로운 친구들이 우리의 가족으로 함께 하게 됩니다. 더디게, 팍팍하게 살아도 조급해하지 않고, 천천히 함께 가면서, 다양한 삶과 다양성을 인정하며, 너와 내가 그리고 우리가 마음까지 따뜻해지는 아름다운 동행의 기쁨과 위로가 넘쳐나면 좋겠습니다. 여주동행(與主同行), 사제동행(師弟同行), 동료동행(同僚同行)의 행복한 동행을 꿈꾸어봅니다.

말씀 묵상

에녹은 예순다섯 살에 므두셀라를 낳았다. 에녹은 므두셀라를 낳은 뒤에, 삼백 년 동안 하나님과 동행하면서 아들딸을 낳았다. 에녹은 모두 삼백육십오 년을 살았다. 에녹은 하나님과 동행하다가 사라졌다. 하나님이 그를 데려가신 것이다.
(창세기 5:21~24)

NQ(관계지수) 7계명

Need - 상대의 욕구와 질문에 민감하라.
Encouragement - 격려와 칭찬을 아끼지 말라.
Thank you - 매사에 감사하라.
Wow - 작은 것에도 감격 감탄하라.
OK - 모든 일을 긍정적이고 적극적으로 하라.
Remember - 상대의 이름과 관심을 기억하라.
Kindness - 늘 친절을 베풀며 살라.

*관계지수란(Network Quotient) 공존지수라고도 하는데, 함께 사는 사람들과의 관계를 얼마나 잘 운영할 수 있는가 하는 능력을 재는 지수입니다. 관계지수가 높을수록 다른 사람과 잘 통하는 사람입니다.

윤삼열 『가슴으로 말하는 사람』 중에서

영혼의 유산

미국의 유명 여배우이자 모델인 루스 포드가 최근 타계하면서 초호화 아파트 등 840만 달러 상당의 유산을 네팔 출신의 순박한 집사 인드라 타망씨에게 전액 상속해 화제가 되고 있습니다. 이런 기사를 읽으면 '나도 그런 사람이 있었으면 좋겠다'라고 부러워할 수 있습니다. 사람은 누구나 유산을 받기 원합니다. 최대의 관심은 재산입니다. 오늘 이 시대는 모든 것이 자본으로 통하는 시대입니다. 신앙인마저도 겉으로는 모든 것이 하나님께 속하였다고 하지만 내면 깊숙이에서는 "돈은 나의 목자시니 내게 부족함이 없으리로다 그가 나를 안락한 침실에 눕게 하시고 달콤한 술집으로 인도하시는도다. 내가 사망의 음침한 골짜기로 다닐지라도 해를 두려워하지 않을 것은 호주머니에 돈이 있음이라 돈의 권세와 보호가 나를 안전케 하는도다……"라고 읊조리고 있습니다.

그리하여 대부분의 사람은 자식들에게 부를 세습시키기 위해 최선을 다하는 모습을 보게 됩니다. 그러나 자식에게 돈보다 더 가치 있는 유산을 물려주기 위해 애를 쓴 사람들도 있습니다. 전 재산으로 3천 개의 도서관을 설립했고 8천 대의 오르간을 기증하고 자식에겐 단 한 푼도 물려주지 않았다는 미국의 철강왕 카네기는 "상속은 자식들의 재능과 에너지를 망치게 하는 것이다. 저 세상으로 돈을 가지고 간다는 것은 부끄러운 일이다"라고 했습니다. 유산은 재산만이 다가 아닙니다. 재산보다 더 귀중한 것도 있습니다. 고든 맥도널드는 『남자는 무슨 생각을 하며 사는가』라는 책에서 '유산'을 7가지로 나누었습니다. 물질의 유산, 인정의 유산, 도전의 유산, 통찰의 유산, 표본된 삶의 유산, 추억의 유산,

영혼의 유산 등입니다.

 사람은 부모와 함께 살면서 무엇을 기억하느냐에 따라 인생이 행복해질 수도 있고 불행해질 수도 있습니다. 불행한 기억은 자식을 고통스럽게 합니다. 그러나 행복한 기억은 자녀들에게 힘과 활기를 불어넣어 줍니다. 부모가 어떤 기억의 유산을 남기고 가느냐에 따라 자녀는 영향을 받습니다. 그러므로 우리가 남겨 줄 수 있는 위대한 유산은 재물이 아니라 평생 간직하며 힘을 주는 좋은 기억을 남겨 주는 것입니다.

 27세에 백만장자가 된 폴 마이어는 철저한 신앙 안에서 수익의 50%를 기부하는 삶을 살았습니다. 그는 그의 책 『성공을 유산으로 남기는 법』에서 마음의 유산(태도, 감사, 자아상), 행동의 유산(선택, 자기 훈련, 약속, 정직), 가치관의 유산(직업, 물질, 달란트, 섬김), 삶의 유산(철학, 우선순위, 목표, 용서, 낙관, 웃음 등), 그리고 마지막으로 유산의 완성(하나님 알기, 그리스도와 함께 걷기, 하나님의 뜻 발견하기 등)으로 영혼의 유산을 말합니다. 프린스턴 대학 블랙우드 교수는 그리스도인이 남겨야 할 세 가지 유산을 말했습니다. 좋은 습관의 유산, 높은 생의 목표의 유산, 무엇보다 강조하는 것은 기쁜 기억의 유산입니다. 그래서 아이들이 어렸을 때 가정에서 좋은 기억을 가지도록 해주어야 합니다. 주일성수 모습, 예배드리는 모습, 기도하는 모습, 소그룹에 참여하는 모습, 어른 존중하는 모습, 남을 돕는 모습. 긍정적인 모습, 사랑을 표현하는 모습 등등 좋은 기억은 무엇보다 귀중한 유산들입니다.

 자녀들을 행복하게 해 줄 수 있는 유산이 무엇이겠습니까? 아마 재산 말고는 이구동성으로 교육이라고 말할 것입니다. 우리가 자녀 1명을 대학 졸업까지 양육하는데 드는 경비는 가정에 따라 차이가 있겠지만 얼마 전 한국보건사회연구원 조사에 따르면 공교육비, 사교육비, 식료품비, 피복비, 의료비, 교통 통신비 등 양육비로 총 2억 5천만 원 정도의 비용이 든다고 합니다. 가구 소득 대비 자녀양육비가 차지하는 비율은

46.4%로 나와 있습니다. 이처럼 부모들은 최선을 다해 자녀들을 양육합니다. 그런데 부모의 바람만큼 자녀들이 잘 자라주고 있습니까?

　이런 이야기가 있습니다. 아이를 하나 기르는 젊은 어머니가 매월 70만 원을 드려 유치원에 보냈답니다. 그런데 엄마 말을 듣지 않고 공부를 하지 않는 것입니다. 화가 난 엄마가 매를 들었답니다. 이것을 본 할머니가 말했답니다. "공부 못할 수도 있지. 별것도 아닌 것 가지고 애 때리지 마라." 엄마가 대답했답니다. "아네요. 이 애는 좀 맞아야 돼요. 엄마 말을 전혀 듣지 않거든요." 그러자 아이가 엄마에게 대들며 말했답니다. 뭐라고 했을 것 같습니까? "그러는 엄마는 왜 할머니 말씀을 듣지 않나요? 할머니가 때리지 말라고 하시잖아요." 자식을 잘 살게 해 줄 수 있는 최선의 유산이 공부라고 생각하지만 충분하지는 못하다는 말입니다. 그래서 부모들은 좀 더 확실하게 자녀들의 삶에 행복을 보장해 주기 위해 주식이나 부동산, 현금을 유산으로 남겨 줍니다. 그러나 "자식들에게 너무 많은 유산을 남겨주는 건 독이 된다"고 말한 워렌 버핏의 말처럼 정신이 바르지 못한 자녀들에게 분수에 맞지 않은 많은 재산은 오히려 독이 되어 방탕하고 타락하게 만듭니다. 교육이나 돈보다 더 위대한 유산이 있다면 무엇이겠습니까?

　이제 영혼의 유산에 대하여 관심을 가져야 할 때입니다. 흔히들 아이들의 도덕적 기틀은 아버지가 기르고, 인간적 품성은 어머니가 기른다고 합니다. 미국의 학교 교육의 교육 내용은 80% 지적인 면, 17%가 인격적인 면, 3%가 영적인 면을 취급한다고 합니다. 우리나라 공교육은 1년 약 1,190시간을 가르치고 있으나 영적인 교육은 한 시간도 없습니다. 그러나 유대인들은 1년 325시간의 종교 교육을 하고 있다고 합니다. 유대인이 적은 수에도 노벨상을 비롯한 경제와 과학 모든 분야에서 뛰어난 사람들을 많이 배출하는 것은 결코 우연이 아님을 보여주는 이유입니다.

성경은 말합니다. "여호와를 경외하는 것이 지식의 근본이거늘 미련한 자는 지혜와 훈계를 멸시하느니라.(잠언 1:7)" 내 말과 행동으로 인해 좀 더 자신감을 얻게 된 사람이 있다면 얼마나 가치 있는 유산이겠습니까? '내가 갈 길을 제시해 줌으로써 새로운 경지에 도달한 사람이 단 한 사람만 있어도 얼마나 유용한 유산이겠습니까? 내가 배운 것으로부터 유익을 얻을 사람이 있다면 얼마나 고귀한 유산이겠습니까? 내 삶의 모습을 보고 따라 오는 사람이 있다면 얼마나 영향력 있는 유산이겠습니까? 함께한 것으로 평생 행복해야 할 생생한 추억을 유산으로 남긴다면 얼마나 생동력 있는 유산이겠습니까? 내 인생을 통해 하나님께 이르는 길을 가르친다면 얼마나 위대한 유산이겠습니까? 영혼의 유산은 참으로 중요합니다. 우리 아이들과 자녀에게 영혼의 유산을 남겨 주어야 합니다. 나를 통하여 하나님을 알게 하고 하나님을 믿는 문화의 유산을 남겨 주어야 합니다.

　지금까지 미국에서 최고의 부자로 이름을 날린 사람은 록펠러입니다. 그는 가난한 집에서 태어났습니다. 친구의 권유로 광산업을 시작했다가 사기당하고 빚 독촉에 시달려 자살을 하려고 한 사람입니다. 그는 한때 가난 때문에 돈에 한이 맺혀 미국 석유 90%를 차지하고도 만족하지 못하여 노동자를 심하게 착취하였고, 심한 노이로제와 소화불량, 무력감과 악몽 등으로 의사는 죽음을 준비할 것을 선언 받은 사람입니다. 그런데 그는 죽지 않고 쓰러지지 않고 일어나 기도하는 중에 질병에서 치유받아 '하나님을 위해, 이웃을 위해' 인생을 산 사람입니다. 그를 그렇게 만든 것은 어머니가 물려준 신앙이었습니다. 그는 시카고대학을 비롯한 12개 대학을 건립하였습니다. 일평생 4928개의 교회를 지어 하나님께 드렸습니다. 한번은 경제부 기자가 록펠러에게 질문을 했다고 합니다. "세계 제일의 부자가 된 비결이 무엇입니까?" 그때 그는 "어머니 아버지로부터 유산을 물려받았습니다"라고 말했습니다. 그러자 기자는 "부모님은 부자가 아닌 줄 알고 있는데요"라고 말하자 록펠러는 웃으면서 "부모는 가난하게 사는 농부였지만 나에게 부자가 될 수밖에 없는 유산을 물려주었지요"라고 말했다고 합니다. 그것은 바로 하나님을 의지하는 신앙입니다. 록펠러 어머니는 아들에게 10가지 유언을 남겼습니다.

- **하나님을 너의 친아버지로 섬겨라.**
- **목사님을 하나님 다음으로 잘 섬기라.**
- **주일 예배를 본 교회에서 드리라.**
- **오른쪽 주머니는 항상 십일조 주머니로 하라.**
- **아무도 원수를 만들지 말라.**
- **아침에 목표를 세우고 기도하라.**
- **저녁에 잠자리에 들기 전에 반성하고 기도하라.**
- **아침에는 꼭 하나님 말씀을 읽어라.**
- **남을 도울 수 있으면 힘껏 도우라.**
- **예배 시간은 항상 앞에 앉으라.**

미국인으로 가장 존경을 받고 있는 사람은 링컨이라고 합니다. 그는 켄터키주 초라한 통나무집에서 사생아로 태어났습니다. 네 살 때 동생, 아홉 살 때 어머니, 열여덟 살 때 여동생의 죽음을 목격했습니다. 두 아들은 그의 눈앞에서 죽어갔습니다. 아내는 거의 정신 이상자가 되었습니다. 그의 학력은 초등학교 중퇴입니다. 열등감이 심했습니다. 몸이 허약했습니다. 잡화점을 차렸지만 빚만 지고 가게가 망하였습니다. 빚 갚는 데 15년이 걸렸습니다. 불행한 결혼, 거듭되는 실패, 그러나 그는 무너지지 않았습니다. 피나는 독학 끝에 변호사가 되었고 용기를 얻어 하원의원에 출마했지만 또 실패했습니다. 결국 하원의원에 당선되었으나 초선 임기 후 재도전에서 또 낙선했습니다. 신경쇠약으로 오랫동안 앓아누웠습니다. 상원의원에 출마했습니다. 결과는 낙선이었습니다. 부통령에 입후보했으나 결과는 패배였습니다. 상원의원에 또 출마했으나 결과는 또 낙선이었습니다. 그러나 그는 절망하지 않았습니다. 대통령 선거에 결국 당선되었습니다. 그 원동력은 그의 어머님이 물려준 신앙이었습니다. 링컨이 가장 좋아했던 성경 구절은 로마서 8장 28절이었습니다. 어머니의 무릎 위에서 배웠던 이 성경 구절이 링컨의 평생을 지배했습니다. "하나님을 사랑하는 자 곧 그 뜻대로 부르심을 입은 자들에게는 모든 것이 합력하여 선을 이루느니라." 실패도 절망도, 좌절도 역경도, 이 모든 것이 합력하여 선을 이룬다는 사상이 링컨의 신앙고백이었습니다.

오늘날 자녀들에게 대물림해 주어야 할 위대한 유산이 무엇인지를 다윗은 임종을 앞두고 아들에게 이렇게 들려주고 있습니다. "너는 힘써 대장부가 되라, 하나님의 명령을 지켜 행하라. 그리하면 네가 무엇을 하든지 어디로 가든지 형통할지라." 이것은 다윗이 아들 솔로몬에게 유언하는 말씀입니다. 이 유언은 크게 두 부분으로 되어 있습니다. 첫 부분은 하나님께 어떻게 할 것인가, 다음은 사람에게 어떻게 해야 할 것인가입니다. 그런데 먼저 유언하는 첫마디가 대장부가 되라는 것입니다. 여기에서 말하는 대장부라는 말은 어떤 일을 당하여도 하나님을 전적으로 의지하는 사람을 말합니다. 산전수전 공중전은 물론 최고의 부귀영화를 다 겪어본 다윗이 마지막으로 부탁하는 것은 하나님을 전적으로 신뢰하고 믿는 것이 인생성공의 비법임을 말하는 것입니다.

사랑하는 여러분, 우리는 언젠가 사랑하는 자녀들을 이 땅에 남겨 놓고 천국에 갑니다. 그때 우리의 생으로 남겨놓은 큰 유산이 무엇이겠습니까? "어머니의 무릎 위에 앉아서 재미있게 듣던 말을 잊지 않고 기억한다"는 찬송가처럼 우리 아이와 자녀들이 가정예배와 기도회를 통해 영혼의 유산을 물려받아 "그때 일은 지나고 나의 눈에 환하오. 부모님의 말씀 기억하면서 나도 시시때때로 성경말씀 읽으며 주의 뜻을 따라 살려합니다"는 고백이 우리 아이들의 입에서 흘러나오길 소망합니다.

말씀 묵상

다윗은 세상을 떠날 날이 가까워서, 아들 솔로몬에게 유언을 하였다. "나는 이제 세상 모든 사람이 가는 길로 간다. 너는 굳세고 장부다워야 한다. 그리고 너는 주 너의 하나님의 명령을 지키고, 모세의 율법에 기록된 대로, 주님께서 지시하시는 길을 걷고, 주님의 법률과 계명, 주님의 율례와 증거의 말씀을 지켜라. 그리하면, 네가 무엇을 하든지, 어디를 가든지, 모든 일이 형통할 것이다. 또한 주님께서 전에 나에게 '네 자손이 내 앞에서 마음과 정성을 다 기울여서, 제 길을 성실하게 걸으면, 이스라엘의 임금 자리에 오를 사람이 너에게서 끊어지지 않을 것이다' 하고 약속하신 말씀을 이루실 것이다." (열왕기상 2:1~4)

보기 싫은 사람이 있는 것은?

괜히 밉고 보기 싫은 사람이 있습니까?
그것은 미운 사람까지도 사랑하도록 훈련시키기 위해.
그리고 겉 사람을 보지 말고
속사람(영혼)을 보라는 뜻으로,
그대 옆에 붙여놓은 하나님의 방법입니다.

윤삼열 『묵상칼럼』 중에서

제4부 송축과 승리의 골짜기

행복한 부부

　행복한 사회를 위해서는 가정이 행복해야 하고, 가정이 행복하기 위해서는 부부가 행복해야 합니다. 미국에서 미래의 국가정책에 반영하기 위해서 실시한 '가장 행복한 미국인이 누구인가?' 에 대한 연구조사 결과에 따르면, 행복 지수가 가장 높은 사람들의 공통분모로 흔히 예상되는 돈, 건강, 학력, 직업, 외모 등은 그 사람의 행복지수와는 결정적인 상관관계가 없는 것으로 나타났습니다. 오히려 놀랍게도 가족관계(부모·부부·자녀)가 좋은 사람, 그중에서도 부부관계가 좋은 사람이 가장 행복한 사람이라는 사실이 밝혀졌습니다. 나아가 한 회사나 조직의 기능성과 생산력도 그 조직에 속한 조직원의 부부관계와 매우 깊은 상호관련성이 있다는 연구 결과가 나왔는데, 이런 결과를 토대로 미국의 기업과 정부 기관 등에서는 직원들에게 우선적으로 정기적인 부부교육을 실시하고 있다는 것입니다. 그것은 무엇보다 부부가 행복해야 가정이 행복하고, 가정이 행복해야 일터도 행복해지고 생산성도 좋아지는 까닭입니다. 그래서 일까요? 우리나라도 가정의 달 5월에 '둘이 하나' 되라는 의미로 21일을 정부가 공식적으로 부부의 날로 선포하여 지켜오고 있습니다.

　하지만 부부의 행복은 선포로 이루어지는 것이 결코 아닙니다. 도리어 서로 다르게 살아온 환경을 비롯하여 다를 수밖에 없는 성격과 서로 다른 개체로 인한 크고 작은 다툼은 두 사람만 아니라 주변으로까지 번져나가는 경우가 훨씬 많다는 사실입니다. 그것은 남녀의 기본적인 차이 그리고 서로에 대한 기대 심리가 다르기 때문에 당연한 것이기도 합니다. 남자의 언어는 단순히 질문과 대답입니다. 여자가 남자에게 '나 머리 아파' 라고 말하면 남자는 '약을 먹는다' 로 간단하게 해결합니다. 그러나 여자의 언어는 암호와 같습니다. '머리가 아프다' 라고 말하면 '얼마나 아프니? 참 힘들지? 어떡하니?' 라며 같이 걱정해 주기를 바라는 것입니다. 여자는 감정에 깊은 관심이 있고, 남자들은 논리적 사고를 통해 이해되는 실질적이고 현실적이기 때문입니다. 그래서 남자는 내 편이 아니라고 남편, 여자는 역시 여자 편이라고 여편네라고 했는지 모릅니다. 그런데 어떤 분은 여편네란 말을 옆에 있는 사람 즉, 옆 사람이라고 해석합니다. 그만큼 남자의 입장에서 옆에 두고 싶은 사람이란 말일 것입니다. 우리 선조들은 어떤 의미로 사용했는지 모르지만 우리들은 앞사람도 뒷사람도 윗사람도 아랫사람도 아닌 함께 가는 반려자이길 소망합니다.

　실제로 여성가족부가 실시한 가족 실태조사 결과에 따르면 남성들에게 가족은 '혈연관계' 의 의미가 강한 반면, 여성들에겐 '정서적 관계' 의 의미가 큰 것으로 나타났습니다. 어떤 이들은 남자는 메뚜기, 여자는 갈대와 같다고도 합니다. 남자는 메뚜기처럼 온종일 여기저기 뛰어다니다가 저녁이 되면 따뜻하고 포근한 갈대 잎 위에서 편안히 쉬고 싶어 합니다. 게다가 집에서도 아내에게 존중받기를 원합니다. 반면에 여자는 자신이 절대적인 존재로 남편의 사랑과 관심을 한 몸에 다 받고 싶어 합니다. 한마디로 자기만 사랑해주길 원합니다. 그러면서도 모든 바람을 자신이 다 받고 있는 갈대처럼 마음이 자주 흔들리다 못해 자신도 자신의 마음을 알지 못할 때가 많습니다. 이처럼 남편은 따뜻하고 포근한 아내를, 아내는 다정다감하고 사랑스러운 남편을 기대합니다. 마치 고양이와 개처럼 남편과 아내는 처음부터 서로 신호가 다릅니다. 그래서 현실은 더욱 처참하기만 합니다.

　그래서 옛 어른들은 부부의 행복을 위해 호칭부터 다르게 사용했습니다. 요즘 젊은 부부들은 오빠, 자기, 하니 등 다양하게 부르지만, 다시 생각해볼 문제입니다. 부르는 대로 이루어지기 때문이기도 하지만 그보다 깊은 의미가 있습니다. 보통 남편이 아내를 부를 때는 여보라고 합니다. 여보(如寶)는 같을 여(如)자에 보배 보(寶) 자 즉, 보배와 같이 소중하고 귀중한 사람이라는 의미입니다. 그러나 아내가 남편을 부를 때는 당신(當身)이라고 합니다. 마땅할 당(當)자에 몸 신(身)자 즉, 따로 떨어져 있는 것 같지만 바로 내 몸과 같다는 의미입니다. 성서적으로 보면, 여자들에게 남편을 존경하라 했으니 보배처럼 존귀하게 여겨 남편을 여보라 하고, 남자들에게 아내 사랑하기를 자신과 같이하라 했으니 아내를 당신이라 불러야 할 것 같은데 아무튼 지금은 여보와 당신이 뒤죽박죽 섞여서 사용되고 있습니다. 한데 문제는 어느 쪽도 모두 보배와 같이 생각하지도 않고, 내 몸처럼 생각하지도 않는 것 같습니다. 그러기에 우리는 호칭부터 회복해야 합니다. 모든 부부가 그 소중한 의미를 되새기면서 서로를 소중하게 여기고 여보와 당신이란 말을 사용하는 데서 부부 행복의 첫걸음이 시작합니다.

남편이라는 말은 영어로 허스밴드(Husband)라고 합니다. 이 말의 뜻은 '집을 묶는 사람'(House Boundin) 하우스 밴딩이라는 뜻입니다. 남편은 끈으로 묶는 것처럼 가정의 행복을 위하여 온 가족의 육체와 정신과 영적인 모든 것을 묶는 일을 한다는 말입니다. 아내는 와이프(Wife)라고 부르는데 이 말은 피복을 짠다는 의미라고 합니다. 아내는 가족들에게 각각 맞는 행복의 옷을 만들어 입힌다는 뜻입니다. 그래서 남편은 윤곽을 만들고 틀을 만들어 주는 사람입니다. 그리고 아내는 남편이 만든 틀에다 섬세하게 무늬를 넣어서 아름다운 것으로 만드는 사람입니다. 남편은 견고하게 소쿠리를 만들고, 아내는 그 안에 맛있는 과일을 담는 것이 부부의 즐거움입니다. 이런 즐거움이 있는 가정이 바로 행복한 가정입니다.

사람이 부모를 떠나 둘이 하나가 되는 것을 성경은 큰 비밀이라고 합니다. 그만큼 감추어지고 신비한 것이 많다는 의미일 것입니다. 영국의 처칠 수상은 도저히 건강할 수 없는 사람이었습니다. 줄담배, 폭음, 비만, 운동 부족 등 성인병에 걸리기 좋은 온갖 조건을 다 가지고 있었습니다. 그래도 노익장을 과시해서 66세에 수상이 되었고, 77세에 재선되었습니다. 또한 재임 기간 중에 2차 세계대전을 승리로 이끌었고, 전쟁 후에는 회고록을 쓰며 90세까지 장수했습니다. 의사들은 그의 장수 비결을 연구하기 시작했습니다. 어떤 의사는 낮잠 때문에 장수했다고 주장했습니다. 그러나 많은 의사들은 처칠의 장수의 원인이 '화목한 가정' 덕분이라는 결론을 내렸습니다. 처칠이 엄청난 신체적, 정신적 스트레스를 이길 수 있었던 것은 아내 클레멘타인과의 지칠 줄 모르는 사랑 때문이었습니다. 화목한 가정이 성공의 가장 위대한 비결이고, 그것은 바로 이 땅에 숨겨진 천국입니다.

행복한 부부와 가정은 사랑의 결정체이기에 그 비밀과 신비도 사랑으로 풀어야 합니다. 사랑은 영어로 Love인데, 이 단어에는 사랑이라는 말과 함께 '만족케 하다, 배부르게 하다' 는 의미도 있다고 합니다. 따라서 사랑이란 상대방을 만족시키며 배부르게 해 주는 것입니다. 어느 분이 어떻게 서로를 배부르게 할지를 Love의 4글자로 설명했습니다. 첫째는 웃음(Laugh)입니다. 서로 바라보고 웃어만 주어도 사랑이라는 것입니다. 둘째 O.K하는 것입니다. 모든 일에 부정이 아닌 긍정의 눈으로 바라보는 것이 사랑입니다. 셋째 승리(Victory)입니다. 어느 한 편이 아니라 피차 승리하는 것입니다. 곧, 사랑이란 서로 양보하고 져 주는 것을 말합니다. 넷째는 즐기는 것(Enjoy)입니다. 따라서 사랑이란 함께 기뻐하고 즐거워하며 함께 즐거움을 마음껏 누리는 것입니다. 산다는 것, 일하는 것, 배우는 것, 가정을 이루는 것 그리고 신앙생활 하는 이 모든 것은 결국 주님 주신 은혜와 축복은 물론 각자의 재물과 능력과 소유 등의 모든 것을 가족과 이웃이 함께 즐기고 누리며 살기 위한 것입니다. 그런데 사랑이 없으면 누릴 수 없다는 것입니다. 그러기에 성경은 행복한 가정의 비밀과 열쇠로 아내 사랑하기를 자신과 같이하고, 남편을 존경하는 것이라고 합니다.

인터넷에서 '미인을 아내로 얻으면 오래 살지 못한다'는 재미있는 기사를 보았습니다. 이는 미국의 한 대학 연구소가 최근 발표한 연구 결과로, 미인과 함께 지내면 코티솔(Cortisol)이 대량으로 분비되어 건강을 해칠 수가 있다는 것입니다. 이 코티솔은 몸의 대사를 증진시키는 역할을 하기도 하지만, 그 농도가 높아지면 식욕이 증가하고 지방이 축적되어 심장병과 당뇨, 우울증 등을 일으킨다고 합니다. 그런데 미녀와 함께 있던 사람들은 이 코티솔의 농도가 증가한 반면, 보통 여자와 함께 있던 사람들은 정상을 유지했다는 것입니다. 그래서 이 연구를 주도한 박사는 이렇게 권유합니다. "행복한 삶은 결코 미남-미녀의 조합이 아니라 평범한 남녀이며, 오래 살고 싶으면 미남-미녀를 남편-아내로 삼지 말아야 한다"고 말합니다. 행복한 부부는 미모나 외모가 아니라 사랑과 행복한 언어로 만들어집니다.

이런 말이 있습니다. "한 여자 어머니가 20년 이상 길러놓은 남자를 다른 여자 아내가 20분 만에 망칠 수 있다." 또 "아내의 얼굴은 남편이 만들어 준다"라고도 합니다. 남자를 잘되게 하는 것도, 여자를 멋지게 만드는 것도 모두 상대에게 있다는 것입니다. 그만큼 서로가 상대에게 큰 영향을 준다는 의미입니다. 그러므로 남편을 세워주고, 아내를 아끼고 사랑해주는 행복을 창조하는 언어를 사용해야만 하는 것입니다.

창조적인 언어란 서로에게 힘이 되는 말입니다. 부부간에 가장 힘이 되는 말은 '당신을 믿어요'와 '많이 힘들지?'라는 설문 조사 결과가 나왔다고 합니다. 그런 의미에서 가정의 달과 부부 주간을 맞아 서로에게 살짝 손을 얹고 기도해주며 '많이 힘들었지, 정말 고맙고 사랑해'라고 고백할 수 있기 원합니다. 그리고 시간 날 때마다, 아니면 저녁 식사 후 부부가 함께 주변 공원이나 산책길을 걸어보시기 바랍니다.

부부에게 가장 큰 보약은 나란히 걷는 것이라고 합니다. 걸음걸이는 그 사람의 성격이나 건강상태, 감정에 따라 다르지만 누구와 걷느냐에 따라 현저하게 달라진다고 하는데 예를 들면, 연인과 만나면 느긋하게 즐기면서 걷게 되고, 업무상 만나는 사람과 걸으면 몸이 굳어있고, 즐거운 이야기를 나누며 걷는 걸음은 새처럼 가벼워지듯, 함께 걷다 보면 자연히 속도를 맞추면서 상대의 감정도 맞추게 되는 일종의 대화가 된다고 합니다. 그래서 부부가 함께 걷는 걸음에는 눈에 보이는 것보다 더 많은 의미가 담겨 있습니다. 나란히 걷는 것도, 한 걸음 뒤쳐 따르는 것도, 침묵하며 걷는 것도 모두 상대에 대한 마음의 표현이며, 손을 잡고 또는 상대의 허리를 가볍게 감싸거나 팔짱을 끼고 걷는 것은 친밀감의 또 다른 표현이 되어 건강한 부부의 증표가 된다고 합니다. 인생의 동반자인 부부가 서로 옆 사람이 되어 운동장이나 동네를 한 바퀴 돌며 대화를 나누며 걷는다면 얼마나 아름다운 모습입니까? 게다가 주님까지 동행하시면 그게 하나님의 행복 아닐까요?

부부는 그 날개 위에 자녀들을 태우고 창공을 나는 두 날개입니다. 튼튼한 두 날개로 맞바람을 타고 날아오르는 여러분들의 가정이 되시길 기도합니다.

제4부 송축과 승리의 골짜기

> **말씀 묵상**
>
> 그러므로 사람이 부모를 떠나 자기 아내와 합하여 그 둘이 한 몸이 되는 것입니다. 이 비밀은 큽니다. 나는 그리스도와 교회를 두고 이 말을 합니다. 그러므로 여러분도 각각 자기 아내를 자기 몸 같이 사랑하고, 아내도 자기 남편을 존중하십시오. (에베소서 5:31~33)

눈높이 교육(사랑)이란?

먼저 무릎을 꿇고
다음에 눈을 맞추는 것입니다.
그리고 가슴으로 이야기하는 것입니다.
눈 맞춤은 사랑이며 관심입니다.
눈 맞춤을 외면하는 것은 거부를 의미합니다.
눈을 맞추고 이야기할 때
말 뒤에 가려진 상대의 마음을 읽을 수 있고,
상대를 존경하고 이해하게 됩니다.

윤삼열 『묵상칼럼』 중에서

행복한 가정

얼마 전 모 언론사에서 국정원의 〈위기보고서〉를 입수하여 발표한 바 있습니다. 이는 우리나라의 위기 예방을 위해 위기를 점수화한 것으로, 가장 위험한 것을 100으로 했을 때 현재 대한민국의 위기 점수는 66이라는 높은 수치로 비교적 위험한 상황임을 나타냈습니다. 그런데 위기요인 1순위는 휴전 중인 국가 상황임에도 안보나 치안 또는 전쟁이 아니고 예상을 뒤엎고 가족 해체로 인한 불안이었으며, 2위는 부정부패, 다음은 계층 간, 지역 간 사회갈등과 빈부격차 순이었습니다. 이것은 가정이 잘되어야 국가도 잘되고, 가정이 불안하면 국가도 어렵다는 것을 보여주는 실례입니다.

모든 사회와 제도의 기초는 물론 행복의 출발도 가정에서 시작합니다. 5월은 마음을 따뜻하게 하는 계절입니다. 그것은 어린이날, 어버이날, 스승의 날, 부부의 날과 같은 기념일을 통하여 우리의 가정을 회복하는 달이기 때문일 것입니다. 가정은 더불어 사는 삶을 위해 하나님께서 직접 만드신 제도로 그만큼 하나님의 관심이 집중되는 곳입니다. 그러기에 모든 것보다 우선되는 것이 가정이고, 가정이 행복해야 교회도 일터도 사회도 건강하게 성장하는 것입니다.

시편 128편은 행복한 가정의 모습을 잘 묘사하고 있습니다. 첫째, 손이 수고한 대로 먹는, 대로의 축복입니다. 생각대로 꿈대로 말대로 기도대로 믿음대로 이루어지는 복이 가정을 통해 일어납니다. 당연한 것처럼 보이지만 아침 일찍 일어나며 늦게 누우며 수고의 떡을 먹음이 헛되다(시편 127:2)는 말씀을 생각하면 얼마나 큰 복인지 모릅니다. 둘째, 안방에 있는 아내는 결실한 포도나무 같고, 식탁에 둘러앉은 자식들은 어린 감람나무 같은 풍성함의 축복입니다. 셋째, 자식의 자식을 보는 복이 임하여 믿음의 대를 이어가는 번성의 축복입니다. 넷째, 이러한 복이 가정에서 그치는 것이 아니라 시온의 복과 예루살렘의 번영, 이스라엘의 평강이 있는 나라의 축복으로 이어져 확대 재생산되는 충만함의 축복입니다. 하지만 이런 복은 그냥 얻어지는 것이 아니라 하나님을 경외하며 그의 길을 걷는 자에게 주어진다는 것입니다.

윌리엄 F.오그번은 가정의 기능과 문화를 4가지로 말합니다. 첫째는 경제적 기능입니다. 그런데 사회가 발전하며 농사짓고 길쌈하는 모든 일, 즉 생산적이고 경제적 기능을 가정에서 공장과 사무실로 빼앗겨 버렸습니다. 그리고 가정은 소비기관으로 변했습니다. 또 하나는 교육적 기능으로 예전에는 소위 밥상머리 교육이 중요했습니다. 하지만 지금은 모든 것을 학교와 학원에 의지하고 가정에서는 배우려고도 가르치려고도 하지 않습니다. 세 번째는 종교적 기능으로 가정에서 가치관을 배우고, 믿음을 배우고, 경건한 생활을 배우면서 아버지의 권위에 순종하고 아버지의 축복을 받아 왔습니다. 그러나 지금은 종교에 관심이 없습니다. 있다면 기복적인 주술만 있을 뿐입니다. 넷째는 오락적 기능으로 가정에서 오락을 통한 즐거움을 얻어야 행복합니다. 그런데 오늘날은 재미는 밖에서 보고, 집에 들어와도 컴퓨터와 텔레비전에 모두 빼앗겨버리고 말았습니다. 그러므로 행복한 가정이 되려면 4가지 기능과 문화가 되살아나야 합니다.

이런 행복한 가정의 모습을 가정의 어원과 기능을 통해 더 깊이 나누고자 합니다.
가정을 이루는 '집 가(家)'자는 집 면(宀)자 안에 '사람 인(人)'자가 들어가 있어야 당연한데 '돼지 시(豕)'자가 들어가 있는 형상입니다. 그것은 경제적 기능 때문이라고 합니다. 가정은 무엇보다도 경제적 기능이 중요합니다. 우리는 가족을 식구(食口)라 합니다. 함께 양식을 먹는다는 뜻에서 먹을거리인 돼지를 넣었다는 것입니다. 먹고 자고 입고 사는 것이 중요합니다. 그러므로 하나님께 물질의 복을 위해서도 기도해야 합니다. 잠언 기자는 이렇게 기도합니다. "내가 두 가지 일을 주께 구하였사오니 나의 죽기 전에 주시옵소서. 곧 허탄과 거짓말을 내게서 멀리 하옵시며 나로 가난하게도 마옵시고 부하게도 마옵시고 오직 필요한 양식으로 내게 먹이시옵소서. 혹 내가 배불러서 하나님을 모른다 여호와가 누구냐 할까 하오며 혹 내가 가난하여 도적질하고 내 하나님의 이름을 욕되게 할까 두려워 함이니이다."(잠언 30:7~9) 손이 수고한 대로 얻는 '대로의 축복'을 위해 기도하는 가정이 행복합니다.

집 가(家)에 돼지 시(豕)가 들어가는 것은 생물학적 기능 때문입니다. 돼지가 번식을 잘하듯 자손이 번성하라는 의미가 숨어 있습니다. 하나님께서 사람에게 주신 첫 번째 복도 "생육하고 번성하라"(창세기 1:28)입니다. 그만큼 가정은 아이를 낳아 키우는 것도 중요한 기능중 하나입니다.

그렇지만 믿음의 대를 이어가고 명문가를 만들기 위해서는 교육적 기능이 중요합니다. 소위 가정교육이 중요합니다. 모세가 어머니 요게벳으로부터 가정교육을 젖 떨어지기까지 받았습니다. 그리고 젖 떨어지자마자 애굽 궁중으로 와서 궁중 교육을 40년간 받았습니다. 그러나 어머니의 무릎 교육이 궁중 교육을 이겼습니다. 모세는 40살에 어머니 교육이 생각이 났습니다. 그래서 궁중을 뛰어나가 자기 백성들과 함께 고난받기를 감수하였습니다. 가정교육은 가정에 중요한 역할을 합니다. 그래서 하나님은 "너는 마음을 다하고 성품을 다하고 힘을 다하여 네 하나님 여호와를 사랑하라. 오늘날 내가 네게 명하는 이 말씀을 너는 마음에 새기고 네 자녀에게 부지런히 가르치며 집에 앉았을 때에든지 길에 행할 때에든지 누웠을 때에든지 일어날 때에든지 이 말씀을 강론할 것이며"(신명기 6:5~7)라고 말씀하십니다.

제4부 송축과 승리의 골짜기

　서울대의 황기원 교수는 이렇게 지적했습니다. "부엌에는 실험실처럼 온갖 조리 기구를 갖추었지만 걸핏하면 라면이나 끓여 먹고 자장면을 시켜 먹는다. 된장, 간장, 밑반찬은 물론 김치도 사다 먹고 잔치까지 음식점에서 벌인다. 세탁기가 있어도 다림질이 귀찮고 재봉틀이 있어도 바느질이 성가시니 세탁소가 성업이다. 교육은 학교와 학원과 학습지에, 주차는 수위에게, 세차는 아르바이트 학생에게 맡겨 버렸다. 살림살이는 집안에 그득하여 자급자족할 만한데 살림 그 자체는 모두 집 밖의 일손에게 맡겼다." 가장 큰 비극은 여기에 있습니다. 교육산업은 날로 번성하고 번창하고 있지만, 부모의 할 일이란 오직 과외비를 잘 벌어다 주는 일입니다. 아이들의 교육은 과외선생에게 맡겨졌습니다. 아니 내팽개쳤습니다.

　현대 가정들의 비극을 멈추게 하는 방법은 부모들의 자성에서부터 시작되어야 합니다. 페스탈로치는 이렇게 말했습니다. "본능적인 사랑만으로는 자녀를 잘 키울 수 없다." 그리고 이렇게 덧붙였습니다. "어머니 자신이 총명하고 어질고 굳센 의지를 지니며 용감히 활동하는 힘을 보인다면 입으로 말하지 않아도 자녀들은 좋은 감화를 받는다." 가정에서 부모 교육은 절대적입니다. 가정의 교육적 사명은 아무리 강조하여도 지나치지 않습니다.

　가정의 정(庭)은 뜰 정원 마당을 의미합니다. 뜰과 마당은 꽃과 나무를 심어 놓을 뿐 아니라 그것을 보고 즐기며, 뛰어노는 공간입니다. 때로는 그네를 타고 널뛰기도 하고 춤도 추고, 봉숭아 물을 들이기도 하고, 소꿉놀이도 하고 숨바꼭질도 하는 오락 공간입니다. 가정은 즐거워야 행복합니다. 가정은 오락적 기능이 있기 때문입니다. 가정의 기능은 행복 창조에 있습니다. 다윗은 법궤가 예루살렘으로 들어올 때 너무 좋아서 춤을 추었습니다. 얼마나 좋은지 옷을 벗어지는지도 몰랐습니다. 잘 놀 줄 알아야 행복합니다. 텔레비전과 컴퓨터에 빼앗겨버린 놀이문화를 회복해야 합니다.

그러나 집이 잠자는 데로만 쓰이면 여관입니다. 밥 먹기 위해서만 있는 가정이면 음식점입니다. 또 육신의 쾌락을 위해 있는 것이라면 한갓 유흥장에 불과합니다. 일하고 돈 버는 곳이라면 시장 한구석이나 다를 것이 없을 것입니다. 우리가 사는 곳에 눈과 비를 막아줄 지붕이 있어야 하고 바람을 막아줄 벽이 있어야 하고 마루가 있어 찬 습기를 막아 주어야 합니다. 그러나 가정은 이것만이 아닙니다. House가 아닌 하나님이 우리 인간에게 주신 Home이 되어야 행복합니다. 그러기에 집 가(家)에 돼지 시(豕)가 들어간 것입니다. 돼지는 제물을 의미합니다. 곧 가정은 종교적 공간으로 먹고 자고 아이 낳는 것만이 아니라 신을 위한 의식을 드리는 종교적 공간으로 신성한 공동체라는 것입니다.

미국의 자동차 왕 헨리 포드는 대기업을 일으킨 뒤 고향에 조그마한 집을 한 채 지었습니다. 그 집은 대기업 총수가 살기에는 매우 작고 평범한 집이었습니다. 그래서 주위 사람들은 걱정스럽게 포드에게 물었습니다. "이건 너무 초라하지 않나요. 호화롭지는 않더라도 생활에 불편하지는 않아야지요." 그러자 그가 얼굴 가득 미소를 띠며 대답했습니다. "가정은 건물이 아닙니다. 비록 작고 초라하더라도 예수님의 사랑이 넘친다면 그곳이야말로 가장 위대한 집이지요." 지금도 디트로이트에 있는 헨리 포드의 기념관에 가면 우리는 이런 글을 볼 수 있습니다. "헨리는 꿈을 꾸는 사람이었고 그의 아내는 기도하는 사람이었다." 헨리 포드의 성공의 이면에는 꿈꾸는 사람과 기도하는 사람이 함께 이룬 아름다운 가정이 있었습니다. 희망찬 꿈이 있고 그 꿈을 이루어 달라고 기도하는 아내가 있는 집보다 더 풍요롭고 행복한 집은 없습니다. 그러기에 하나님께 예배하는 가정이 진정으로 행복한 가정입니다.

따라서 가정의 기능 중에 제일 중요한 기능은 종교적인 기능입니다.
성경을 통하여 가치관을 배우고, 믿음을 익히고, 경건한 생활을 몸에 배게 하는 기능입니다. 가정은 연주회를 앞둔 오케스트라의 연습장처럼 무질서와 혼돈 그 자체입니다. 그러나 지휘자의 움직임에 따라 다양한 악기들이 어울림과 조화를 통해 아름다운 음악을 만들어 잔잔한 감동을 줍니다. 하나님은 우리 삶의 지휘자이십니다. 무질서하고 혼돈스러운 우리의 삶을 아름답고 행복하게 만들어 주십니다. 지휘자에게 집중하듯이 하나님께 집중하고, 지휘자의 신호에 따라 연주하듯이 하나님의 말씀에 따라 순종하고 행하면 하나님이 복을 주시고 아름다운 삶을 만들어 행복이 넘치게 하십니다. 수고하고 땀 흘리며 성실하게 살아가는 아빠 모습, 가족들의 목마름을 해결해주고 영양분을 공급해주는 결실한 포도나무 같은 엄마, 어린 감람나무 같이 성장해 나가는 자녀들이 있는 가정이 행복한 가정입니다. 가족 구성원 각자 꿈과 비전을 가지고 하나님의 사명을 잘 감당해 나갈 때 행복한 가정이 이루어집니다. 그것이 가정의 사명적인 기능입니다.

5월이 아름다운 것은 아름다운 꽃처럼 우리들의 꿈과 행복도 피어나기 때문이며, 5월이 아름다운 것은 행복한 가정을 위하여 기도할 수 있기 때문입니다. "꽃이 피어나서 좋은 것은 보는 이들에게 아름다움을 전하기 때문이고, 우리가 태어나서 좋은 것은 다른 이들에게 사랑을 전하기 때문입니다." 그러기에 꽃 같은 아이가 있고 사랑이 있는 가정은 행복공장인 셈입니다. 버지니아 사티어(Virginia Satir)가 『Peoplemaking』이란 책에서 말한 것처럼 사람은 가정에서 만들어지고, 행복한 사람도 행복한 가정에서 만들어집니다.

어른입니까?

언제부터인가 우리에게서 어른이 사라졌습니다. 나이가 많은 연장자는 많이 있습니다. 하지만, 우리가 모두 존경하고 의지할 만한 어른들은 많지 않습니다. 예전에는 나이가 많은 사람들은 모두 어른이라고 불렀습니다. 그러나 지금은 단지 나이가 많다는 이유만으로는 어른이라는 칭호를 받지 못합니다. 나이는 먹었으되 생각이나 행동이 어른답지 못한 어른들이 많이 있습니다. 그런 사람들은 어른 대접을 받지 못합니다. 어른들은 존경을 받아야 합니다. 어른들이 존경을 받기 위해서는 어른다워야 합니다. 어른답다는 것은 본이 된다는 이야기입니다. 본이 된다는 말은 정도에서 벗어나지 않는다는 이야기입니다. 정도는 바른 길을 말합니다. 바른 길은 곧게 뻗어 있습니다. 곧음은 절개를 말합니다. 절개는 불의와 타협하지 않습니다. 어른은 잘못된 것을 보고 "아니오!"라고 말할 수 있어야 합니다. 젊은이들의 잘못된 모습을 보고 혀를 차는 사람들은 많지만, "그래서는 안 된다!"고 단호하게 야단을 치는 어른들을 대하기는 쉽지 않습니다. 스스로가 어른이기를 포기한 나이 든 사람들입니다.

우리 사회 대부분의 문제는 바로 이러한 어른들이 없다는 데에서 기인한다고 봅니다. 언젠가 미국의 교육은 '남을 돕고 살아라', 일본의 교육은 '남에게 피해 주지 말고 살아라', 우리 교육은 '누구에게도 지지 말고 기죽지 말고 살아라'로 대변할 수 있다는 이야길 들었습니다. 어떻습니까? 여러분도 동감하십니까? 요즘의 우리 아이들을 보면 이것이 현실인 것 같아 무척 마음이 아프고 쓰립니다. 남보다 앞서기 위해 학원에서 배운 선수 학습으로 인해 수업시간에 선생님의 말씀에 귀 기울이기는커녕, 엎드려 자거나, 수업에 열중하는 학생들을 왕따 시키는 버릇없고 예의 없는 아이들이지만, 이미 권위를 상실한 지 오래된 교사의 위상으로는 이들의 생활지도가 쉽지 않은 것이 오늘 우리의 현실이 되어버렸습니다. 그 엄했던 선배들도 사라졌습니다. 부모님의 권위도 서지 않는 것이 현실입니다. 다만 자신에게 유익을 줄 사람에게는 최고의 경의를 표하지만, 별 볼 일 없는 사람에게는 무례하고 거만하게 행동하거나, 약하고 순하게 보이는 사람은 무시하고, 강하고 까다롭게 보이는 사람에게만 예의를 지킵니다. 즉 이해관계에 따라 변하는 위선적 예의만 있을 뿐입니다. 이런 사람은 간사한 사람임이 틀림없을 것입니다. 모두가 "기죽이지 말라"고 합창하며, 스스로 어른이기를 포기한 연유입니다. 기죽이지 않는 것도 중요하지만 바르게 가르쳐야 할 의무가 우리들에게 있습니다. 자기밖에 모르는 사람은 아무리 나이를 먹어도 어른이 될 수 없습니다.

그러기에 아이의 비행이나 잘못된 행동을 보고, 모른 체 방관하는 사람은 어른이 아닙니다. 스스로가 어른이기를 포기한 사람입니다. 우리 사회에는 어른이기를 포기하고 살아가는 나이 든 사람들이 너무나 많습니다. 슬픈 현상입니다. 식당에서 마구 뛰어다니며 장난을 치는 자녀들을 야단치는 부모가 많지 않습니다. 거리나 복도에서 큰 소리로 떠들며 떼를 지어 왔다 갔다 하는 아이들을 야단치는 어른들이 많지 않습니다. 야단을 맞지 않는 아이들은 자기들의 행동이 옳은지 그른지를 분별하지 못하고 성장해 갑니다. 그렇게 성장한 아이들이 정도를 걸어가기를 기대하는 것은 애당초 불가능한 일입니다.

연세가 많은 분이 왜 어른이기를 포기하고 살아갑니까? 그것은 그 일이 귀찮고, 있는 자리에 안주하고 싶어서입니다. 때로는 불이익을 당하기도 하지만 어른들은 그래서는 안 됩니다. 어른들은 때로는 하기 싫고, 귀찮은 일들을 감내할 수 있어야 합니다. 자녀들을 키울 때 마다하지 않앗던 어려움을 가끔은 감내할 수 있어야 합니다. 때로는 길을 막고 서서 "여기는 절대로 넘어갈 수 없다"고 호령할 수 있어야 합니다. '이래도 흥, 저래도 흥' 하며 흥타령에 젖어 있는 사람들은 어른 대접을 받지 못합니다. 김교신, 함석헌 선생님이나 문익환 목사님이 존경받는 것은 본인에게 닥칠지도 모르는 위험을 감수했기 때문입니다. 어른들은 그런 기개를 가지고 있어야 합니다.

어른은 이 사회의 신호등과 같습니다. '하면 안 돼, 스톱, 멈춰' 라고 금하는 빨간색, 조심하라는 노란색 그리고 '이렇게 하라' 는 녹색으로 삶의 모델이 되어야 하고, 때로는 화살표가 되어 삶의 좌표와 방향을 가리킬 수 있는 사람입니다. 모세가 이스라엘 백성들에게 아비에게 묻고 어른들에게 물으라고(신명기 32:7)한 것은 삶의 지혜가 바로 이런 어른들에게서 나오기 때문입니다.

우리 사회의 많은 곳에 어른들이 계셔야 합니다. 지도자에게 직언할 수 있는 어른이 필요합니다. 신입사원에게 본이 되고 따끔하게 충고해줄 수 있는 중견 사원이 필요합니다. 격려해 주는 어른도 있어야 합니다. 칭찬해 주는 어른도 있어야 합니다. 하지만, 진정 필요한 어른은 '아닌 것은 아니라' 고 말할 수 있는 어른입니다. 귀찮다고 강 건너 불구경하듯 해서는 안 됩니다. 그런 사람들은 대우받을 생각도 말아야 합니다. 그런 사람들은 존경받을 생각도 말아야 합니다. 나이든 어른으로 대우받고 존경받기 위해서는 어른의 역할을 다해야 합니다. 자기희생이 수반되어야 합니다. 국가의 정책이 잘못되었을 때에, 사회의 구조가 뒤틀려져 있을 때에, 교회나 학교의 모습이 바람직하지 못할 때에, 단호한 목소리로 "아니오!"라고 말해야 합니다. "아니오" 라고 말해야 할 때, "아니오"라고 말하지 않는 사람은 결코 어른이 될 수 없습니다. 필요하면 회초리를 들어야 합니다. 회초리를 들지 못하면 스스로가 어른이기를 포기한 것입니다. 우리 부모와 교사는 먼저 아이들에게 어른이 되어야 합니다. 과연 나는 어른입니까?

에필로그(독자후기)

이 책은 교육 현장에서 선포한 메시지를 엮은 것입니다. 그리스도의 가치관으로 살아오신 목사님께서 이 시대를 향해 건넨 지침서요 길잡이입니다. 책을 관통하는 내용은 하나님 사랑, 사람 사랑입니다. 목사님만의 들여다보기 수법으로 딱 맞는 예화와 현장에서 길어 올린 얘기를 곁들여 감칠맛나게 담아냈습니다.

어쩌면 목사님은 사기성이 농후한 장사꾼인지도 모릅니다. 예수라는 보화를 혼자만 품고 있을 수 없어, 그 들끓는 열정을 주체하지 못해 책이라는 이름으로 포장해 교묘하게 복음을 팔고 있는 것입니다. 바라건대 많은 사람이 이 사기에 걸려들었으면 좋겠습니다.

말씀을 가르치고 그 말씀을 받는 자들이 신앙으로 바라는 것을 보는 것만큼 아름다운 일이 또 있을까요? 정명 소녀들과 함께한 줄탁동시의 시간들은 분명 하나님께서 주신 선물이었을 것입니다.

처절한 진통 끝에 나온 생명이 귀하듯, 깊은 어둠의 골짜기에서 무릎으로 낳은 책이라 더 소중하게 다가옵니다. 아이가 자라면서 기쁨을 주듯 이 책이 목사님께 완화제가 되기를 바랍니다.

연둣빛 음표들이 춤을 추는 봄입니다. 추운 겨울을 잘 견디셨으니, 따스한 봄빛을 받아 팔팔하게 일어서시길 기도합니다.

김순의 수필가

은혜의 골짜기를 통과하여 정금처럼 나오시기 위하여 하나님과 깊은 사귐을 나누며 교육현장에서 몸과 마음으로 부딪치며 뜨거운 가슴으로 기록한 책을 읽으면서 다음 세대를 이해하며 다음 세대와 함께하는 안내를 받을 수 있게 된 것은 제게 큰 축복입니다. 특히 철학, 심리학, 사회학 등의 다양한 인문학적 소양과 신학을 통합하고 융합하여 누구나 이해하기 쉽게 적절한 예화를 곁들여 실천적인 길을 제시해주어 희망적인 미래를 꿈꾸고 설계할 수 있게 되었다는 것입니다.

홍국선 예닮치과병원 원장

평소 저자의 삶과 목회 현장을 가까이 지켜보면서 느꼈던 열정과 사랑이 그대로 녹아 있는 책입니다. 하나님의 법궤를 메었기에 젖 나는 송아지를 집에 두고 좌우로 치우치지 아니하고 벧세메스로 향했던 소와 같은 충성심, 곰과 사자의 발톱에서 어린 양들을 건져내었던 다윗처럼 학생들을 지키셨던 긍휼과 사랑의 마음, 골짜기를 헤매며 마른 뼈들을 말씀으로 살렸던 에스겔 선지자의 마음으로 어린 심령들에게 말씀을 전했던 열정, 목이 곧고 마음이 완악한 백성들을 위해 생명을 건 기도로 외로운 광야의 여정을 지나 가나안 입구까지 인도했던 모세와 같은 인고의 세월들이 고스란히 스며있어 누구라도 그 마음을 읽을 수 있었습니다. 학생들을 키우고 가르치는 부모와 교사들에게는 교육현장에서 적용할 수 있는 지침서로, 인생의 여정에서 원하지 않는 골짜기를 힘들고 외롭게 지나고 있는 이들에게는 네비게이션으로 삼아도 좋을 안내서가 될 것입니다.

이현규 전 목포유달중학교 교장

레슨타임 스토리

발행일 2018년 4월 1일

지은이 윤삼열

펴낸곳 (주)에쎈에스미디어
펴낸이 성통렬

주소 서울시 종로구 인사동길12 대일빌딩 1005호
전화 02-736-6590
팩스 02-736-6591
출판등록 2003.10.11.(제 300-2003-182)

ⓒ 윤삼열, 2018, printed in Seoul, Korea

ISBN 978-89-91876-63-7(03230)

값 15,000원

*이 책 내용의 전부 또는 일부를 재사용하려면 반드시 저작권자의 동의를 받아야 합니다.
*지은이와의 협의 하에 인지는 생략합니다.
*파손된 책은 본사나 구입하신 서점에서 교환해 드립니다.